AF625471

Michael Klundt

Kinder in Armut

Michael Klundt

Kinder in Armut

Benachteiligung, Diffamierung und Stigmatisierung begegnen

HERDER

FREIBURG · BASEL · WIEN

MIX
Papier | Fördert gute Waldnutzung
FSC® C010798

www.herder.de

Umschlaggestaltung: Verlag Herder
Umschlagmotiv: beastfromeast / GettyImages
Fotos im Innenteil, Seiten 15: © nine_far - GettyImages; 35: © vladm - GettyImages;
59: © Denise Hasse - GettyImages; 83: © Pahis - GettyImages;
101: © Buecherwurm_65 / pixabay - poverty; 121: © rollover - GettyImages

Satz: Röser MEDIA GmbH & Co. KG
Herstellung: Graspo CZ, Zlin
Printed in the Czech Republic

ISBN Print 978-3-451-39233-7
ISBN EBook (PDF) 978-3-451-82923-9
ISBN EBook (EPUB) 978-3-451-82922-2

Inhalt

Einleitung

Wie ist das möglich? Obwohl wir allen Kindern die gleichen Bildungschancen geben wollen, resultieren aus unseren Strukturen und Handlungen immer wieder ungleiche Bildungschancen. Meist werden privilegierte Kinder im Bildungssystem noch bevorteilt und in Armut lebende Kinder vom Bildungssystem, von familienpolitischen Leistungen sowie steuerlichen Regelungen zusätzlich benachteiligt.

Dieses Buch führt die Erscheinungsformen und Folgen von Kinderarmut vor Augen, geht auf die Ursachen und Zusammenhänge ein. Woran scheitert das wirksame Ändern der Verhältnisse bislang? Wie lauten Lösungswege? Welche kinderrechtsorientierten Maßnahmen würden Abhilfe schaffen? Wie gelingt es Kitas, sich dem Thema bewusst und sensibel zu stellen?

Pädagogische Fachkräfte können die gesellschaftspolitisch verursachte Entstehung von Kinderarmut sicherlich kaum beeinflussen. Doch die Frage, wie Bildungsinstitutionen und Professionelle mit sozialer Benachteiligung, Armut und deren Folgen umgehen, ist tatsächlich von hoher Relevanz. Reproduzieren ihre Haltungen und Handlungen einfach nur die vorhandene soziale Ungleichheit oder verstärken sie diese sogar? Oder gelingt es ihnen – gemeinsam mit anderen Fachkräften, mit Kindern und Familien – zumindest Armutswirkungen zu lindern und zu vermindern und dadurch – bei allen sozialen Widrigkeiten – Kinder, Eltern, Fachkräfte und das Gemeinwesen in ihrer Handlungsfähigkeit, ihren Ressourcen, ihrer Resilienz und in ihren solidarischen Beziehungen zu stärken?

Dafür benötigen pädagogische Fachkräfte fundiertes Fachwissen über das Ausmaß, die Folgen und relevante öffentliche Debatten sowie evidenzbasierte Informationen zu den Ursachen und wirksamen Gegenmaßnahmen auf Bundes-, Landes- und kommunaler Ebene, wie auch in den jeweiligen Bildungseinrichtungen. Das ist das Anliegen dieses Buches.

Indessen ist nicht mehr zu übersehen, dass sich die Lebensbedingungen vieler Millionen Menschen in Deutschland seit dem Frühjahr 2020 und noch einmal seit dem Frühjahr 2022 zum Teil drastisch verschlechtert haben. Wie der Kölner Politikwissenschaftler Christoph Butterwegge zeigt, lässt sich dies darauf zurückführen, dass sich verschiedene gesellschaftliche Krisen häuften und gleichzeitig verschärften. Demnach setzten schon mit der Covid-19-Pandemie und dem ersten bundesweiten Lockdown inflationäre Tendenzen ein. Diese verschärften sich mit dem Ukraine-Krieg und den westlichen Sanktionen gegenüber Russland als Reaktion darauf seit dem Frühjahr 2022, wobei ihr Höhepunkt womöglich noch gar nicht erreicht sei. Zwar seien davon besonders einkommensarme und armutsgefährdete Personengruppen betroffen, da sie im Unterschied zu wohlhabenden Bevölkerungskreisen über geringe bis gar keine finanziellen Rücklagen verfügten. Doch inzwischen habe sich die Angst vor der Verarmung auch in weiten Teilen der Mittelschicht verbreitet, sodass von einer stärkeren Aufmerksamkeit der Öffentlichkeit auszugehen sei (vgl. Butterwegge 2022). Gerade Kinder in Armutslagen sind von diesen Bedingungen in besonderer Weise betroffen.

Es ist feststellbar, dass sich die Literaturlage zum Thema „Kinderarmut und Kitas" in den letzten Jahrzehnten herausragend entwickelt hat (vgl. Poppe 2019; Rahn/Chassé 2020). Zwar sind die Forschungserkenntnisse zu Kinderarmut in der Corona-Krise trotz aller Anstrengungen noch recht lückenhaft, da das vorhandene Datenmaterial überwiegend mit Methoden ermittelt wurde, die – pandemiebedingt – digitale Ausrüstung und z.T. Unterstützung anderer Familienmitglieder voraussetzen und darüber sozial benachteiligte Kinder tendenziell eher ausschließen. Kurz gesagt: Wer Befragungen mit Kindern, Jugendlichen und Familien über digitale Medien durchführt und feststellen muss, dass über 80 oder gar 90 Prozent der Befragten über einen eigenen Garten verfügen, muss sich bewusst sein, dass sozial benachteiligte Menschen damit nicht ausreichend erfasst wurden. Doch was die grundsätzlichen Erkenntnisse zur Materie betrifft, können inzwischen über elektronische Fachportale wie Erzieherin.de, die Homepage des Niedersächsischen Instituts für frühkindliche Bildung und Entwicklung NIFBE.de, die „Impulse"-Fachjournale und Forschungsberichte des Deutschen Jugendinstituts auf DJI.de oder regelmäßige AWO-ISS-Studien (von 2000 bis 2022) oder durch die Kolleg(inn)en Gerda Holz (2000/2014/2019/2022), Antje Richter-Kornweitz (2000/2020), Sabine Poppe (2019), Karl August Chassé, Margherita Zander, Konstanze Rasch (2010), Christoph Butterwegge (2000/2008/2022), Carolin Butterwegge (2022) und andere ein Literatur- und ein Forschungsstand garantiert werden.[1] Der Sachstand war wahrscheinlich noch nie so gut wie heute, der Forschungsstand wohl noch nie so ausgereift, und selbst die Konzepte für Good Practices oder gar Best Practices sind für Fachkräfte besonders qualitativ hochwertig und praxistauglich-verständlich dargestellt (vgl. Institut für Sozialarbeit und Sozialpädagogik e.V. 2021, S. 7f.). Somit fehlt es also weniger an Daten als an Taten (vgl. Klundt 2019, S. 10ff.; Klundt 2022a, S. 91ff.). Warum dann eigentlich noch ein Buch zum Thema?

Wer sich im Jahre 2022/2023 mit dem Thema „Kinderarmut" erstmalig beschäftigt, könnte fast den Eindruck gewinnen, dass buchstäblich alle gesellschaftlichen und politischen Instanzen (eigentlich schon immer) Kinderarmut vermeiden oder bekämpfen wollen. So sagte die Familienpolitikexpertin Petra Mackroth aus dem Bundesfamilienministerium in einem Interview mit der Zeitschrift DJI-Impulse 1/2022 (S. 16): „Es herrscht breiter politischer Konsens, dass Kinderarmut bekämpft werden muss." Wenn dem so wäre und wenn Daten, Theorien sowie wirksame Praxiskonzepte in Hülle und Fülle vorhanden sind, stellte sich allerdings die Frage, warum die Kinderarmut in den letzten Jahrzehnten nicht wirksam verhindert oder vermindert wurde, sondern sich eher noch gesteigert oder verfestigt hat. Viele (Kinder-)Armutsforscher/innen erforschen zwar Ungleichheitsprozesse und entwickeln richtige, bedarfsgerechte Lösungen für sozialpolitische Probleme und gegen gesellschaftliche Polarisierung in einerseits arme und benachteiligte Lebenslagen und andererseits reiche und privilegierte Milieus (vgl. Becker/Schmidt/Tobsch 2022, S. 9ff.). Ursachenanalysen jedoch, warum es zu den von ihnen festgestellten Ungleichheitsprozessen gekommen ist und

---

1 Ganz abgesehen von den frühen Grundlagenforschungen durch Hauser u.a. 1981, Hauser/Hübinger 1993, Becker/Hauser 2005, Huster 1990/1993/1993a/1997, Hanesch 1993/1994/1995/2000 usw.

Hinderungsgründe, warum kluge und angemessene Vorschläge regelmäßig seit Jahrzehnten eher nicht angenommen oder angewandt werden, bleiben oft unterbelichtet. Offensichtlich wird unter diesem breiten gesellschaftlichen Konsens zur Kinderarmutsbekämpfung Unterschiedliches verstanden, Unterschiedliches beabsichtigt – und vor allem: Unterschiedliches erzielt. Auch damit möchte sich dieses Buch näher beschäftigen.

Es geht von der These aus, dass die Ermittlung von Primärdaten zweifellos notwendig ist zur Erforschung der sozialen Lage von Kindern; dass es jedoch vor allem darauf ankommt, wie diese Daten in der medialen, politischen und wissenschaftlichen Öffentlichkeit behandelt und verhandelt werden. Demnach wäre es nicht so entscheidend, ob wir 15,7 Prozent oder 20,3 Prozent Kinderarmut, ob wir 2,3 Millionen oder 3,4 Millionen Kinder in Armut(snähe) haben, sondern was mit diesen Zahlen und Daten in den wesentlichen Diskursen und Debatten sowie in den relevanten Entscheidungskreisen gemacht wird. Dass Armut im Jahre 2022/23 – also auch die von Kindern – anders aussieht als die Armut im Mittelalter, vor der Französischen Revolution von 1789 oder unmittelbar nach dem Zweiten Weltkrieg 1945, scheint doch eigentlich selbstverständlich zu sein. Dennoch müssen wir vorurteilsbewusst und selbstkritisch berücksichtigen, dass viele Erwachsene die Lebensverhältnisse der Kinder und ihrer Familien heute gerne (manchmal unbewusst) mit ihrer eigenen Kindheit vergleichen und dann oft heutige Armut als geradezu harmlos und unproblematisch betrachten im Verhältnis zu früheren Zuständen. Dazu wäre zu berücksichtigen, dass dieser Vergleich den Kindern und ihren Eltern heute leider wenig bringt. Beispiel Handy: Selbstverständlich spielt der Besitz eines Smartphones in einer Gesellschaft, in der niemand ein solches Gerät besitzt, eine gänzlich andere Rolle als in einer Gesellschaft, die zentrale Kommunikations-, Bildungs- und Partizipationsmöglichkeiten beinahe ausschließlich von der adäquaten Verfügbarkeit über ein Smartphone abhängig macht. Wenn selbst der Kontakt zu jeglichen Ämtern fast nur noch digital stattfindet, bedeutet der Mangel an entsprechenden Kapazitäten und Kompetenzen zugleich eine fundamentale Ausgrenzung von elementaren Menschenrechten. Weiterhin ist zu beachten, dass es mit der Haltung „wir-hatten-früher-auch-nichts-oder-noch-weniger" schwerfällt, Kindern und ihren Familien in der Gegenwart praktisch armutssensibel zu begegnen und sie nicht zunächst gar als „selbst schuld" anzusehen.

Kinderarmut in Deutschland heute bedeutet also Armut in einem der reichsten Länder dieser Erde. Und Armut selbst lässt sich präzise eigentlich immer nur im jeweiligen zeitlichen und räumlichen Kontext, dem jeweiligen aktuellen allgemeinen Lebensstandard betrachten. Wenn fast alle zum Beispiel über einen Kühlschrank, diverses Spielzeug, Malstifte oder einen Schulranzen verfügen, ist es ungerecht, wenn manche davon ausgeschlossen werden. Schmerzhafter noch als materielle Einschränkungen können sich Diffamierungen und Stigmatisierungen auswirken. Auch das Reden über (arme) Kinder und ihre Familien macht also einen Teil der gesellschaftlichen Polarisierungs-Problematik aus, die immer weniger geleugnet werden kann. Dies gilt vor allem dann, wenn die Betrachtung von (Kinder-)Armut durch ein Wechselspiel zwischen Ignoranz, Krokodilstränen und Schicksalsgläubigkeit gekennzeichnet ist. Besonders bedenklich sind diejenigen Debatten, in denen die betroffenen Kinder und Familien mit den Etiketten ‚selbst schuld' oder ‚asozial' rhetorisch bedacht werden, denn dann steht statt der Bekämpfung von Armut eher die Herabwürdigung und letztlich Bekämpfung der Armen im Vordergrund.

In den letzten Jahren ließ sich zudem feststellen, dass in der deutschen Corona-Politik seit März 2020 anscheinend besonders restriktiv gegenüber Kindern und Jugendlichen, Familien und Bildungseinrichtungen vorgegangen wurde. Doch diese Hypothese ließ sich noch nicht wirklich evidenzbasiert beweisen Seit Juli/August 2021 lassen die Indizien inzwischen eine Bestätigung dieser Eindrücke zu. Denn die Kommissarin für Menschenrechte des Europarats, Dunja Mijatović, hat in einem Brief vom 13. Juli 2021 an die damalige deutsche Justiz- und Familienministerin Christine Lambrecht die Bundesrepublik Deutschland bei der Umsetzung der Kinderrechte im Vergleich zu den anderen 46 Europarats-Mitgliedsstaaten besonders gerügt. Und sie tat dies nicht nur wegen der im Sommer 2021 gescheiterten Aufnahme der Kinderrechte ins Grundgesetz, sondern explizit auch wegen der besonderen Schärfe der Corona-Maßnahmen gegenüber Kindern und Bildungseinrichtungen seit März 2020.[2] Erstaunlicherweise hat Lambrecht in ihrer Antwort vom 24. August 2021 auf den Brief der Europarats-Kommissarin dieser Recht gegeben und zugegeben, dass dieser Eindruck stimme. So schreibt die deutsche Ministerin: „Soweit Sie anmerken, Deutschland habe im europäischen Vergleich einen besonders strikten Kurs eingeschlagen, was Schulschließungen angeht, gebe ich Ihnen zunächst Recht: Deutschland ist zu Beginn der Pandemie angesichts der noch unerforschten Krankheit und der dünnen, zum Teil noch gar nicht vorhandenen Datenlage hinsichtlich der Auswirkungen des Virus auf Kinder sowie deren Rolle im Infektionsgeschehen in der Tat mit besonderer Vorsicht vorgegangen."[3]

Selbst der dem Bundeskabinett am 15. September 2021 vorgestellte interministerielle Report des Bundesgesundheitsministeriums und des Bundesfamilienministeriums gesteht eine zumindest bislang nicht ausreichende Berücksichtigung des Kindeswohlvorrangs und der Kinderrechte auf Schutz, Förderung und Beteiligung mehr als indirekt ein, wenn dort angemahnt wird: „Zu beachten ist, dass Maßnahmen, die zur Eindämmung der Pandemie erlassen werden, nicht nur mit den Grundrechten, sondern auch mit der VN-Kinderrechtskonvention (VN-KRK) in Einklang stehen müssen, zu der u. a. das Recht auf Bildung (Art. 28 VN-KRK), das Recht auf Freizeit (Art. 31 VN-KRK) und das Recht auf Gesundheit (Art.

2 Vgl. Dunja Mijatović, Brief der Kommissarin für Menschenrechte des Europarats vom 13. Juli 2021 an die deutsche Justiz- und Familienministerin Christine Lambrecht, Brüssel 2021,: https://rm.coe.int/letter-to-ms-christine-lambrecht-federal-minister-for-family-affairs-o/1680a33500

3 Vgl. Christine Lambrecht, Antwort-Brief der deutschen Justiz- und Familienministerin Christine Lambrecht vom 24. August 2021 an die Kommissarin für Menschenrechte des Europarats, Dunja Mijatović, Berlin 2021, S. 2f., https://rm.coe.int/reply-of-ms-christine-lambrecht-federal-minister-for-family-affairs-of/1680a39fb0

24 VN-KRK) zählen. Diese Vorgaben sind ebenfalls zu berücksichtigen."[4] Wenn solche völkerrechtlichen und rechtsstaatlichen Selbstverständlichkeiten von einem interministeriellen Bericht für das Bundeskabinett am 15. September 2021 explizit eingefordert werden, so lag deren Berücksichtigung bisher offenbar im Argen. Dass dabei der Kindeswohlvorrang (nach Art. 3 UN-KRK) und die Kinderrechte auf Schutz, Förderung und Beteiligung noch nicht einmal (ausreichend) Erwähnung finden, darf ebenfalls als Ausdruck für deren bisherige Relevanz im Regierungshandeln betrachtet werden.

„Hat Deutschland ein Problem mit Kindern?", fragte folglich Ende 2021 auch die „Süddeutsche Zeitung" und konstatierte: „Verlass ist in der deutschen Pandemiepolitik bisher fast immer darauf gewesen, dass die Kinder in der Debatte um Maßnahmen zunächst mal vergessen wurden." Kindern wurden dabei durchaus in der Öffentlichkeit Rollen zugewiesen, zuerst jene als „potenzielle Virenüberträger und folglich Gefährder der öffentlichen Erwachsenengesundheit", in der Folge als Betreuungsobjekte oder als Leistungserbringer (vgl. Hahn u.a. 2021). Ein Blick in andere Länder zeigt dabei, dass eine andere Prioritätensetzung in der Pandemie, um Kinderrechte zu wahren, durchaus möglich ist, etwa beim Offenhalten von Schulen und Kitas, wie zum Beispiel in Frankreich, der Schweiz oder Dänemark (ebd.; Ehrenstein/Geiger 2021).

So kam der Bildungsbericht 2021 für die Vereinigung der 38 höchstentwickelten Industriestaaten der Welt (OECD) unter der Überschrift „Education at a Glance" / „Bildung auf einen Blick" im September 2021 zu dem klaren Ergebnis, dass der Unterricht für die rund elf Millionen Schülerinnen und Schüler in Deutschland seit Beginn der Corona-Pandemie bis zum Auslaufen der Schulschließungen im Frühjahr 2021 im Schnitt an mehr als 180 Tagen gestört war. Das sind zwei Drittel der rund 270 Schultage im untersuchten Zeitraum zwischen Januar 2020 und dem 20. Mai 2021: „Die Wahrung der Chancengerechtigkeit stellte sich angesichts der Coronapandemie (Covid-19) besonders schwierig dar. Benachteiligte Schüler haben am ehesten Schwierigkeiten mit Fernunterricht und weisen ein höheres Risiko auf, bei anhaltenden Schulschließungen das Interesse an Bildung zu verlieren. Auch sind Personen mit niedrigerem Bildungsstand stärker von Unsicherheit und Instabilität auf dem Arbeitsmarkt betroffen" (OECD 2021, S. 19).

In einer Sonderbroschüre behandelte die OECD zusätzlich den Aspekt Chancengerechtigkeit in der Pandemie mit dem Schwerpunkt auf die Auswirkungen der Corona-Pandemie im Bildungsbereich („The State of Global Education. 18 Months into the Pandemic, Paris 2021"). Dort heißt es etwa zu diesem sensiblen Thema, dass angesichts der schwerwiegenden Auswirkungen von Schulschließungen auf das Lernen und das Wohlergehen der Schüler/innen viele Länder ihre Strategien für Schulschließungen im Zuge der Pandemie angepasst hätten. Wie die Sonderumfrage zu COVID-19 zeige, habe es nach einer quasi systematischen Schlie-

4 Bundesministerium für Familie, Senioren, Frauen und Jugend/Bundesministerium für Gesundheit BMFSFJ/BMG, Bericht der interministeriellen Arbeitsgruppe (IMA) „Gesundheitliche Auswirkungen auf Kinder und Jugendliche durch Corona". Berlin 2021, S. 2; https://www.bmfsfj.de/resource/blob/185696/3faa66643619baed5639665c1777b41e/ima-bericht-gesundheitliche-auswir-kungen-auf-kinder-und-jugendliche-durch-corona-data.pdf

ßung von Schulen in den meisten Ländern Mitte März 2020 zwischen September 2020 und Anfang 2021 erhebliche Unterschiede in den Ansätzen gegeben. In einigen Ländern blieben die Schulen geschlossen, als die Virusübertragung zunahm, während andere die Schulen auch in einem schwierigen Pandemiekontext offen hielten. In Kolumbien, Costa Rica, der Tschechischen Republik, Litauen, Mexiko, Polen und der Türkei wurde der Unterricht in Schulen der Sekundarstufe II zwischen Januar 2020 und Mai 2021 an mehr als 200 Tagen unterbrochen (vollständige oder teilweise Schließung), während es in Norwegen, Neuseeland und Spanien weniger als 50 Tage waren. Die Sondererhebung zu COVID-19 zeigte auch, dass die Regelungen zum Offenhalten von Schulen oder Klassen sehr unterschiedlich waren. Deutschland beispielsweise hat im Jahr 2021 strenge Regeln eingeführt, so dass alle Schulen hybride Lernprotokolle einführen mussten, wenn die Inzidenzrate in einer Region über 100 lag. Außerdem mussten die Schulen nach drei Tagen mit einer Inzidenz von mehr als 165 pro 100.000 Einwohner für alle Schüler/innen auf Fernunterricht umstellen. Im Gegensatz dazu haben Belgien, Frankreich, Spanien und die Schweiz ihre Schulen der Sekundarstufe II zwischen Januar und Mai 2021 nicht vollständig (oder nur für wenige Tage) geschlossen (vgl. OECD 2021a, S. 3f.).

Auch eine Studie des Münchener ifo-Wirtschaftsforschungsinstituts verglich die Corona-Bildungspolitik in Deutschland mit sechs ausgewählten Ländern Europas im Zeitraum von Januar 2020 bis Mai 2021. Danach zeigte sich, dass der bisherige deutsche Weg bezüglich Schulen in der Pandemie besonders einschränkend für Kinder und Jugendliche gewesen sei: „Deutschland schloss die Schulen insgesamt 183 Tage lang, wenn wir die Zeiten der vollständigen (74 Tage) und der teilweisen (109 Tage) Schließungen addieren. Länger schlossen, nach dieser Berechnung, nur die Schulen in Polen mit insgesamt 273 Tagen. Im Mittelfeld unseres Ländervergleichs liegen Österreich und die Niederlande (152 bzw. 134 Tage), während Frankreich, Spanien und Schweden mit je 56, 45 und 31 Tagen die kürzesten Schulschließungen verzeichnen. Tendenziell waren Grundschulen weniger lang vollständig geschlossen als weiterführende Schulen, in Deutschland und Polen berichten Grundschulen dafür längere teilweise Schließungen“ (Freundl/Stiegler/Zierow 2021, S. 41). Neben den Einschränkungen für Kinder und Jugendliche seien Differenzen in den pandemiebedingten Auflagen für Erwachsene auffallend. Und bei der Herausforderung, auf Distanzlehre umzusteigen, sei als Ausgangslage der Digitalisierungsstand der Schulen vor Corona ein wichtiger Faktor: „Deutschland liegt in Bezug auf Online-Lernplattformen und Ressourcen für die Nutzung digitaler Technologien im Unterricht auf den letzten Rängen, während Skandinavien Vorreiter ist. Dies manifestiert sich auch in Unterschieden in Art und Frequenz des (Online-)Unterrichts während der Pandemie“ (ebd.). Außerdem liefert der Beitrag einen Überblick über verschiedene nationale Kompensationsprogramme und Corona-Bildungsausgaben etwa zur Abmilderung von pandemiebedingten Lernverlusten oder zur Verringerung der Bildungsungleichheit.

Dadurch wird deutlich, dass die verglichenen Staaten bei relativ gleicher Pandemielage trotzdem unterschiedlich in ihren Bildungssystemen agierten, unterschiedliche Maßnahmen präferierten und damit eine unterschiedliche Umsetzung der UN-Kinderrechtskonvention vornahmen.

Doch Kinder- und Jugendrechte sind keine symbolische Schönwetter-Angelegenheit, sondern in der UN-Kinderrechtskonvention verankertes Völkerrecht sowie seit 1992 geltendes Bundesgesetz (seit 2010 explizit vorbehaltlos). Darin verpflichtet sich die Bundesrepublik etwa, dass bei „allen Maßnahmen, die Kinder betreffen, gleichviel ob sie von öffentlichen oder privaten Einrichtungen der sozialen Fürsorge, Gerichten, Verwaltungsbehörden oder Gesetzgebungsorganen getroffen werden, das Wohl des Kindes (…) vorrangig zu berücksichtigen ist" (Art. 3, UN-KRK). Daran gemessen muss leider festgestellt werden, dass dies in der Praxis der vergangenen Jahre weitgehend versäumt wurde. Dafür steht auch der im Juni 2021 letztlich gescheiterte Regierungsentwurf zur Einfügung von Kinderrechten in das Grundgesetz vom 19. Januar 2021. Denn dass der Gesetzentwurf der damaligen Bundesregierung das Kindeswohl nicht „vorrangig" berücksichtigen mochte, sondern nur „angemessen", und dass Beteiligungsrechte der Kinder und Jugendlichen nur auf „rechtliches Gehör" beschränkt wurden und nicht umfassend gelten sollten, stellte einen Rückschritt zum Status quo der seit 1992 als Bundesgesetz verankerten UN-Kinderrechtskonvention dar. Insofern ist der im Juni 2021 von der damaligen Familien- und Justizministerin Lambrecht als gescheitert ausgerufene Gesetzentwurf zu Kinderrechten im Grundgesetz (Art. 6) tatsächlich kein großer Schaden. Dass man es besser hätte machen können, beweisen an die 15 Landesverfassungen mit Kinderrechtsformulierungen (zuletzt – mit Volksabstimmung – in Hessen und in Bremen) und auch Art. 24 der EU-Grundrechtecharta. Andererseits hätte selbst eine auch nur symbolische Erwähnung der Kinderrechte insofern mindestens Signalwirkung gehabt, als dass die vielen Jurist(inn)en und Beamte(inn)en in und außerhalb des Bundestages gezwungen gewesen wären, sich wenigstens einmal während der Ausbildung mit der UN-Kinderrechtskonvention auseinanderzusetzen. Selbstverständlich beinhaltet der Kinderrechte-Ansatz noch viel mehr für alle mit Kindern arbeitende Professionen (vgl. Maywald 2018, S. 967ff.), doch als erster Schritt sollte dies dann auch für die zukünftigen Lehrer/innen, Erzieher/innen und Sozialarbeiter/innen gelten. Womöglich könnte der gescheiterte Entwurf aber auch als Ausdruck der realen Umsetzungsprobleme bei den Kinderrechten in der Corona-Krise angesehen werden. Dass dabei vor allem sozial benachteiligte, in Armut(snähe) lebende Kinder in besonderem Maße von Einschränkungen ihrer Kinderrechte betroffen waren und sind, soll im Folgenden näher ausgeführt werden.

Dazu geht es zunächst im **ersten Kapitel** um das Ausmaß und verschiedene Erscheinungsformen von Kinderarmut. Unterschiedliche Verharmlosungsstrategien sind dabei ein nicht zu unterschätzender Untersuchungsgegenstand. Nur deren Überwindung kann dazu beitragen, die Wirklichkeit des Armutsumfangs tatsächlich nüchtern zur Kenntnis zu nehmen. Das **zweite Kapitel** handelt von Folgen und Auswirkungen der Problematik. Auch hier geht es vor allem um den aktuellen und weitgehend unumstrittenen Forschungsstand. Jedoch sind zugleich einige Ausblendungen relevanter Armuts-Konsequenzen ebenfalls zu ermitteln. Debatten und Diskurse zu Kinder- und Familienarmut sowie Reichtum sind das Thema des **dritten Kapitels**. Dabei soll gezeigt werden, dass auch politische, mediale und wissenschaftliche Äußerungen und Kontroversen beitragen zur Polarisierungsproblematik im Bereich Kinderarmut. Sie können etwa durch ein Klima solidarischer Sensibilität oder stigmatisierender Segregation (als verächtlich machende Ausgrenzung) politische Willensbildung beeinflussen. Auch können sie den Handlungsdruck erhöhen oder durch Scheindebatten von den realen Schwierigkeiten ablenken und eine Verzögerung der Problembehandlung im Interesse ihrer bisherigen Profiteure begünstigen. Daraufhin beschäftigt sich das **vierte Kapitel** mit Ursachen und Zusammenhängen, welche immer wieder in Äußerungen politischer, medialer und wissenschaftlicher Öffentlichkeit mit Anlässen und Teil-Aspekten verwechselt werden und somit das kindheits- und sozialpädagogische wie (kindheits-)wissenschaftliche Begreifen und wirksame Verändern der Verhältnisse behindern. So wird immer wieder das beispielsweise hohe Armutsrisiko unter Familien von Alleinerziehenden als Ursache für die soziale Benachteiligung der Ein-Eltern-Familien beschrieben, statt die darunter liegenden, wirklichen sozial- und familienpolitischen Grundlagen zu ermitteln. Als Nächstes werden einige notwendige, kinderrechtsorientierte Maßnahmen und Alternativen im **fünften Kapitel** erörtert, welche gesellschaftspolitische Rahmenbedingungen mitberücksichtigen, wie z.B. den gestiegenen privaten Reichtum im Verhältnis zur Ausweitung und Verstetigung von Armut in familiären und kindlichen Lebenswelten. Das **sechste Kapitel** formuliert schließlich ein Fazit und entwirft einen Ausblick.

1

Ausmaß und Erscheinungsformen von Kinderarmut

Wie viele Kinder sind eigentlich in Deutschland von Armut betroffen und wie nehmen wir im Allgemeinen deren Zustand wahr? Das folgende Kapitel untersucht zunächst das Ausmaß und die Erscheinungsformen sozial polarisierter Kindheiten. Es beweist auch die Relevanz von Wissenschaften, weil sie in vielerlei Dingen aufzeigen können, dass die Erscheinungsform(en) und das Wesen bzw. der soziale Inhalt von Sachverhalten nicht notwendigerweise identisch sind. Das gilt übrigens auch für das subjektive Selbstverständnis bezüglich Haltungen und Handlungen im Verhältnis zur objektiven Funktion dieser Ansichten und Artikulationen. Wer wissen möchte, wie sich Armut „anfühlt", hat seit Jahren die Möglichkeit, die empirische Forschungsliteratur zu bemühen (vgl. z.B. Chassé/Zander/Rasch 2010), die von der Nationalen Armutskonferenz (NAK) herausgegebenen Betroffenen-Berichte zu studieren (vgl. z.B. NAK 2018) oder seit einiger Zeit im Internet unter #ichbinarmutsbetroffen kurze Beiträge von Betroffenen über ihren Alltag und ihre Lebensrealität kennenzulernen, die für viele Menschen als eigentlich undenkbare Verhältnisse in dem doch so reichen Deutschland erscheinen.

Sich mit einer Thematik auseinanderzusetzen, erfordert somit zunächst einmal, sie wirklich wahrzunehmen und nicht zu verharmlosen oder zu verleugnen. Die Anerkennung der Existenz der Betroffenen als ganz „normale" Menschen kann dabei als erster Schritt gesehen werden. Wie im folgenden Exempel gezeigt wird, ist dies für viele Menschen und auch für viele Professionelle keineswegs selbstverständlich.

> „‚Bei uns gibt es so etwas nicht, wir haben keine armen Kinder. Bei uns sind nur ganz normale Kinder', sagt die Kitaleiterin eines katholischen Familienzentrums, das im Schatten eines Hochhauskomplexes liegt, und lehnt am Telefon den Wunsch nach einem Interview zum Thema armutsbetroffene Kinder ab" (Iglesias/Wolter-Buhlmann 2019, S. 4).

Dass Armut im Allgemeinen jedoch seit Jahren in Deutschland vorkommt und sogar gravierende Ausmaße angenommen hat, zeigt der Armutsbericht 2022 des Paritätischen Gesamtverbandes. Danach „hat die Armut in Deutschland mit einer Armutsquote von 16,6 Prozent im zweiten Pandemiejahr (2021) einen traurigen neuen Höchststand erreicht. 13,8 Millionen Menschen müssen demnach hierzulande derzeit zu den Armen gerechnet werden, 600.000 mehr als vor der Pandemie. Der Paritätische Wohlfahrtsverband rechnet angesichts der aktuellen Inflation mit einer weiteren Verschärfung der Lage und appelliert an die Bundesregierung, umgehend ein weiteres Entlastungspaket auf den Weg zu bringen, das bei den fürsorgerischen Maßnahmen ansetzt: Grundsicherung, Wohngeld und BAföG seien bedarfsgerecht anzuheben und deutlich auszuweiten, um zielgerichtet und wirksam Hilfe für einkommensarme Haushalte zu gewährleisten" (Pressemitteilung Parität 2022). Einen Überblick zum allgemeinen Armuts-Ausmaß unter allen Bewohnerinnen und Bewohnern in den Bundesländern gibt die Karte aus dem Armutsbericht 2022 des Paritätischen Gesamtverbandes (Abb. 1).

Abb. 1: Armutsbericht 2022

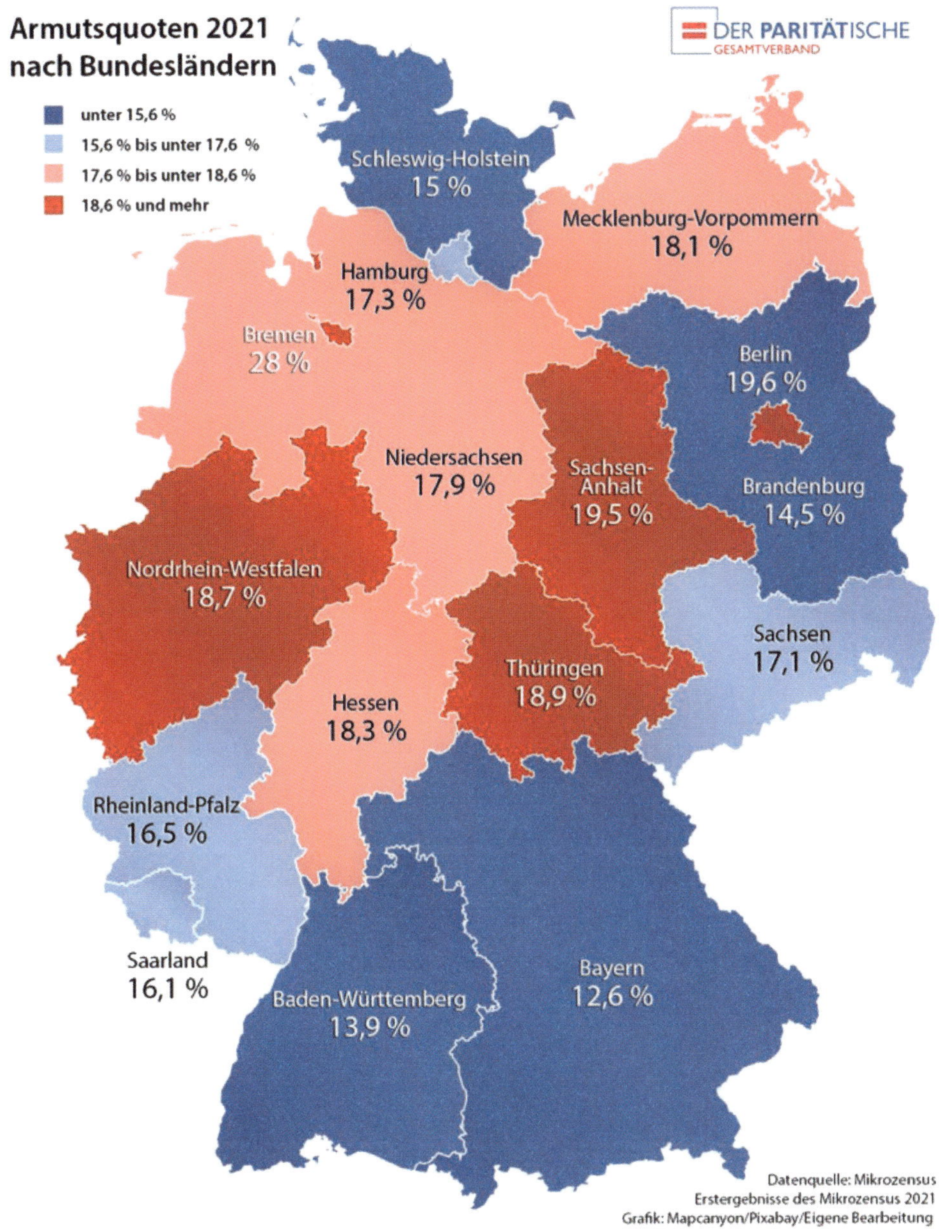

Quelle: Paritätischer Wohlfahrtsverband Gesamtverband (2022): Zwischen Pandemie und Inflation. Paritätischer Armutsbericht 2022, Berlin, S. 16.

Anhand der dort aufgetragenen Armutswerte lässt sich erkennen, dass es nicht nur zwischen Stadt-Staaten und Flächenstaaten und nicht nur zwischen Ost- und Westdeutschland große Differenzen gibt, sondern mittlerweile auch zwischen Norden und Süden.

In einer Antwort der Bundesregierung auf eine parlamentarische Anfrage zu aktuellen Zahlen über Kinderarmut vom März 2022 wird der Umfang der Kinderarmut in Deutschland mit der folgenden Tabelle des Statistischen Bundesamtes durch die Parlamentarische Staatssekretärin Annette Kramme illustriert (Abb. 2). Aus den darin enthaltenen Zahlen geht hervor, dass in der Bundesrepublik Deutschland durchschnittlich etwa jedes fünfte Kind und jede/r fünfte Jugendliche von Armut(srisiken) betroffen sind.

Abb. 2: Armutsgefährdungsquoten[1)] von unter 18-Jährigen in Deutschland und nach Bundesländern in Prozent gemessen am Bundes- und Landesmedian 2020

	2020	
	Bundesmedian	**Landesmedian**
	in %	
Deutschland	20,2	–
Bundesländer		
Baden-Württemberg	15,8	18,8
Bayern	12,2	15,9
Berlin	26,1	24,0
Brandenburg	16,8	15,8
Bremen	42,0	28,0
Hamburg	21,0	22,3
Hessen	23,2	23,8
Mecklenburg-Vorpommern	24,4	17,2
Niedersachsen	23,0	22,2
Nordrhein-Westfalen	23,2	23,1
Rheinland-Pfalz	20,2	20,4
Saarland	21,6	20,8
Sachsen	21,1	14,7
Sachsen-Anhalt	26,2	20,1
Schleswig-Holstein	20,3	21,0
Thüringen	21,7	15,9

Ergebnisse des Mikrozensus; Hochrechnung der fortgeschriebenen Ergebnisse des Zensus 2011.

1) Anteil der Personen mit einem Äquivalenzeinkommen von weniger als 60 % des Medians der Äquivalenzeinkommen der Bevölkerung in Privathaushalten am Ort der Hauptwohnung. Das Äquivalenzeinkommen wird auf Basis der neuen OECD-Skala berechnet.

Quelle: Kramme, Annette (2022): Antwort der Parlamentarischen Staatsekretärin auf die Schriftliche Frage des Bundestagsabgeordneten Dr. Dietmar Bartsch im März 2022 zum Ausmaß der Kinderarmut in Deutschland. Arbeitsnummer 039. Berlin.

Da Kinderarmut in Deutschland heute, wie gesagt, Armut in einem der reichsten Länder dieser Erde bedeutet, geht es in der Regel weniger um absolutes Elend und Verhungern, sondern mehr um Entbehrungen, Ausgrenzungen und Benachteiligungen im Verhältnis zum allgemeinen gesellschaftlichen Lebensstandard. Dabei können sich Diffamierungen und Stigmatisierungen sogar noch schmerzhafter als materielle Einschränkungen auswirken. Dennoch darf nicht vergessen werden, wie viele Hunderttausende Menschen inzwischen wieder in Deutschland wohnungs- oder obdachlos sind (laut Tagesschau.de v. 11.11.2019 über 678.000 Menschen, darunter um die 37.000 Jugendliche) und wie viele Menschen vom Flaschensammeln, Betteln oder von Tafeln leben müssen (vgl. Mehr als zwei Millionen Menschen suchen Hilfe bei der Tafel, in: Zeit.de v. 14.07.2022). Hunderttausende teilsanktionierte ALG II-Bezieher/innen und Zehntausende vollsanktionierte Hartz IV-Empfänger/innen (deren Grundsicherungsleistungen zu einem gewissen Anteil gekürzt oder vollständig gestrichen werden, um sie für ein Fehlverhalten zu bestrafen), darunter viele Jugendliche und Familien mit Kindern, für die tatsächlich absolute Armut – die Sorge um ein Dach über dem Kopf oder um Licht und Wärme in der Wohnung, Hunger, Mangel an Kleidung und medizinischer Versorgung – zum täglichen existenziellen Überlebenskampf gehören, werden seit Jahren allzu oft ignoriert. Etwa 80.000 Minderjährige lebten z.B. 2018 in teilsanktionierten ALG-II-Haushalten, und über 5.000 Kinder mussten ertragen, dass ihre sog. Bedarfsgemeinschaft vollsanktioniert wurde (d.h. die Grundsicherungsleistungen wurden zu 100 Prozent gekürzt; vgl. Tagesspiegel.de v. 21.11.2019).

1.1 Wahrnehmung von und Haltung zu Armut sowie Ungleichheit

Die Wahrnehmung und Bearbeitung von sozialer Ungleichheit und Armut in frühkindlichen Bildungseinrichtungen ist entscheidend für die Entwicklung und das Wohl vieler Kinder. Eine völlige Ignoranz der Problematik, wie im oben zitierten Beispiel, ist dabei in den letzten Jahren eher in den Hintergrund getreten. Stattdessen referieren viele Fachkräfte Standardsituationen in der Kita, die auf Unterversorgung des Kindes in verschiedenen Bereichen schließen lassen: Nicht wettergerechte Kleidung, oft morgens sehr hungrig; immer wieder Nahrung einsteckend und nach Hause mitnehmend. Eine erst mal nachvollziehbare, häufige und geläufige Reaktion einiger Fachkräfte besteht dann oft darin, ihr Unverständnis darüber kundzutun, da in anderen Marken- und Technikdingen das betroffene Kind und/oder seine Eltern oft recht gut ausgestattet zu sein scheinen. Die daraus manchmal abgeleitete vermutete Fehlversorgung wird dann gelegentlich mit dem Vorwurf mangelnder Elternkompetenz verbunden. In jedem Fall führt diese Herangehensweise erst mal dazu, dass die Probleme sozialer Ungleichheit und Armut individualisiert und den Betroffenen selbst zugeschrieben werden. Sie, die Eltern, sind die für viele Fachkräfte auf den ersten Blick sichtbaren, eigentlichen Verursacher der Schwierigkeiten ihrer Kinder und demnach letztlich selbst schuld daran. Dass die damit oft verbundenen verbalen und non-verbalen Zeichen des Mangels an Respekt und der Nicht-Anerkennung durch Professionelle, durch andere Eltern oder auch durch andere Kinder sehr schmerzhaft für von Armut belastete Kinder und Eltern sein können, wird mitunter übersehen. In jedem Fall sind sie für die betroffenen Kinder sehr belastend und wenig hilfreich, wie das folgende Beispiel zeigt:

> „Dalias Mutter erinnert sich an diese kleine Situation an der Garderobe der Kita, die möglicherweise davon zeugt: ‚Es gab so ein blondes Mädchen, die hatte in der Nähe von Dalia ihr Fach. Und Dalia hatte einen Einteiler als Schneeanzug, das andere Mädchen aber hatte einen Zweiteiler. Dann wurde Dalia echt fertiggemacht – wie, du kannst dir nur sowas leisten und nicht so, wie ich das habe. Das habe ich miterlebt, sie kam aus reicheren Verhältnissen. Dalia war total verdutzt.‘ In Elterngesprächen wurde der Mutter versichert, Dalia gehe es gut. Tanja L. selbst fand keine Freundinnen unter den Müttern der Kita, und das, obwohl sie offen und freundlich ist“ (Iglesias/Wolter-Buhlmann 2019, S. 7).

Als um die Jahreswende 1999/2000 Erzieher/innen in Ost- und Westdeutschland gefragt wurden, welche Wesenseigenschaft sie bei ihren Kita-Kindern mit Armut in Verbindung sähen, antworteten über die Hälfte der Befragten eines Forschungsprojekts in Ost wie West „Asozialität“. Jenseits der Frage, ob diese Be- bzw. Verurteilung der betroffenen Kinder nicht schon stigmatisierenden Charakter hat, verwechselten sie dabei durch eine verhaltenszentrierte Wahrnehmung womöglich Erscheinungsformen und Wesen der problematischen Lebenslage (Frühauf/Zeng 2001, S. 374f.). Hierbei geht es um die konkrete Beobachtung einer Situation, in der ein Kind als „arm“ wahrgenommen wird – und der Interpretation dieser Situation, bei der dem Kind selbst Charaktereigenschaften zugeschrieben werden, wie „nicht normal“ oder „asozial“ zu sein. Deshalb ist es wichtig, nach der jeweiligen Wahrnehmung von Kinderarmut bzw. deren Erscheinungsformen zu fragen und die eigene Haltung dazu selbstkritisch zu hinterfragen. Die bisherigen Forschungsergebnisse unterstreichen immer wieder, wie wichtig es ist, Armut als *mehr*dimensionales Phänomen zu betrachten (vgl. Böhnke/Dittmann/Goebel 2018, S. 17ff.). Das Verständnis für die unterschiedlichen Ursachen und Folgen von Armut bzw. Unterversorgung auch oder gerade bei Kindern ist bei vielen Erzieher(inne)n und Lehrer(inne)n womöglich (noch) nicht so ausgeprägt, wie es für ein problemadäquates Umgehen damit erforderlich wäre. Auch nehmen einige Pädagog(inn)en immer noch die materielle Unterversorgung bzw. Armut der Kinder – selbst bei Sozialhilfebezug – meist gar nicht als solche wahr (vgl. Bertz/Rössel/Siebert 1998, S. 80). Aufgrund ihrer eigenen Mittelschichtorientierung fehlen Pädagog(inn)en häufig einschlägige Erfahrungen. Sie verweisen bei Formen von Armut auf die Vernachlässigung und ungenügende Förderung seitens der Eltern. Auch durchaus wohlmeinende Erzieher/innen neigen dazu, vor allem die Eltern für das Schicksal der Kinder verantwortlich zu machen. Dies deckt sich mit der genannten Studie zur Wahrnehmung und Deutung von Kinderarmut bzw. deren Folgen bei Mitarbeiter(inne)n in Kindertagesstätten in Ost- und Westdeutschland. So hatten etwa die bereits angesprochenen, befragten Erzieher/innen in Erfurt und Mainz in der Regel eine verhaltenszentrierte Wahrnehmung, bei der die Gründe für auffälliges Verhalten von

Kindern kaum reflektiert wurden – für viele Befragte bestand die Eigenschaft armer Kinder – wie gesagt – in deren „Asozialität“ (vgl. Frühauf/Zeng 2001).

Laut Erfahrungen von Leitungskräften aus DRK-Kindertageseinrichtungen gibt es unterschiedliche Formen, wie sich Kinderarmut zeigen kann. Zum Beispiel stellen sich Erscheinungsformen von Kinderarmut folgendermaßen dar:

> „Juliana (erfundener Name) ist 4 1/2 Jahre alt. Beim gemeinsamen Frühstück in der Kita macht sich Juliana seit geraumer Zeit Brote – und zwar mehr, als sie essen kann. Hanna, ihre Erzieherin, bemerkt, dass Juliana die Brote in ihr Fach legt, zu all den anderen wichtigen eigenen Dingen, die sie dort aufbewahrt. Später zeigt ein Hausbesuch mit dem Jugendamt, dass der Kühlschrank in der Wohnung, in der Juliana lebt, leer ist. Juliana schmiert Brote, mit denen sie sich, ihren Bruder und vielleicht auch ihre Mutter versorgen will. Armut ist Alltag für Juliana, in vielerlei Hinsicht, auch wenn sie das noch nicht abstrahieren kann.
>
> Aaron ist 5 und schon in der dritten Kita. Wegen seines aggressiven Verhaltens anderen Kindern gegenüber wurde er immer wieder weitergereicht. ‚Hier in der Kita reden sie mit mir und schmeißen mich nicht raus‘, sagt Aaron und versteht schon, dass er hier so sein und bleiben kann, wie er ist. Aaron wächst in einem sozial belasteten Haushalt auf. Er hat keinen eigenen Raum und lebt mit Eltern und mehreren Geschwistern in beengtem Wohnraum. Sich durchsetzen, das konnte er bisher nur mit Gewalt.
>
> Meren ist immer hübsch gekleidet. Ihre Eltern sind immer freundlich und beteiligen sich viel bei Aktionen in der Kita. Bei Ausflügen aber möchte Meren neuerdings nicht mehr mitkommen oder wird an dem Tag abgemeldet. Darauf angesprochen, erzählt sie ihrem Erzieher Patrick, dass sie sich schämt, weil sie keinen schönen neuen Rucksack besitzt wie ihre Freunde. Sie möchte deshalb auch lieber nicht mit zum Ausflug kommen. Armut sieht man Merens Familie nicht an. Merens Eltern geben, wie die meisten Eltern, alles für ihre Kinder. Sie leben in einem Einfamilienhaus, doch seit ein paar Monaten haben beide Eltern keine Arbeit mehr. Die Lebensumstände für Merens Familie haben sich von heute auf morgen verändert. Jetzt reicht das Geld manchmal nicht, damit Meren so wie andere Kinder teilhaben kann.“
> (aus: KiTa Aktuell ND, 2-2018, S. 28–31, hier: S. 28)

In Gruppendiskussionen mit verschiedenen Teams pädagogischer Fachkräfte werden folgende Beobachtungen berichtet (vgl. Simon/Lochner/Prigge 2019, S. 36): „Eltern kaufen sich ein I-Pad, teure Markenschuhe oder eine ‚Rasse-Katze‘, obwohl die Pädagoginnen und Pädagogen in der Kindertagesstätte den Eindruck haben, sie verfügten über sehr geringe finanzielle Mittel. Diese Eltern bringen ihr Kind ohne wettergerechte Kleidung in die Einrichtung, und das schon seit Wochen. Wie erklären sich dies die Fachkräfte? Aus Perspektive der pädagogischen

Fachkräfte setzen diese Eltern die ‚Prioritäten falsch': Würden sie das Geld besser einteilen und preisbewusster kaufen, könnten sie sich wettergerechte Kleidung für ihr Kind leisten" (ebd.).

Bis hierhin kann zunächst festgehalten werden, dass viele Professionelle das Problem der (Kinder-)Armut auf das Verhalten der Eltern zurückführen und damit individualisieren. Demnach kann es einfach nicht sein, dass in einer so reichen Leistungsgesellschaft wie der unseren jemand unter Armutsbedingungen lebt. Es muss an seinen bzw. ihren persönlichen Fehlern und Defiziten liegen. Etwas anderes liegt außerhalb des unmittelbaren Wahrnehmungs-Horizonts. Eine andere Erklärung hinsichtlich sozioökonomischer Ungleichheitsprozesse in bürgerlichen Warengesellschaften erscheint erst einmal als viel zu abstrakt und nicht der unmittelbaren Erfahrung angemessen.

Um diesen Blick etwas zu öffnen und um zu zeigen, dass die soziale Polarisierung im Kindesalter keineswegs nur auf ein paar individuelle und selbstverantwortete familiäre „Problem"-Fälle reduziert werden kann, soll im Folgenden das millionenfache Ausmaß sowie Aspekte öffentlicher Präsentation der (Kinder-)Armut näher unter die Lupe genommen werden.

1.2 Empirischer Umfang ungleicher Sozialverhältnisse

In seinem Armutsbericht vom Dezember 2018 kam der Paritätische Gesamtverband zu dem Ergebnis, dass „Kinderarmut in Deutschland (…) anhaltend und alarmierend hoch (ist). Nicht nur jedes fünfte Kind in Deutschland lebt in Armut, sondern auch jeder fünfte arme Mensch in diesem Land ist ein Kind. Was die einkommensarmen Haushalte mit Kindern anbelangt, sind es vor allem Alleinerziehenden-Haushalte (14,7 % der Armen), die ins Auge fallen, und Paarhaushalte mit drei und mehr Kindern (13,6 % aller Armen)" (Parität 2018, S. 14).

Laut Bericht des Statistischen Bundesamtes vom 31. Oktober 2018 waren 19 Prozent der Bevölkerung Deutschlands von Armut oder sozialer Ausgrenzung bedroht. „Mit 16,1 % der Bevölkerung war jede sechste Person in Deutschland im Jahr 2017 armutsgefährdet (2016: 16,5 %). Das entsprach rund 13,1 Millionen Menschen. Eine Person gilt nach der EU-Definition für EU-SILC als armutsgefährdet, wenn sie über weniger als 60 % des mittleren Einkommens der Gesamtbevölkerung verfügt (Schwellenwert der Armutsgefährdung). 2017 lag dieser Schwellenwert für eine alleinlebende Person in Deutschland bei 1.096 Euro im Monat, für zwei Erwachsene mit zwei Kindern unter 14 Jahren bei 2.302 Euro im Monat" (Statistisches Bundesamt 2018, S. 1).

Für Kinder und Jugendliche unter 18 Jahren verzeichnete das Statistische Bundesamt bereits 2018 folgende Zahlen: Es seien nach der genannten Rechnungsweise 18 Prozent der Unter-

18-Jährigen (ca. 2,4 Mio. von insgesamt ca. 13,4 Mio.) von Armut oder sozialer Ausgrenzung betroffen und 15,2 Prozent explizit armutsgefährdet (ca. 2 Mio.). Und das Statistische Bundesamt stellte 2018 fest: „In Deutschland waren im Jahr 2017 rund 15,5 Millionen Menschen von Armut oder sozialer Ausgrenzung bedroht und damit 19,0 % der Bevölkerung. Im Jahr 2016 waren es mit 16,0 Millionen Menschen noch 19,7 % der Bevölkerung gewesen. Wie das Statistische Bundesamt (Destatis) nach den Ergebnissen der Erhebung LEBEN IN EUROPA (EU-SILC) weiter mitteilt, betrug der Anteil in der Europäischen Union (EU) im Jahr 2017 durchschnittlich 22,5 %" (Pressemitteilung Nr. 421 v. 31.10.2018).

Dem gegenüber kam eine Untersuchung des Deutschen Kinderschutzbundes (DKSB) von 2018 unter Berücksichtigung von Dunkelziffern sogar noch zu wesentlich höheren Zahlen von Armut betroffener Kinder in Deutschland. In einer Datenauswertung ermittelten die Sachverständigen des DKSB, dass die Anzahl von Kindern in Armut deutlich höher liegt, als öffentlich debattiert. Berücksichtige man nicht nur die etwa drei Millionen Minderjährigen, für die der Staat existenzsichernde Sozialleistungen wie Hartz IV, Kinderzuschlag oder Wohngeld entrichtet, so kämen noch etwa 1,4 Millionen Kinder hinzu. Diese errechneten sich aus der Tatsache, dass nach Angaben der Bundesregierung die Hälfte aller erwerbstätigen anspruchsberechtigten Familien kein aufstockendes Hartz IV beziehen, wovon ungefähr 850.000 Kinder betroffen seien. Hinzu kämen Familien mit Kindern, die trotz Berechtigung, aber aufgrund von Scham, Unwissenheit oder Bürokratie auf ihnen zustehende Leistungen des Kinderzuschlags, des Wohngeldes oder der Sozialhilfe verzichten. Somit geht der DKSB von ca. 4,4 Millionen armen Kindern von insgesamt etwa 13,4 Millionen Minderjährigen in Deutschland aus. Das heißt, etwa ein Drittel aller Kinder in Deutschland wäre von Armut betroffen (vgl. Geisslinger 2018).

Für die regierungsamtliche Wahrnehmung von Kinderarmut kann indessen der Armuts- und Reichtumsbericht der Bundesregierung herangezogen werden. Laut Angaben des 5. Armuts- und Reichtumsbericht der Bundesregierung vom April 2017 (BMAS 2017) stellte sich das Ausmaß der Kinderarmut in Deutschland folgendermaßen dar: „Je nach verwendeter Datenquelle variiert das Armutsrisiko von Kindern in Deutschland zwischen 14,6 Prozent (EU-SILC[5], Einkommensjahr 2014) und 21,1 Prozent (SOEP[6] 2014). Nach den Daten des

5 Die Erhebung der Europäischen Union zu Einkommen und Lebensbedingungen (EU-SILC) LEBEN IN EUROPA (European Union Statistics on Income and Living Conditions) ist eine europäische Erhebung mit dem Ziel, zeitlich vergleichbare Daten zu sammeln. Sie wird seit 2005 in allen EU-Staaten, Norwegen und Island einheitlich durchgeführt und liefert als einzige amtliche Quelle international vergleichbare Informationen zu Einkommensverteilung, Armut und Lebensbedingungen in Europa. Die letzte für den Bericht zur Verfügung stehende Erhebung enthält Einkommensdaten für das Jahr 2014. Für LEBEN IN EUROPA werden jedes Jahr in Deutschland rund 14.000 Haushalte befragt.

6 Das Sozio-ökonomische Panel (SOEP) des Deutschen Instituts für Wirtschaftsforschung (DIW) ist eine repräsentative Wiederholungsbefragung von über 12.000 Privathaushalten in Deutschland. Die Befragung wird im jährlichen Rhythmus seit 1984 immer bei denselben Personen und Familien (= stets demselben Panel) durchgeführt. Die befragten Personen und Familien wurden „zufällig" ausgewählt, so dass sie die in Deutschland lebenden Menschen repräsentieren.

SOEP und des Mikrozensus[7] liegt das Armutsrisiko von Kindern deutlich über dem Armutsrisiko der Gesamtbevölkerung (SOEP: 21,1 Prozent gegenüber 15,8 Prozent und Mikrozensus: 19,7 Prozent gegenüber 15,7 Prozent), nach den Daten von EU-SILC jedoch darunter (14,6 Prozent gegenüber 16,7 Prozent). Von den insgesamt rund 12,9 Millionen Kindern unter 18 Jahren leben in Deutschland also je nach Datenquelle rund 1,9 bis 2,7 Millionen Kinder mit einem Armutsrisiko, weil die Haushalte, in denen sie leben, über weniger als 60 Prozent des Median aller Nettoäquivalenzeinkommen verfügen. Auch die Armutsrisikoquote für Kinder stieg bis Mitte des vergangenen Jahrzehnts an und verblieb anschließend in etwa auf diesem Niveau" (BMAS 2017, S. 250).

Die EU-weite Übereinkunft einer Armutsschwelle von 60 Prozent des mittleren Netto-Haushaltseinkommens wird häufig auch noch ergänzt mit der Quote für Erwerbslosigkeit oder auch mit der Quote von Haushalten, die Lohnersatzleistungen bzw. Grundsicherung (Hartz IV) erhalten. Deshalb lassen sich immer wieder unterschiedliche Armutsindikatoren in politischen, medialen, wissenschaftlichen und wohlfahrtsverbandlichen Äußerungen feststellen: Weniger als 60 Prozent vom Median der Netto-Haushaltseinkommen oder Arbeitslosengeld II (ALG-II)-Bezug oder offiziell gemeldete Erwerbslosigkeit sind somit die am häufigsten verwendeten Indikatoren für eine Armutsentwicklung im Lande:

Abb. 3: Armutsquote, SGB-II-Quote und Arbeitslosenquote 2005 bis 2019 und 2020 bis 2021* (in %)

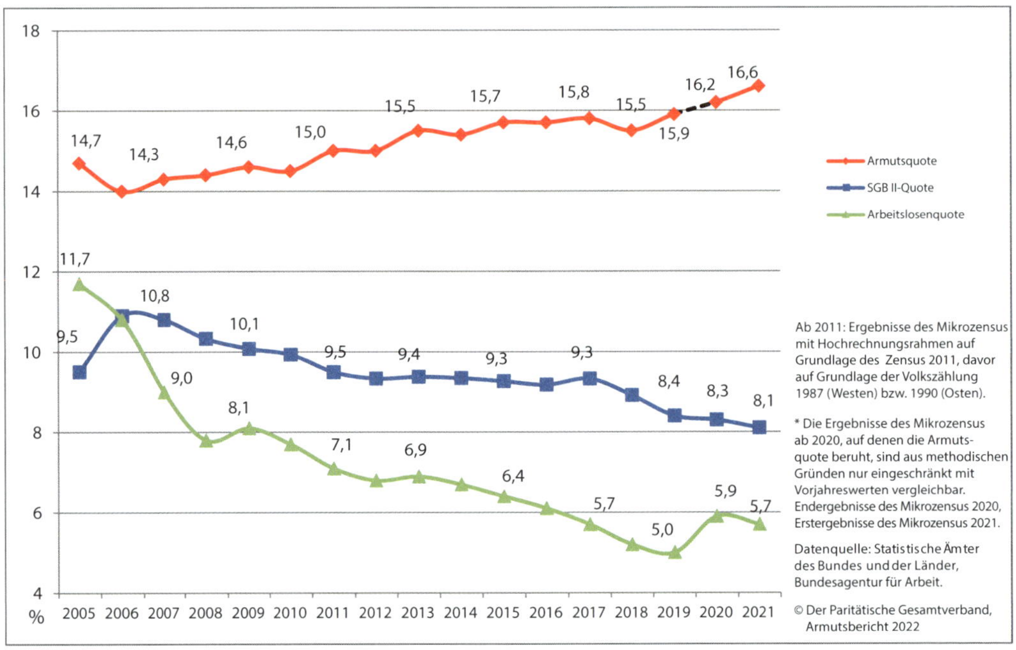

Quelle: Paritätischer Gesamtverband (2022): Armutsbericht 2022, Berlin, S. 5

7 Der Mikrozensus ist eine durch die Statistischen Landesämter durchgeführte und vom Statistischen Bundesamt koordinierte und ausgewertete Befragung von jährlich 1 Prozent der Privathaushalte in Deutschland, was etwa 390.000 Haushalten mit 830.000 Bürger(inne)n entspricht.

Sichtbar wird bei dieser Grafik (Abb. 3), dass auch Wirtschaftswachstum und (offiziell) sinkende Arbeitslosenquoten noch keine Garantien dafür sind, dass sich auch Armut(-sgefährdung) wirksam reduziert. Ebenso lassen sich hinsichtlich des Bezugs von Leistungen nach dem Sozialgesetzbuch II (SGB II) je nach Bundesland unterschiedliche Entwicklungen feststellen. So kann etwa eine sinkende SGB II-Quote Indikator für Verbesserungen bei den Armen sein, das Umsteuern bzw. Einmünden in armutsnahe Niedriglohnbeschäftigung bedeuten oder schlicht für Verweigerungen von Leistungen stehen (z.B. durch Sanktionen), die dann dennoch zur Verfestigung der Armuts(gefährdungs)-Quote beitragen könnten. In der folgenden Tabelle (Abb. 4) kann das auch für jedes Bundesland einzeln nachvollzogen werden. Damit wird deutlich, dass vielleicht nicht alle Hartz-IV-Beziehenden in Armut, sondern eher in Armutsnähe leben und dass sich nicht alle Arm(utsgefährdet)en im Grundsicherungsbezug befinden, mithin die Armutsquote und die SGB II-Quote keineswegs identisch sein müssen.

Abb. 4: Armutsquoten und SGB-II-Quoten nach Bundesländern

	2012	2013	2014	2015	2016	2017	2018	2019	2020	2021
Deutschland	15,0	15,5	15,4	15,7	15,7	15,8	15,5	15,9	16,2	16,6
	9,3	9,4	9,3	9,3	9,2	9,3	8,9	8,4	8,3	8,1
Ostdeutschland (einschl. Berlin)	19,6	19,8	19,2	19,7	18,4	17,8	17,5	17,9	18,4	17,9
	15,3	15,1	14,7	14,1	13,4	13,0	12,0	11,1	10,7	10,2
Westdeutschland	13,9	14,4	14,5	14,7	15,0	15,3	15,0	15,4	15,6	16,3
	7,9	8,0	8,1	8,1	8,2	8,5	8,2	7,8	7,8	7,6
Baden-Württemberg	11,1	11,4	11,4	11,8	11,9	12,1	11,9	12,3	13,1	13,9
	4,9	4,9	4,9	5,0	5,0	5,3	5,1	4,8	4,9	4,8
Bayern	11,0	11,3	11,5	11,6	12,1	12,1	11,7	11,9	11,6	12,6
	4,0	4,0	4,1	4,1	4,2	4,3	4,1	3,7	3,8	3,8
Berlin	20,8	21,4	20,0	22,4	19,4	19,2	18,2	19,3	20,2	19,6
	21,2	20,7	20,3	19,9	19,1	18,5	17,5	16,4	16,5	16,2
Brandenburg	18,1	17,7	16,9	16,8	15,6	15,0	15,2	15,2	14,3	14,5
	13,3	13,2	12,7	11,9	11,3	10,7	9,7	8,8	8,2	7,7
Bremen	22,9	24,6	24,1	24,8	22,6	23,0	22,7	24,9	28,4	28,0
	17,6	17,7	17,8	18,2	18,3	18,9	18,5	18,1	18,3	17,8
Hamburg	14,8	16,9	15,6	15,7	14,9	14,7	15,3	15,0	17,8	17,3
	12,9	12,8	12,6	12,6	12,5	12,6	12,2	11,8	12,1	12,0
Hessen	13,3	13,7	13,8	14,4	15,1	15,4	15,8	16,1	17,5	18,3
	8,2	8,4	8,5	8,5	8,5	8,8	8,5	8,0	8,1	7,9
Mecklenburg-Vorpommern	22,8	23,6	21,3	21,7	20,4	19,4	20,9	19,4	19,8	18,1
	15,1	15,0	14,6	13,8	13,2	12,6	11,5	10,4	9,7	9,2

Niedersachsen	15,7	16,1	15,8	16,5	16,7	16,7	15,9	17,1	17,6	17,9
	9,1	9,2	9,1	9,1	9,1	9,4	9,1	8,6	8,5	8,2
Nordrhein-Westfalen	16,3	17,1	17,5	17,5	17,8	18,7	18,1	18,5	17,6	18,7
	11,0	11,2	11,4	11,5	11,5	11,9	11,6	11,2	11,1	10,9
Rheinland-Pfalz	14,6	15,4	15,5	15,2	15,5	15,6	15,4	15,6	16,3	16,5
	6,6	6,7	6,8	6,9	7,0	7,4	7,1	6,7	6,8	6,5
Saarland	15,4	17,1	17,5	17,2	17,2	16,8	16,0	17,0	16,4	16,1
	9,3	9,6	9,9	10,2	11,3	11,7	11,3	10,9	10,8	10,5
Sachsen	18,8	18,8	18,5	18,6	17,7	16,8	16,6	17,2	18,0	17,1
	13,3	13,0	12,5	11,7	10,9	10,4	9,5	8,7	8,3	7,8
Sachsen-Anhalt	21,1	20,9	21,3	20,1	21,4	21,0	19,5	19,5	20,5	19,5
	16,4	16,4	15,9	15,2	14,6	14,2	13,2	12,2	11,5	10,6
Schleswig-Holstein	13,8	14,0	13,8	14,6	15,1	14,8	15,3	14,5	15,9	15,0
	9,6	9,8	9,8	9,8	9,8	10,2	9,8	9,3	9,1	8,7
Thüringen	16,8	18,0	17,8	18,9	17,2	16,3	16,4	17,0	17,9	18,9
	10,9	10,8	10,5	10,0	9,6	9,4	8,7	8,0	7,7	7,2

Quelle: Paritätischer Gesamtverband (2022): Armutsbericht 2022, Berlin, S. 6/7.

Für Kinder in Haushalten mit Bezug von Arbeitslosengeld II bzw. für Minderjährige in sog. SGB-II- oder Hartz-IV-Bedarfsgemeinschaften stellt sich das noch einmal etwas anders dar. Es wird nämlich sichtbar, dass sich in den meisten Bundesländern die nach dem Indikator der Bedürftigkeit gemessene Kinderarmut regional unterschiedlich entwickelt hat, wie die folgende Grafik einer Studie der Bertelsmann-Stiftung aus dem Jahre 2020 eindrücklich veranschaulicht (Abb. 5).

Abb. 5: Anteil der Kinder unter 18 Jahren in Familien im SGB II-Bezug in den Jahren 2014 und 2019 im Vergleich

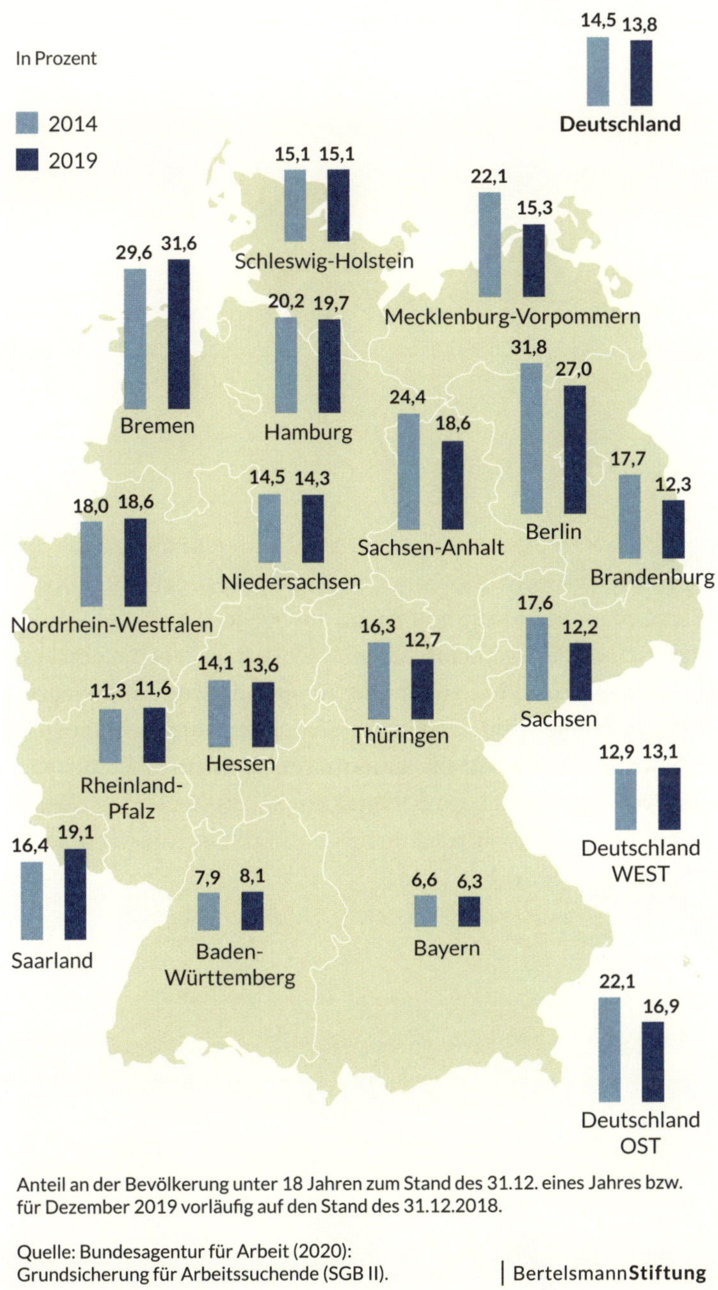

Quelle: Bertelsmann-Stiftung (2020), Factsheet Kinderarmut, Gütersloh, S. 3.

Zur Zusammensetzung und Risikoverbreitung von Armut unter Kindern und Jugendlichen hat das „Factsheet Kinderarmut" der Bertelsmann Stiftung (2020) eine differenzierende Grafik präsentiert (Abb. 6):

Abb. 6: Einkommensarmutsgefährdung und aktueller SGB II-Bezug von Kindern unter 18 Jahren im Jahr 2018

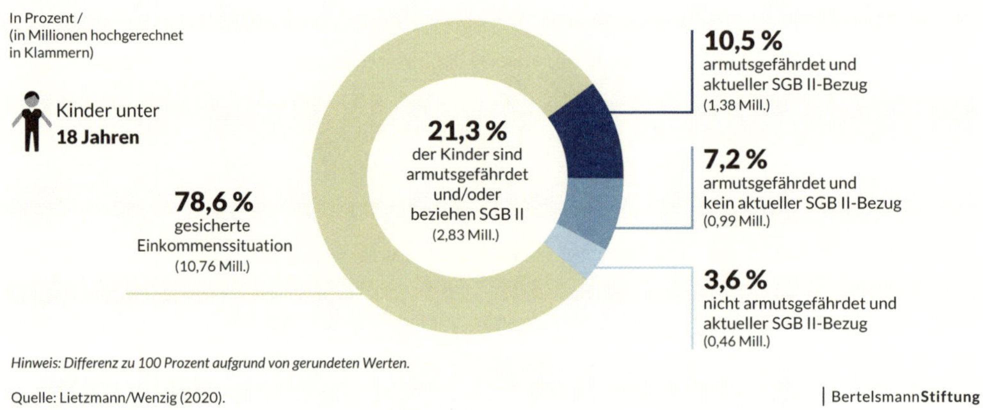

Quelle: Bertelsmann-Stiftung (2020): Factsheet Kinderarmut. Kinder im SGB II-Bezug in Deutschland. Gütersloh, S. 2

Die Grafik zeigt (Abb. 6), dass etwa jedes fünfte Kind und jede/r fünfte Jugendliche unter 18 Jahren unter Armutsbedingungen aufwächst, also ungefähr 2,8 Millionen Minderjährige. Unter ihnen bedeutet dies für zwei von drei armutsbetroffenen Kindern und Jugendlichen ein Dauerzustand von mindestens fünf Jahren durchgehender oder wiederkehrender Armut. Trotz einer teilweise guten wirtschaftlichen Entwicklung und zahlreichen familienpolitischen Reform-Maßnahmen in Deutschland, verharrt somit Kinderarmut seit Jahren auf gleichbleibend hohem Niveau (vgl. Bertelsmann-Stiftung 2020, S. 2).

Bis hierhin können wir also rekapitulieren, dass es sich beim Thema Kinderarmut auch oder besonders in einem der reichsten Länder dieser Erde nicht um ein individuelles bzw. allein durch individuelle Fehler hervorgerufenes kleines Randphänomen handelt, sondern um ein gesellschaftlich höchst relevantes, Millionen von Menschen betreffendes, gravierendes Problem, welches mit den verschiedenen Krisen der Gegenwart sogar droht, als Risiko bis in die Mitte der Gesellschaft vorzudringen.

Laut Armutsbericht 2022 des Paritätischen Gesamtverbands hat die Armut mit der Corona-Pandemie enorm zugenommen: „Mit 16,6 Prozent mussten 2021 13,8 Millionen Menschen in Deutschland zu den Einkommensarmen gerechnet werden. Noch nie wurde auf der Datenbasis des Mikrozensus eine höhere Armutsquote für das Bundesgebiet gemessen. Damit fügt sich auch das Jahr 2021 in einen besorgniserregenden Aufwärtstrend der Armutsquoten, der bereits 2006 eingesetzt hat. Der tiefe wirtschaftliche Einbruch, der 2020 mit der Pandemie einherging, scheint dabei erst 2021 vollends auf die Armutsquote durchzuschlagen: Im Vergleich zur Erhebung 2019 weist die Erhebung 2021 eine um 0,7 Prozentpunkte höhere Armutsquote aus. Auffällig ist, dass unter den Erwerbstätigen in der Pandemie vergleichsweise mehr Selbständige als abhängig Beschäftigte unter die Armutsgrenze gerutscht sind. Davon abgesehen bleibt das soziodemografische Risikoprofil im Wesentlichen das der Vorjahre: Nach wie vor zeigen Haushalte mit drei und mehr Kindern (31,6 Prozent) sowie Alleinerziehende (41,6 Prozent) die höchste Armutsbetroffenheit aller Haushaltstypen. Nicht Erwerbstätige und Personen mit niedrigem Bildungsniveau sind ebenfalls stark überproportional von Armut betroffen. Das gleiche gilt für Menschen mit Migrationshintergrund (28,1 Prozent) und ohne deutsche Staatsangehörigkeit (35,3 Prozent). Die Armut unter Kindern und Jugendlichen hat mit 20,8 Prozent wie die Armut allgemein eine neue traurige Rekordmarke erreicht. Gleiches gilt für ältere Menschen (17,4 Prozent) und Rentner*innen (17,9 Prozent), darunter vor allem Frauen. Altersarmut ist überwiegend weiblich" (Paritätischer Gesamtverband 2022, S. 3).

1.3 Politische, mediale und wissenschaftliche Verharmlosungs-Versuche

Angesichts der oben vorgestellten Zahlen könnte man auf die Idee kommen, dass die Frage, wie sich Kinderarmut schnellstmöglich vermeiden oder zumindest vermindern ließe, längst zum Top-Thema in Medien, Politik und Wissenschaft geworden sei – dem ist aber nicht so. Obwohl sich scheinbar alle darin einig sind, dass (Kinder-)Armut bekämpft werden muss, ist die Frage, was Kinderarmut ist oder wann sie beginnt, keineswegs einhelliger Konsens. Je nach Armutsbegriff schwanken die Einstellungen. Das sich am allgemeinen Lebensstandard orientierende relative Armutsverständnis neigt dabei eher zu gesellschaftskritischen Einschätzungen. Dagegen tendieren absolute Armuts-Ansätze in einem reichen Industriestaat eher zu Bagatellisierungen sozialer Ungleichheit. Durch Verweise auf im Vergleich zu früher oder zu sog. Entwicklungsländern gestiegenen Wohlstand wird dann in der Regel der hiesige und heutige Armuts-Zustand als harmlos dargestellt („Jammern auf hohem Niveau"). Dass es zahlreiche von Armut betroffene Kinder im reichen Deutschland gibt, wird eigentümlicherweise oft vor allem von denjenigen bestritten, denen es ökonomisch an nichts fehlt, die aber regelmäßig den Armen erklären wollen, wie man auch mit wenig Geld heizen, essen, lernen und sich waschen kann. Ebenso haben manche Journalisten und Wissenschaftler nach dem „Armutsbericht 2022" des Paritätischen Gesamtverbands deutliche Vorbehalte gegenüber der herkömmlichen Armutsmessung geäußert. Wie bereits oben erwähnt, gelten als Armutsschwelle in der Europäischen Union 60 Prozent vom mittleren Netto-Haushaltseinkommen. Das sind aktuell zum Beispiel 2.256 Euro für einen Haushalt mit zwei Erwachsenen und zwei Kindern.

Um die vorhandene Armutsentwicklung in ihrer Bedeutung herabzusetzen, als „Zahlenspiel" zu verharmlosen und mitunter gar ins Lächerliche zu ziehen, bemühen sich manche Autoren nicht einmal darum, den statistischen Durchschnitt und den Median zu unterscheiden. So befördert etwa der Autor der Westdeutschen Allgemeinen Zeitung (WAZ), Michael Kohlstadt, große Zweifel und Skepsis hinsichtlich der Frage, ob die Armutsbefunde des Paritätischen überhaupt zutreffen und ob es nicht auch andere Sichtweisen gebe: „Die Armutsgefährdungsquote ist ein Maßstab zur Messung relativer Einkommensarmut. Sie wird einem EU-Standard entsprechend definiert als der Anteil der Personen, deren Einkommen weniger als 60 Prozent des Durchschnittseinkommens in einem Land oder einer Region beträgt. Das Durchschnittseinkommen (wissenschaftlich korrekt: Äquivalenzeinkommen) wird nach einem komplizierten Verfahren als Pro-Kopf-Einkommen ermittelt" (Kohlstadt 2022). Der Journalist hat demnach den Unterschied zwischen Durchschnitt und Median nicht wirklich verstanden. Um sein Missverständnis fachmännisch zu beweisen, lässt der WAZ-Autor den Wissenschaftler Christoph Schröder vom Institut der deutschen Wirtschaft (IW) zu Wort kommen. Und auch der scheint sich in Statistik nicht wirklich auszukennen, wenn er mit den folgenden Worten korrekt wiedergegeben wird. „Ein Problem ist das Durchschnittseinkommen, das sich auch dann verändert, wenn nicht nur die breite Mehrheit reicher wird, sondern nur einige wenige Superreiche. Beispiel: Würden in eine Kleinstadt viele schwerreiche Fußballstars ziehen, könnte dort selbst der gut verdienende Reihenhausbesitzer statistisch schnell unter die Armutsgrenze rutschen." Um genau solche Verzerrungen zu vermeiden, wird in der Armutsforschung seit Jahrzehnten der Median statt des Durchschnitts verwendet. Doch das scheint sich bis in manche Redaktionsstuben und bis in manches Forschungsinstitut leider immer noch nicht herumgesprochen zu haben.

Ähnliche Zweifel wie Michael Kohlstadt in der WAZ aus der Funke-Mediengruppe hegt auch Roland Preuß in der Süddeutschen Zeitung, wenn er schreibt: „Wer wirklich arm ist – 13,8 Millionen Arme in Deutschland – diese Zahl hat kürzlich das Land aufgeschreckt. Doch stimmt sie überhaupt?" (Preuß 2022). Zur Untermauerung seiner Bedenken wird auch Markus Grabka vom Deutschen Institut für Wirtschaftsforschung herangezogen und zitiert. „‚Der Paritätische malt ein Szenario an die Wand, das es nicht gibt', sagt Markus Grabka vom Wirtschaftsforschungsinstitut DIW. ‚Die Zuspitzung ist nicht sinnvoll, wenn wir über wirksame Armutsbekämpfung diskutieren wollen', sagt Georg Cremer, der ehemalige langjährige Generalsekretär des Caritasverbandes." Leider wird zu diesen Behauptungen im Artikel keine Begründung und kein Argument vorgebracht. Um seine Skepsis hinsichtlich der Armuts-Definition aber zu begründen, stellt Preuß die folgende These auf: „Die Definition geht auf eine EU-Konvention zurück, sie ist verbreitet, aber durchaus umstritten. So bliebe die Zahl der Armen gleich, auch wenn sich plötzlich für alle das Einkommen verdoppeln würde. Überspitzt gesagt: Unter lauter Filetessern ist das Schnitzel auf dem Teller ein Beleg für Armut. Gleichzeitig würde die Armut abnehmen, wenn Gutverdiener einen wirtschaftlichen Einbruch erlitten, ohne dass die Niedrigverdiener auch nur einen Cent mehr in der Tasche hätten. Was zählt, ist die Ungleichheit" (Preuß 2022).

Selbst wenn es tatsächlich auch um Ungleichheit geht, ist die Darstellung von Preuß sachlich nicht korrekt im Sinne der herkömmlichen Armutsbestimmung. Deshalb nur kurz die Grundregel: Kommt in einen Saal mit 20 durchschnittlich verdienenden Erzieherinnen ein Milliardär hinein, so sind daraufhin alle im Saal durchschnittlich Multimillionäre. Geschieht das Gleiche mit dem Median, so wird der Milliardär an die Spitze gestellt, und danach reihen sich alle pädagogischen Fachkräfte vom höchsten zum niedrigsten Gehalt hintereinander auf. Diejenige in der Mitte, d.h. mit 10 Einkommen über und 10 Einkommen unter sich, verfügt über das Median-Einkommen in dieser Gruppe. Anders als der WAZ- und der SZ-Journalist und manche Wissenschaftler immer noch glauben, bedeutet das, dass Extrem-Werte gerade nicht das Gesamt-Ergebnis verzerren oder – in den Worten von Preuß – Armut würde *eben gerade nicht* abnehmen, wenn Gutverdiener einen wirtschaftlichen Einbruch erlitten, da entscheidend wäre, was sich in der Mitte tut und nicht an den Extremen. Genau im Gegensatz zu Kohlstadt, Preuß und anderen Armuts-Verharmlosern, bedeutet die herkömmliche Median-Armutsbestimmung jedoch, dass eine sich extrem spaltende Gesellschaft zwischen einer immer reicheren oberen Hälfte und einer gleichbleibend ärmeren unteren Hälfte der Bevölkerung womöglich durch die Median-Bestimmung der Armutsquote und der Armutsrisikoschwelle nicht sonderlich dynamisch-differenziert abgebildet wird, da sich in solchem Falle in der Mitte wenig entwickelt. Wer diese Ungleichheit differenziert betrachten will, müsste eigentlich auch mit dem Durchschnitt aller zur Verfügung stehenden Einkommen und Vermögen rechnen.

Insofern sind die regelmäßigen Versuche von manchen Medien, Politikern und Wissenschaftlern, Armutsberichte zu entkräften, indem auf „echte", „absolute" Armut verwiesen wird, nicht sonderlich erstaunlich. So argumentiert auch Walter Krämer, Professor für Wirtschafts- und Sozialstatistik an der TU Dortmund. In einem Interview mit „Deutschlandradio Kultur" vom 20. Februar 2015 bezeichnet er den relativen Armutsbegriff als „totalen Mist" sowie „Unfug" und stellt dem einen absoluten Armutsbegriff als einzig sinnvollen gegenüber: „Es gibt durchaus seriöse Methoden, die Armut zu messen. Erst mal indem man guckt, wie viele Leute keine warme Wohnung haben, kein Dach über dem Kopf, hungern müssen zum Beispiel, richtig physisch am Existenzminimum leben. Das kann man durchaus ermitteln und wird auch in anderen Ländern getan, nur bei uns nicht" (Krämer 2015). Entsprechend selbstsicher urteilt Krämer: „Jeder am Durchschnittseinkommen festgemachte Armutsbegriff misst daher nicht die Armut (wie beispielsweise die Definition der Weltbank, die alle Menschen als arm einstuft, die von weniger als 1,25 US-Dollar pro Tag leben müssen), sondern die Ungleichheit" (ebd.). Demgemäß darf nur „arm" genannt werden, wer Hunger und Obdachlosigkeit leidet und buchstäblich kurz vor dem Exitus steht; allerdings ist auch diese Bemessung „relativ" (so kann Obdachlosigkeit in einer warmen Region schlimm sein, in einer kalten Region dagegen sofort lebensgefährlich).

Auf jeden Fall darf Armut Krämer zufolge nichts mit dem in der Gegenwartsgesellschaft vorhandenen realen Wohlstand und Reichtum zu tun haben, wenn er fordert. „Um über Armut zu reden, muss man die Reichen außen vor lassen und nur gucken: Wie kommen die Leute über die Runden, die am unteren Ende der Einkommenspyramide leben?“ (ebd.). Wer jedoch nicht über den parallel zur Armut gestiegenen privaten Reichtum sprechen und nachdenken möchte, neigt oft auch dazu, die Ursachen für Armut regelmäßig ausschließlich bei den armen Betroffenen zu suchen, statt bei den Profiteuren der Armut und des Reichtums (vgl. Schreiner 2016, S. 37).

Verbale Armutsreduktion

Das Ausmaß von Kinderarmut lässt sich aber auch durch andere Maßnahmen zumindest auf dem Papier reduzieren. Von 13 Millionen Kindern in Deutschland seien vier Millionen arm oder von Armut bedroht, so die damalige Bundesfamilienministerin Franziska Giffey während der ersten Lesung zum sogenannten Starke-Familien-Gesetz im Plenum des Bundestages am 14. Februar 2019 (Originalrede nach: https://www.youtube.com/watch?v=hVeKc4xbDS4). Wörtlich sagte sie: „Wir haben 13 Millionen Kinder in Deutschland. Neun Millionen Kindern geht es gut; sie sind nicht abhängig von staatlichen Leistungen; sie sind nicht in schwieriger finanzieller Lage. Das ist die gute Nachricht. Aber vier Millionen haben die Schwierigkeit, in Familien zu leben, in denen das Geld knapp ist, weil die Eltern Sozialleistungen beziehen oder weil sie geringe Einkommen haben, weil sie Verkäuferin, Handwerker, Friseurin sind – was auch immer –, weil, obwohl sie jeden Tag aufstehen und arbeiten gehen, das Geld am Ende des Monats trotzdem nicht reicht. Wir wollen mehr dafür tun, dass eben diese Kinder genau die gleichen Chancen haben, egal ob zu Hause viel Geld oder wenig Geld da ist“ (ebd.). Im darauffolgenden Bundestagsprotokoll wurden aus den vier Millionen nur noch zwei Millionen arme bzw. armutsgefährdete Kinder (Plenarprotokoll 19/80, S. 9281). Falls die Bundesregierung zwischen der gehaltenen Rede der Ministerin und der Manuskriptabgabe wenige Tage später bereits die Kinderarmut von vier Millionen auf zwei Millionen halbiert haben sollte, wäre das eine immerhin bemerkenswerte Nachricht gewesen. Doch obwohl in der parlamentarischen Anhörung des Familienausschusses des Deutschen Bundestages auf dieses Mirakel hingewiesen wurde (vgl. Klundt 2019a, S. 1f.), fand die bemerkenswerte Nachricht von der kurzerhand um zwei Millionen Kinder halbierten Kinderarmut keinerlei publizistisches Feedback.

Während es erstaunlicherweise im sechsten Armuts- und Reichtumsbericht der Bundesregierung von 2021 an einem klaren Satz zur Höhe, Entwicklung und Erklärung der Armuts(risiko)quote von Kindern und Jugendlichen in Deutschland mangelt (vgl. Bundesregierung 2021, S. 48f.), gibt der Sozialbericht 2021 des Bundesarbeits- und Sozialministeriums zumindest folgende verständliche Informationen: „Nach den Daten des SOEP und des Mikrozensus liegt die Armutsrisikoquote von Kindern deutlich über der Armutsrisikoquote für die Gesamtbevölkerung (SOEP 20,7 % gegenüber 16,1 % und Mikrozensus 20,5 % gegenüber

15,9 %), nach den Daten von EU-SILC jedoch darunter (12,1 % gegenüber 14,8 %)" (BMAS 2021, S. 146). Je nach Datensatz gibt es also auch hier noch große Differenzen in der Ermittlung des Ausmaßes der Kinderarmut.

Unterdessen kommt der Wissenschaftler Axel Plünnecke vom Institut der deutschen Wirtschaft (IW) anhand seiner Berechnung aller Minderjährigen in Haushalten mit weniger als 60 Prozent des mittleren Nettoäquivalenzeinkommens zu der Zahl von 1,2 Millionen armen Kindern. Dagegen rechnete noch zuletzt das Statistische Bundesamt (vgl. Kramme 2022) mit über 20 Prozent Kindern in Armut. Ein Fünftel von 13 resp. 14 Mio. Kindern wären etwa 2,6 bzw. 2,8 Millionen Minderjährige. Wie kommt es zu solch starken Differenzen?

Abb. 7: Anzahl bzw. Anteil der Kinder in Haushalten mit einem Nettoäquivalenzeinkommen unter der Armutsrisikoschwelle nach Erwerbsintegration der Eltern

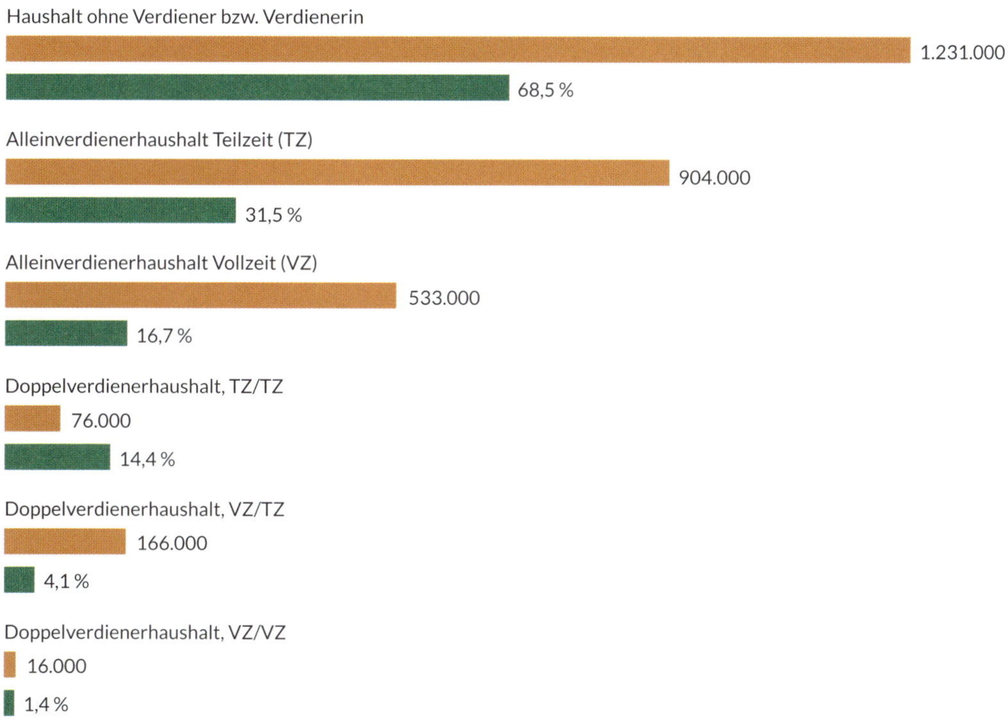

Quelle: DJI Heft Impulse 1/2022, S. 26

Liest man die Grafik (Abb. 7) etwas genauer, lässt sich feststellen, dass die 1,2 Millionen Kinder nur diejenigen sind – oberste Spalte –, deren Eltern nicht erwerbstätig sind. In den Spalten darunter gibt es jedoch ebenfalls Kinder in Haushalten, deren Einkommen sich unterhalb der Armuts(risiko)schwelle von 60 Prozent des mittleren Nettoäquivalenzeinkommens befinden. Dazu zählen etwa noch Kinder in Armut aus Teilzeit-Alleinverdiener-Haushalten (904.000), aus Vollzeit-Alleinverdiener-Haushalten (533.000), aus Teilzeit-Doppelverdiener-Haushalten (76.000) und aus Teilzeit-/Vollzeit-Doppelverdiener-Haushalten (166.000) sowie aus Vollzeit-Doppelverdiener-Haushalten (16.000). Diese insgesamt über 1,6 Millionen Kinder werden im Heft der DJI-Impulse 1/2022 auf Seite 26 durch die Überschrift „Ca. 1,2 Mio. Kinder gelten bundesweit als armutsgefährdet" fälschlicherweise unterschlagen, womit über die Hälfte der vorhandenen Kinder in Armut übersehen bzw. ignoriert werden.

Es zeigt sich also, dass die Wahrnehmung des realen Ausmaßes der Kinderarmut in Deutschland immer noch von verschiedenen absichtlichen und unabsichtlichen Verzerrungen und Verharmlosungen gekennzeichnet ist.

2

Psychosoziale Ungleichheits- und Armuts-Folgen

Unabhängig von den kontroversen Bestimmungen des Umfangs von Kinderarmut, lässt sich deren Bedeutsamkeit auch an ihren Konsequenzen für das Wohlbefinden von Kindern, Jugendlichen und Familien erkennen. Nach dem Überblick zum Forschungsstand hinsichtlich des Ausmaßes und der Erscheinungsformen von Kinderarmut geht es als Nächstes um psychosoziale Auswirkungen sozialer Deprivationen (Benachteiligungen, Unterversorgungen) zum Beispiel auf Bildungs- und Gesundheits-Chancen.

2.1 Auswirkungen armutsbestimmter Lebenslagen

Forschungsergebnisse über zentrale Einflussfaktoren und Folgen von Kinderarmut für die soziale Teilhabe haben Silke Tophoven u.a. vom Institut für Arbeitsmarkt- und Berufsforschung (IAB) in ihrer Studie „Aufwachsen in Armutslagen“ (2018) im Auftrag der Bertelsmann-Stiftung vorgelegt. Den Autor(inn)en zufolge führen Armutserfahrungen in der Kindheit dazu, „dass sich die Betroffenen weniger zugehörig zur Gesellschaft fühlen: Je schlechter die Einkommenslage des Haushalts, desto geringer ist das Zugehörigkeitsgefühl und die selbst eingeschätzte gesellschaftliche Positionierung der Jugendlichen“ (Tophoven u.a. 2018, S. 19). Hinsichtlich der Folgen von Armutserfahrungen für das Wohlbefinden ermitteln die Forscher/innen, dass Jugendliche und junge Erwachsene mit dauerhaften Armutserfahrungen im Durchschnitt angeben, weniger zufrieden mit ihrem Leben und mit ihrem Lebensstandard zu sein als dauerhaft in einer gesicherten Einkommenslage aufwachsende Menschen. „Insbesondere die Haushaltskonstellation sowie die Erwerbssituation der Eltern haben großen Einfluss darauf, ob ein Kind Armutserfahrungen macht bzw. wie lange diese Erfahrungen vorhalten. Gerade dauerhafte Armutserfahrungen haben weitreichende Folgen für das Aufwachsen und die Teilhabechancen von Kindern. Sie erleben materielle Unterversorgung und nehmen seltener an Freizeitaktivitäten und organisierten Gruppen teil als junge Menschen in einkommenssicheren Familien. Dies alles führt zu einem geringeren Wohlbefinden und weniger Lebenszufriedenheit. Auch die Einschätzung ihrer eigenen Position in der Gesellschaft leidet darunter“ (ebd., S. 20).

Zu ähnlichen Ergebnissen gelangten schon 2016 die Sozialforscherinnen Claudia Laubstein, Gerda Holz und Nadine Seddig in der Bertelsmann-Studie über Armutsfolgen für Kinder und Jugendliche, wonach die Lebensqualität und die Zukunftschancen von Kindern durch das Aufwachsen in Armut massiv beeinflusst werden. Überproportional oft wohnen sie unter beengten Verhältnissen und somit meist ohne einen ruhigen Platz für die Erledigung von Hausaufgaben (Laubstein/Holz/Seddig 2016, S. 13 ff.). Obgleich die Einschränkungen aufgrund von elterlichem Sparen nicht an erster Stelle stünden (da die Eltern in der Regel zuerst den eigenen Verbrauch reduzieren), seien doch immerhin ein Viertel der armen jungen

Menschen von Schmälerungen beim Essen betroffen (ebd., S. 46), sie könnten also teilweise oder sogar häufig nicht ausreichend bzw. zu wenig gesunde Nahrung erhalten. Während der permanente Mangel das Familienklima verschlechtere, seien auch die sozialen Netzwerke kleiner, da die Kinder überdies weniger Freizeitangebote – seien es Musikschulen oder Fußballvereine – wahrnehmen könnten. Nicht zuletzt aufgrund fehlender sozialer Wertschätzung entwickelten viele arme Kinder daher ein geringeres Selbstwertgefühl und starteten mit ungünstigeren Voraussetzungen in die Schule, wo sie selbst bei gleichen Leistungen dann auch noch oft schlechter bewertet würden als Kinder aus wohlhabenden Schichten (vgl. ebd., S. 56).

2.2. Bildungsungleichheit und Armutsfolgen

Die Organisation der um die 40 am meisten industrialisierten Staaten der Erde, OECD, hat durch ihren Bericht „A Broken Elevator? How to Promote Social Mobility" von 2018 feststellt, dass die Einkommensungleichheit in den höchstentwickelten Industriestaaten seit den 1990er-Jahren stetig zugenommen hat, während die soziale Mobilität ins Stocken geraten sei. „Wenn es Menschen am unteren Ende der Einkommensverteilung nicht mehr nach oben schaffen können, kann dies schwerwiegende soziale, wirtschaftliche und politische Konsequenzen haben." Der Bericht illustriert anhand des gegenwärtigen Ungleichheitsniveaus und der generationenübergreifenden Einkommensmobilität in einer Modellrechnung die Dynamik der sozialen Mobilität über Generationen hinweg. Dabei gelangt die OECD zu dem Ergebnis, dass es in den untersuchten Ländern durchschnittlich etwa fünf Generationen dauert, bis Nachkommen einer armen Familie das Durchschnittseinkommen erreichen können. „Die untersuchten Länder weisen hier allerdings große Unterschiede auf: Während der Wert für die nordischen Länder lediglich bei zwei bis drei Generationen liegt, beträgt er in Deutschland sechs und in einigen aufstrebenden Volkswirtschaften neun und mehr Generationen. Jedes dritte Kind, dessen Vater Geringverdiener ist, wird ebenfalls Geringverdiener – in Deutschland 42 %. Bei den restlichen zwei Dritteln beschränken sich die Aufstiegsmöglichkeiten hauptsächlich lediglich auf die nächsthöhere Einkommensgruppe" (OECD 2018: OECD-Länder müssen soziale Mobilität stärker fördern. Presseerklärung v. 15.6.2018). Somit dauert es in Deutschland im Durchschnitt 180 Jahre, bis der Aufstieg von Hartz IV bis in die Mitte der Gesellschaft gelingt. Es geht hier also nicht um: „Vom-Tellerwäscher-zum-Millionär", sondern höchstens um: „Vom Tellerwäscher zum Koch" in 180 Jahren!

Auch der Paritätische Gesamtverband hat in seinem Jahresgutachten zur sozialen Lage von 2018 noch einmal die Folgen der gravierenden sozialen Spaltung der deutschen Gesellschaft gerade für Kinder und Jugendliche aufgezeigt (vgl. Parität v. 7. August 2018). „Ebenfalls völlig unterschiedlich ausgestaltet sind die Bedingungen, unter denen Kinder und Jugendliche an schulischen oder außerschulischen Bildungs-, Kultur- und Sportangeboten teilhaben können. Zwar gibt es für Kinder aus einkommensarmen Familien einen Anspruch auf Bildungs- und Teilhabeleistungen. Er wird regional jedoch ganz unterschiedlich gehandhabt und ist darüber hinaus ohnehin davon abhängig, dass es vor Ort entsprechende Angebote gibt. Fehlt es an diesen Angeboten, läuft der Anspruch vollständig ins Leere. Die Förderung von Angeboten der Bildung und Teilhabe muss deshalb durch die Einführung eines Rechtsanspruchs in § 11 des Kinder- und Jugendhilfegesetzes (SGB VIII) abgesichert werden" (Parität 2018, S. 58). Der Paritätische Gesamtverband stellt diese Disparitäten nicht einfach nur fest, sondern fordert dringend Veränderungen: „Die soziale Spaltung ist in den vergangenen Jahren gewachsen, aber dieser Prozess ist keineswegs schicksalhaft. Die Entwicklung kann aufgehalten und der soziale Zusammenhalt neu begründet und gestärkt werden" (ebd., S. 59).

Gerade die Bildungschancen hängen besonders stark von der sozialen Herkunft ab, wie verschiedene Forschungsberichte und Untersuchungen immer wieder nachweisen können. Besonders sozial benachteiligte und armutsgefährdete Kinder sind davon betroffen. So heißt es im fünften Armuts- und Reichtumsbericht der Bundesregierung von 2017 (S. XXIV): „Über alle Altersgruppen hinweg besteht ein starker Zusammenhang zwischen Einkommen, erreichtem eigenem und familiärem Bildungshintergrund und der (weiteren) Bildungsteilnahme bzw. dem erfolgreichen Abschluss von Bildungsgängen. Dies beginnt bereits in der frühen Kindheit: Öffentliche Kindertagesbetreuung wird stärker von Kindern aus Elternhäusern mit formal höheren Bildungsabschlüssen wahrgenommen. Kinder aus Haushalten mit relativ geringem Einkommen und formaler Bildung, aber auch solche mit Migrationshintergrund, besuchen Kindertageseinrichtungen unterdurchschnittlich häufig. Dies hängt mit der geringeren Erwerbsintensität der Eltern sowie der geringeren Anerkennung der Bedeutung frühkindlicher Bildungs- und Betreuungsangebote zusammen." Dass dies womöglich auch mit dem Vorhandensein von ausreichend Kitaplätzen und deren Finanzierung durch die Familien zu tun haben könnte, wird vom Regierungsteil des Armuts- und Reichtumsberichts, der dem reinen Berichtsabschnitt vorangestellt wird, nicht weiter beachtet.

Denn eine Ursache für die geringere Inanspruchnahme frühkindlicher Bildungsangebote durch Familien mit einem niedrigen Einkommen könnte in der Tat auch sein, dass diese anteilig deutlich stärker durch anfallende Betreuungs- und Bildungsausgaben belastet werden als wohlhabendere Familien. So zeigt eine Studie des Deutschen Instituts für Wirtschaftsforschung (DIW) von 2015, dass unter allen Familien, die für die Kita-Nutzung bezahlen, Familien aus dem unteren Einkommensbereich den höchsten Anteil ihres Einkommens für die Gebühren aufwenden (vgl. Schröder/Spieß/Storck 2015, S. 158ff.).

Auch haben Carsten Schröder, C. Katharina Spieß und Johanna Storck in ihrer Studie über Bildungsausgaben für Kinder herausgefunden, dass nur 30 Prozent der Familien in den untersten Einkommensgruppen Geld für sogenannte nonformale Bildung (wie z.B. Sportvereine und Musikschule) jenseits von Kita und Schule ausgeben (können), während es in den obersten Einkommensgruppen über 80 Prozent sind, die sich „zusätzliche" Bildung leisten (vgl. Schröder/Spieß/Storck 2015, S. 166). Wer also jenseits der formalen besonders auf nonformale Bildungsprozesse im Kampf gegen Kinderarmut setzen möchte, muss im Vorhinein deren soziale Selektivität überprüfen.

Beachtenswert sind diesbezüglich ebenfalls die jährlichen privaten Nachhilfeausgaben vorwiegend bildungsbürgerlicher Eltern. Mit kommerzieller Nachhilfe werden in Deutschland Milliarden umgesetzt. Statt im Bildungssystem verursachte soziale Ungleichheiten zu verringern, verstärken die außerschulischen Förderstunden sie eher. Zu diesem Ergebnis kommt eine von der Hans-Böckler-Stiftung geförderte Überblicksstudie. Verbunden mit der Tatsache, dass der Schulerfolg in Deutschland sowieso schon besonders stark mit der sozialen Herkunft korreliert, ist es nicht überraschend, dass Kinder höherer Schichten die meiste Nachhilfe bekommen (vgl. Birkelbach/Dobischat/Dobischat 2017, S. 12ff.).

Kinder, die armutsgefährdet sind und die bei einem alleinerziehenden oder mit mindestens einem arbeitslosen Elternteil aufwachsen, wechseln von der Grundschule häufiger auf Hauptschulen. Die Unterschiede bei der Schulwahl zu nicht-armutsgefährdeten Kindern sind signifikant. Wie auch die Autorengruppe zum Nationalen Bildungsbericht 2016 nachgewiesen hat, hat der Bildungsabschluss der Eltern weiterhin immense Auswirkungen auf die Wahl der weiterführenden Schule. Kinder, deren Eltern Abitur haben, besuchen signifikant öfter ein Gymnasium als Kinder aus weniger bildungsaffinen Elternhäusern (vgl. Autorengruppe Bildungsberichterstattung 2016, S. 79).

Auch die Schulempfehlung, auf die der Bildungs- und Sozialstatus der Eltern weiterhin großen Einfluss hat, dominiert die Schulwahl nach der 4. bzw. 6. Klasse. Kinder aus armutsgefährdeten Haushalten erhalten nach Angaben des fünften Armuts- und Reichtumsberichts der Bundesregierung von 2017 signifikant seltener eine Gymnasialempfehlung und besuchen mit höherer Wahrscheinlichkeit Haupt- oder Förderschulen (BMAS 2017, S. 232f.). Jugendliche aus armutsgefährdeten Haushalten steigen in weiterführenden Schulen häufiger wieder ab und seltener auf als nicht-armutsgefährdete Jugendliche. Das heißt, die in der 5. bzw. 7. Klasse festgelegten Unterschiede bei der Wahl der Schulart manifestieren sich später im Verlauf der Schullaufbahn noch deutlicher. Das Bildungssystem ist nach oben hin weniger durchlässig für Kinder und Jugendliche aus armen Familien. Hiervon sind überproportional Kinder und Jugendliche mit Migrationshintergrund betroffen.

Ähnliches hat auch eine Studie von Sophie Horneber und Felix Weinhardt im Auftrag des Deutschen Instituts für Wirtschaftsforschung (DIW) herausgefunden. Demnach verlieren Gymnasiast(inn)en aus Elternhäusern mit niedrigem Bildungsniveau im Laufe der Schulzeit deutlich an Boden. Auf der empirischen Basis des Nationalen Bildungspanels (NEPS) stellt sich die Notenentwicklung von Schüler(inne)n je nach dem Bildungsniveau ihrer Eltern wieder her. Das heißt, Kinder auf Gymnasien, die Eltern mit niedrigem Bildungsniveau haben und mit sehr guten Noten in die fünfte Klasse starten, fallen im Laufe der Zeit leistungsmäßig häufig wieder zurück. Deutliche Unterschiede zeigten sich in sprachlichen und mathematischen Fähigkeiten je nach sozialer Herkunft bereits in der Grundschule. Daraus schließt die DIW-Studie, dass gezielte Förderung von Schüler(inne)n aus Elternhäusern mit niedrigem Bildungsniveau womöglich die Bildungsmobilität erhöhen könnte (vgl. Horneber/Weinhardt 2018, S. 477).

Laut Bildungsbericht der OECD von 2018 entscheidet vor allem in Deutschland auch weiterhin die soziale Herkunft über Chancen in der Schule und der Hochschule. Zwar ließen sich bezogen auf 6.500 Schüler/innen im Alter von 15 Jahren an deutschen Schulen Verbesserungen beim Lesen, in Mathematik und den Naturwissenschaften feststellen und dabei auch Aufholprozesse der Kinder aus sozial benachteiligten Haushalten erkennen. Zudem hat der Kita-Ausbau seit zehn Jahren eine größere Versorgung mit frühkindlicher Bildung geschaffen. Doch erneut erreichen nur 14,9 Prozent der Erwachsenen mit Eltern ohne Abitur in der BRD einen Hochschulabschluss, während der OECD-Durchschnitt bei 21,2 Prozent liegt, und Länder wie die USA, Frankreich (16,9 %), Griechenland, Nordirland, Schweden (21,3 %), Irland, Belgien, Niederlande, England Japan, Spanien, Zypern, Norwegen, Australien, Estland, Südkorea, Dänemark (27,3 %), Israel (31,5 %), Finnland (34,1 %), Singapur, Kanada, Neuseeland (39,2 %) und Russland (45,4 %) noch deutlich darüber liegen. Nur Chile, Litauen, Türkei (10,3 %), Österreich (10,1 %), Slowenien, Polen, Italien (6,7 %), Slowakei und Tschechien (3,6 %) liegen klar darunter. Ferner schaffen im OECD-Durchschnitt 41 Prozent aller Erwachsenen ab 26 Jahren einen höheren Bildungsabschluss als ihre Eltern (Südkorea mit 57 % und Finnland mit 55 % deutlich darüber). In Deutschland sind es aber weiterhin mit nicht einmal 25 Prozent (24,4 %) unterdurchschnittlich wenige Bildungsaufsteiger/innen (vgl. Frankfurter Rundschau 2018, S. 29). Im OECD-Durchschnitt erreichten 48 Prozent der 26- bis 65-Jährigen den gleichen Bildungsabschluss wie ihre Eltern und 11 Prozent durchschnittlich einen niedrigeren Bildungsabschluss als ihre Eltern (vgl. OECD 2018a, S. 54). Für Deutschland ist demnach auch in der OECD-Studie von 2018 abermals nachgewiesen worden, dass die Anzahl der Bildungsaufsteiger/innen nicht nur unterproportional, sondern die Anzahl der Bildungsabsteiger/innen mit über 17 Prozent deutlich überproportional vorkommt (bei etwa 58 % mit gleichem Bildungsabschluss wie die Eltern; vgl. OECD 2018a, S. 80).

Der Bildungsforscher Klaus Klemm hat derweil die Ergebnisse von 20 Jahren PISA-, IGLU- und TIMMS-Studien zu internationalen Schulleistungsvergleichen untersucht (PISA: Programme for International Student Assessment, IGLU: Internationale Grundschul-Lese-Untersuchung, TIMMS: Trends in International Mathematics and Science Study). Demnach lag beim Übergang von der Grundschule auf eine weiterführende Schule 2001 noch die „Chance eines Grundschulkindes der vierten Jahrgangsstufe aus der ‚service class' (einer Zusammenfassung der EGP-Klassen I und II) seitens seiner Lehrkraft eine Gymnasialempfehlung zu erhalten um 4,18-mal höher als die eines Kindes aus der ‚working class' (einer Zusammenfassung der EGP-Klassen V bis VII). Bei Kontrolle der kognitiven Fähigkeiten und der Lesekompetenz war die Chance für eine gymnasiale Empfehlung immer noch 2,63-mal höher für Kinder aus den sozial starken Familien im Vergleich zu denen aus sozial schwächeren Familien. Dieser Indikator sozialer Benachteiligung auch bei gleich guten Schulleistungen hat sich zwischen 2001 und 2016 kontinuierlich verstärkt: von 2,63 auf 3,37" (Klemm 2021, S. 6). In seinem Fazit schließt Klemm deshalb daraus: „Die PISA 2000-Studie zeigte, dass in keinem Land das Ausmaß sozialer Ungleichheit unter den Schülerinnen und Schülern OECD-weit so groß war wie in Deutschland: Unter 31 OECD-Staaten, die 2000 an der PISA-Untersuchung teilnahmen, belegte Deutschland mit Platz 31 den letzten Platz. Fast zwanzig Jahre danach, 2018, hat sich die Situation immer noch nicht verbessert: Deutschland gehört immer noch zu den Schlusslichtern und rangiert unter den inzwischen 36 OECD-Staaten, die in diesem Jahr an der PISA-Untersuchung teilnahmen, auf Platz 33 (Reiss u.a. 2019, S. 139). Ein echter Fortschritt ist nicht erkennbar" (Klemm 2021, S. 8f.).

Jetzt ließe sich vermuten, dass Schulen in sog. sozialen Brennpunkten und mit besonders vielen Kindern mit Migrationshintergrund auch eine im Verhältnis zu anderen Schulen besonders hohe, an ihrem Mehrbedarf orientierte zusätzliche Förderung erhalten. Doch dies ist offensichtlich sehr häufig nicht der Fall in Deutschland. Eine Untersuchung des Sachverständigenrats deutscher Stiftungen für Integration und Migration (SVR) mit dem Titel „Ungleiches ungleich behandeln!" durch den Autor Simon Morris-Lange kommt stattdessen zu folgendem ernüchterndem Ergebnis: „Die schlechteren Bildungschancen von Schülern mit Migrationshintergrund werden bei der Finanzierung von Grund- und Sekundarschulen bislang nur unzureichend berücksichtigt. Die Folge: Schulen mit einem hohen Zuwandereranteil und Schulen in sozial schwieriger Lage erhalten trotz Mehrbedarf zum Teil ebenso viele Zuschüsse wie die ‚Durchschnittsschule' oder sogar weniger – sehr zum Nachteil der Schüler mit Migrationshintergrund" (Morris-Lange 2016, S. 4).[8]

Wie auch inzwischen die mittelmäßigen Resultate der sog. PISA-Studie von 2019 zeigen (vgl. Die Zeit v. 3.12.2019), kann ein hochselektives Bildungssystem wie das in Deutschland in seiner momentanen Verfassung nur schwerlich zur Armutsreduktion oder auch nur zum Ausgleich von Bildungschancen dienen. Wer also meint, die Armutsfrage habe nichts mit Geld und ungerechter Verteilung zu tun, sondern sei vielmehr nur eine Frage fehlender Bildung, muss zur Kenntnis nehmen, dass Bildung kein ausreichender Ersatz für eine gerechte Reichtumsverteilung darstellt. Armut und soziale Benachteiligung fungieren somit grundsätzlich über alle Felder und Gruppen hinweg als Gesundheits- und Bildungsrisiko. Auf Basis der oben vorgestellten Studien lässt sich also schlussfolgern, dass Bildungsungleichheiten in der Regel als Folge von sozio-ökonomischen Ungleichheiten zu verstehen sind und nicht umgekehrt (vgl. Butterwegge/Butterwegge 2021, S. 105ff.). Der französische Soziologe Pierre Bourdieu hat das in seinen Analysen des Bildungssystems als Reproduktions-, Allokations- und Legitimationsinstitution von Klassengesellschaften (zur Wiederherstellung, schichtspezifischen Zuordnung oder Positionierung und zur Rechtfertigung hierarchischer Herrschaftsstrukturen) eindrücklich untermauern können. So bestehe das objektive Ziel des Bildungssystems gerade nicht etwa darin, allen gleichermaßen das Lernen zu ermöglichen, sondern eine Hierarchie der Leistungsunterschiede herzustellen und die Aufteilung in sogenannte ‚gute' und ‚schlechte', ‚begabte' und ‚unbegabte' Schülerinnen und Schüler zu organisieren. Damit entpuppt sich die Betriebsfunktion des Bildungssystems als etwas gänzlich anderes, als viele glauben (vgl. Bourdieu/Passeron 1971, S. 15ff.). Jens Wernicke referiert diese Erkenntnisse und ergänzt sie um weitere Studienergebnisse von Klaus Holz-

8 Ähnliche Erkenntnisse ermittelten Marcel Helbig und Rita Nikolai vom Wissenschaftszentrum Berlin in einer Studie, die nachweist, dass z.B. in der Stadt Berlin Lehrermangel, Unterrichtsausfall und Vertretungsstunden in Schulen sog. sozialer Brennpunkte auch noch überproportional häufig vorkommen im Vergleich zu Schulen in privilegierten Stadtteilen (vgl. Helbig/Nikolai 2019, S. 24f.).

kamp (1995, S. 363ff.) und Herbert Kalthoff (1996, S. 106ff.), wonach ein wesentlicher Mechanismus der schulischen (wie hochschulischen) Differenzierung aufgedeckt werde: „Art des Unterrichts, Verteilung der Noten und Schwierigkeitsgrad der Prüfungen werden stets so ausgerichtet, dass, ganz egal, wie viel die Schülerinnen und Schüler tatsächlich lernen, nicht alle erfolgreich sein können, sondern es am Ende jeder Prozedur nur wenige ‚sehr Gute', viele ‚Befriedigende' sowie einige ‚Mangelhafte' und ‚Ungenügende' geben muss" (vgl. Wernicke 2009, S. 30f.).

Laut Bourdieu machen die Prinzipien eines solchen Wettbewerbs, der darauf aufbaut, dass „die am meisten Begünstigten begünstigt und die am meisten Benachteiligten benachteiligt werden, (…) es notwendig und hinreichend, dass die Schule (…) die kulturelle Ungleichheit der Kinder der verschiedenen gesellschaftlichen Klassen ignoriert. Anders gesagt, indem das Schulsystem alle Schüler, wie ungleich sie auch in Wirklichkeit sein mögen, in ihren Rechten und Pflichten gleich behandelt, sanktioniert es faktisch die ursprüngliche Ungleichheit gegenüber der Kultur" (Bourdieu 2001, S. 39) und verleihe dieser somit den „Anschein von Legitimität" (ebd., S. 25). Seine Beurteilungen von angeblich objektiven Messungen vermeintlicher Begabungen und Nichtbegabungen überzeugen demnach die voraussichtlichen Verlierer davon, ihr Scheitern als selbst verschuldet anzusehen und sich mit ihrer Abwertung abzufinden. Dem gegenüber „begründet" das Bildungssystem den Kindern der höheren Klassen mit hoher Wahrscheinlichkeit deren vermeintlich selbst erarbeiteten sozialen Aufstieg zur vererbten Position ihrer Eltern im sozialen Raum. Nach Bourdieu handelt es sich hierbei um eine Art von „Klassenrassismus" (ebd., S. 147), der die Herrschenden als Wesen höherer Art und Wertigkeit darstellt und die Beherrschten als nicht sehr intelligentes Gesindel. Je höher man also im Bildungssystem gelange, umso mehr Jugendliche und junge Erwachsene hoher sozialer Herkunft treffe man dort an, wobei allein die Notenvergabe schon dafür sorge, aber in Deutschland zudem ergänzt werde durch eine ihre Wirkungen noch zementierende Dreigliedrigkeit des Schulsystems (vgl. Wernicke 2009, S. 31).

Somit muss leider festgestellt werden, dass das deutsche Bildungs- und Sozialsystem viel zu wenig zur Reduktion sozialer Ungleichheit und Armut beiträgt. Vielmehr konnten vielerlei Strukturen gezeigt werden, die sogar zur Verstärkung von sozialen Benachteiligungsprozessen führen und damit verbunden psycho-soziale Folgen im Bereich Bildung und Gesundheit mit-verantworten.

Die vielfältigen bisherigen Forschungsergebnisse zu psycho-sozialen Auswirkungen und Folgen von Ungleichheit für sozial benachteiligte und armutsbetroffene Kinder müssen nun noch etwas spezifischer hinsichtlich des Kontexts der Corona-Pandemie und der Maßnahmen dagegen seit dem Jahre 2020 betrachtet werden.

2.3 Konsequenzen der Corona-Krise für (arme) Kinder

Wenngleich der Forschungsstand zu den Auswirkungen der Corona-Krise, der Klima-Krise und der Kriegs-Krise noch nicht einmal annähernd als befriedigend zu bezeichnen ist, lassen sich doch einige Studienergebnisse sowie der bisherige Erkenntnisstand aus Regierungssicht und durch (inter)ministerielle Kommissionen skizzieren.

In der Studie „Kind sein in Zeiten von Corona" konnte das Forschungsteam des Deutschen Jugendinstituts (DJI) unter der Leitung der Psychologin Alexandra Langmeyer bereits erste Erkenntnisse zu den Auswirkungen von Corona(-Maßnahmen) gewinnen. Demnach wirkte sich der erste Lockdown im Frühjahr 2020 sehr unterschiedlich auf das Wohlbefinden von Kindern aus, wobei sich mehr Kinder aus finanziell schlechter gestellten Familien einsam fühlen. Die Mitte Dezember 2020 veröffentlichten Ergebnisse basierten auf einer Online-Befragung, an der sich Ende April bis Ende Mai 2020 deutschlandweit mehr als 12.000 Eltern von Kindern im Alter von 3 bis 15 Jahren beteiligt hatten. Im Anschluss interviewten die Forschenden in 21 Familien ein Kind im Alter von 6 bis 14 Jahren und jeweils einen Elternteil ausführlich. Ihre ersten Schlussfolgerungen waren: „Familien mit finanziellen Sorgen haben sich an unserer Studie nur unterdurchschnittlich stark beteiligt. Dennoch zeigen die Daten, dass sie mehr unter der Pandemie leiden" (Langmeyer 2021, S. 41).

Derweil fasst die Armutsforscherin Gerda Holz verschiedene Studienergebnisse zu Bildungsfolgen von Corona(-Maßnahmen) zusammen. Demzufolge ergeben sich besonders seit der Covid-Krise große Entwicklungsdefizite im Kita-Alter mit Armutseffekten. Erhebungen in sieben Kitas der Stadt Gelsenkirchen mit sehr hoher sozialer Belastung hätten ergeben, dass das altersgemäße Entwicklungsniveau in den altersspezifischen Aufgabenbereichen – Sprache, kognitive Entwicklung, soziale Kompetenz, Fein- und Grobmotorik – der armutsbetroffenen 4-/5-Jährigen um 20 Prozentpunkte niedriger sei als von nicht-armen Gleichaltrigen. „Sie erreichten nur 50 % des durchschnittlichen Entwicklungsniveaus, die nicht-armen Gleichaltrigen 75 %. Am größten waren Defizite in ‚Sprache' und ‚Feinmotorik' (Volf 2021: 35)", so Holz. Auch wiesen erste Auswertungen der Schulstartuntersuchung 2020/21 der Stadt Düsseldorf in besonders hoch belasteten Bezirken und als Datenvergleich von 2020 und 2021 angelegt allgemein auf Pandemiefolgen hin. „Auch hier ragen geringere Kompetenzwerte bei den Vierjährigen in den Bereichen ‚Motorik' und ‚Sprache' heraus (Bredahl 2021)" (Holz 2022, S. 5).

Hinsichtlich Essstörungen, Depressionen und Angststörungen bei Mädchen sowie bezüglich Adipositas bei Jungen verzeichnet der DAK Kinder- und Jugendreport 2022 deutliche, besorgniserregende Veränderungen:

DAK Kinder- und Jugendreport 2022 Gesundheit und Gesundheitsversorgung vor und während der Pandemie

„Die mehr als 30 Monate andauernde COVID-19-Pandemie hat direkt und indirekt potenziell großen Einfluss auf die Gesundheit und Gesundheitsversorgung von Kindern und Jugendlichen in Deutschland. Aus den pandemiebegleitenden Maßnahmen, Belastungen im Familienleben (und den dort verfügbaren monetären und nicht monetären Ressourcen) sowie der allgemein veränderten Inanspruchnahme des medizinischen und nicht-medizinischen Versorgungssystems erwachsen während der Pandemie verschiedene Herausforderungen physischer, psychischer, sozialer als auch finanzieller Natur für ein gesundes Aufwachsen.
Durch den Kinder- und Jugendreport 2022 werden diese Auswirkungen ebenso wie Versorgungsherausforderungen sichtbar gemacht. Datengrundlage sind anonymisierte Abrechnungsdaten von rund 800.000 Kindern und Jugendlichen im Alter bis 17 Jahren, die bei der DAK-Gesundheit versichert sind. Der Report basiert damit auf Daten von 5,7 % aller Kinder und Jugendlichen in der Bundesrepublik. Je nach Bundesland können über 10 % aller dort lebenden Kinder abgebildet werden. Analysiert wurden die Jahre 2018 bis 2021.

- Die Häufigkeit von Arztkontakten hat in 2021 gegenüber den Vorjahren weiter abgenommen
- +54 % mehr neu diagnostizierte Essstörungen bei Mädchen (15–17 Jahre)
- +23 % mehr neu diagnostizierte Depressionen bei Mädchen (10–14 Jahre)
- +24 % mehr neu diagnostizierte Angststörungen bei Mädchen (15–17 Jahre)
- +15 % mehr neu diagnostizierte Adipositas-Fälle bei Jungen (15–17 Jahre)
- Die Häufigkeit von Arzneimittel-Verordnungen hat in 2021 gegenüber den Vorjahren weiter abgenommen
- +19 % erhöhtes Risiko einer Depressions-Neuerkrankung bei Mädchen mit einem niedrigen sozio-ökonomischen Status gegenüber Mädchen aus Familien mit hohem Status (15–17 Jahre)
- +62 % erhöhtes Risiko auf Adipositas bei Jungen mit einem niedrigen sozio-ökonomischen Status gegenüber Jungen aus Familien mit hohem Status (15–17 Jahre)."

Aus: https://www.dak.de/dak/gesundheit/kinder--und-jugendreport-2022-2571000.html#/

Auch der Nationale Bildungsbericht von 2022 berichtet über psychosoziale Folgen von Corona und den Maßnahmen und macht dabei auf das besondere Verhältnis zwischen Bildung und Befinden aufmerksam. „Der plötzliche Wegfall eines zentralen Lern- und Sozialraums, die massiven Kontaktbeschränkungen sowie darüber hinausgehende Schließungen von Spielplätzen und Freizeiteinrichtungen haben auch gravierende psychosoziale Folgen, die einerseits über verpassten Unterrichtsstoff und Lernlücken weit hinausgehen, andererseits aber mit Blick auf das Wohlbefinden der jungen Menschen eng damit zusammenhängen dürften. Daten der COPSY-Studie zeigen, dass sich 71 % der 11- bis 17-Jährigen durch die Pandemie und die damit in Zusammenhang stehenden Veränderungen belastet fühlen. Ursächlich dafür sind vor allem das Distanzlernen (64 %), eingeschränkter Kontakt zu Freund:innen (8 %) und häufiger Streit in der Familie (28 %) (Ravens-Sieberer u.a. 2020b). Dieses erhöhte Belastungserleben spiegelt sich in dem Befund wider, dass der Anteil der Kinder und Jugendlichen, der eine geminderte gesundheitsbezogene Lebensqualität berichtet, während der Pandemie höher ausfällt als zuvor (40 gegenüber 15 Prozent) (ebd.). Auch psychische Auffälligkeiten und Symptome einer generalisierten Angststörung nahmen im Zuge der Pandemie zu (ebd.)" (Autorengruppe Bildungsberichterstattung 2022, S. 155). Weiter heißt es im Nationalen Bildungsbericht: „Nicht zuletzt vor dem Hintergrund solcher Befunde beschlossen Bund und Länder, in der ersten Hälfte des Jahres 2021 das ‚Aktionsprogramm Aufholen nach Corona für Kinder und Jugendliche' auf den Weg zu bringen – ein Förderprogramm, mit dem einerseits Lernrückstände und andererseits psychosoziale Folgen der Corona-Pandemie für Kinder und Jugendliche abgefedert werden sollen. Dass die avisierten finanziellen Mittel in Höhe von 2 Milliarden Euro für dieses Vorhaben ausreichen, ist jedoch fraglich (StäwiKo 2021). Ferner ist zu befürchten, dass mit den vorgesehenen Maßnahmen nicht alle Kinder und Jugendlichen gleichermaßen erreicht werden können (ebd.). So kann das pandemiebedingte Wegfallen der Schulen als Lern- und Sozialraum je nach strukturellen und individuellen Ausgangslagen mehr oder weniger gut von den Schüler:innen und ihren Familien aufgefangen und kompensiert werden und es ist zu befürchten, dass sich Disparitäten im Bildungserfolg weiter verstärken" (Autorengruppe Bildungsberichterstattung 2022, S. 155).

2.4 Kinderrechte in der Corona-Krise

Derweil stellte die Süddeutsche Zeitung vom 29. Dezember 2021 unter dem Titel: „Menschenrechte. Hat Deutschland ein Problem mit Kindern?" besorgt fest: „Schulschließungen in Rekordlänge, keine Kinderrechte im Grundgesetz, der Skandal um den Kinderpsychiater Winterhoff – da fragt man sich: Welche Rolle spielt das Wohlergehen von Kindern in Deutschland? (…) Testpflicht für Sechsjährige im öffentlichen Nahverkehr während der Schulferien, Sportplatzverbot für Zwölfjährige, die gestern noch elf waren und deshalb noch ungeimpft sind. Verlass ist in der deutschen Pandemiepolitik bisher fast immer darauf gewesen, dass die Kinder in der Debatte um Maßnahmen zunächst mal vergessen wurden." Zwar wurden und werden auch in anderen Ländern Kinder funktionalisiert und instrumentalisiert z.B. hinsichtlich der Beschäftigungsfähigkeit ihrer Eltern (laut SZ-Beitrag am stärksten in Japan, dann in Frankreich und am geringsten in Dänemark, wo Kinder und ihre Rechte bis in die Staatsführung hinein – mindestens verbal – einen offensichtlich relativ hohen Stellenwert besitzen). Doch die deutschen Rollenzuweisungen für Kinder in den letzten fast zwei

Jahren hatten es in sich, so die Journalist(inn)en der Süddeutschen Zeitung: Erst wurden die Kinder – weitgehend evidenzfrei – als „die" Viren-Schleudern schlechthin dargestellt und v.a. behandelt. Diese Ausgrenzung von Bildung, Betreuung und Betätigung führte wiederum zur Gefährdung der Beschäftigungsfähigkeit vieler Eltern bzw. konkret: Mütter. Somit erhielten die Kinder, so der SZ-Beitrag, ihre neue Rolle als „Betreuungsobjekt". Dann wurden Lernschwächen und -verluste immer stärker deutlich, sodass nun Kinder die dritte Funktion zugeschrieben bekamen: die der sog. Leistungserbringer. Doch der Vorrang des Kindeswohls und ihre gesetzlichen Kinderrechte, geschweige denn ihre Mitspracherechte kamen bei alldem deutlich zu kurz. „Geschlossene Schulen, gesperrte Spiel- und Sportplätze, Verbot von Treffen mit Freunden: Die Bilanzen der Verheerung häufen sich. Fast jedes dritte Kind in Deutschland leidet inzwischen an emotionalen Problemen oder Hyperaktivität. Essstörungen, Zwangsstörungen, Angststörungen, depressive Störungen. Die Kinder- und Jugendpsychiatrien des Landes sind noch überlasteter, als sie es vor der Pandemie schon waren" (Süddeutsche Zeitung v. 29.12.2021).

Inzwischen gesteht selbst die Bundesregierung verschiedene Kinderrechtsverletzungen ein. Die damalige Bundesfamilienministerin Christine Lambrecht (SPD) stellte am 15. September 2021 gemeinsam mit dem früheren Bundesgesundheitsminister Jens Spahn (CDU) Empfehlungen einer Arbeitsgruppe von Bundesfamilien- und Bundesgesundheitsministerium im Bundeskabinett zum Thema „Die Jüngsten während und nach der Pandemie besser unterstützen" vor: Diese Interministerielle Arbeitsgruppe (IMA) „Gesundheitliche Auswirkungen auf Kinder und Jugendliche durch Corona" des Bundesministeriums für Gesundheit (BMG) und des Bundesministeriums für Familie, Senioren, Frauen und Jugend (BMFSFJ) konzentrierte ihre Forderungen vor allem darauf, dass die vorhandenen Hygiene-Schutzkonzepte umgesetzt und die Kinder regelmäßig bevorzugt mit gepoolten PCR-Lollitests getestet werden. Außerdem war es den Sachverständigen wichtig, dass für alle Kinder und Jugendliche Präventionsangebote zugänglich sind und besonders belastete junge Menschen gezielter unterstützt werden. Die Arbeitsgruppe hat ihre Ergebnisse für die drei Handlungsfelder „Zurück zur Normalität – aber mit Vorsicht", „Gemeinsam stark machen" und „Zielgerichtete und bedarfsorientierte Hilfe" erarbeitet und sich dabei zentral an die Länder und Kommunen gerichtet sowie an den Bund und weitere Akteure: Es geht ihnen darum, flächendeckende Schul- und Kitaschließungen zu vermeiden. Sie drängen darauf, Sport-, Bewegungs- und außerschulische Bildungsangebote offen zu halten. Präventive Angebote sollten für alle Kinder verstärkt zugänglich gemacht und besonders belastete junge Menschen gezielter unterstützt werden. Ferner sei ein umfassendes Testangebot an Kitas und Schulen nötig. Auch fasst der Report den Forschungsstand zu den psychosozialen Folgen von (Regierungs-Maßnahmen gegen) Corona klar zusammen: „Wissenschaftliche Erkenntnisse weisen während der Phase des Lockdowns auf erhebliche psychische, aber auch auf körperliche Belastungen bei Kindern und Jugendlichen, teilweise auch auf Entwicklungsverzögerungen bei Kindern, verursacht durch die bisherigen pandemiebedingten Einschränkungen, hin. Insbesondere für vulnerable Gruppen von Kindern und Jugendlichen ist ein verlässlicher Bildungs- und Betreuungsbetrieb die zentrale Maßnahme, um bestehende Belastungen nicht weiter zu erhöhen, sondern bewältigen zu können" (BMFSFJ/BMG 2021, S. 4). Auch gestehen das Bundesgesundheits- und das Bundesfamilienministerium in ihrem interministeriellen Report zur „Nutzung bereits entwickelter Regeln und Hygienekonzepte zum vereinsbasierten Sporttreiben und zur außerschulischen Jugendbildung" einigen Verbesserungsbedarf ein, wenn es im Bericht heißt: „Die zentrale Bedeutung sportlicher Aktivität für die physische und psychische Gesundheit von Kindern und Jugendlichen muss im Falle der Erwägung neuerlicher Einschränkungen organisierter Sportangebote stärkere Berücksichtigung finden als bisher" (ebd., S. 8).

Die Verfasser/innen des Berichts lassen durchblicken, dass sie sehr wohl zwischen Pandemie-Folgen und Maßnahme-Auswirkungen zu unterscheiden wissen, wenn es heißt: „Die Beschränkungen haben zu erheblichen psychischen, aber auch zu körperlichen Belastungen bei Kindern und Jugendlichen und teilweise auch zu Entwicklungsverzögerungen geführt. Welche langfristigen Folgen das reduzierte Bildungs- und Betreuungsangebot auf Kinder und Jugendliche haben wird, ist noch nicht abschätzbar" (ebd., S. 20). Leider finden sich im interministeriellen Bericht nur sehr rudimentäre Hinweise auf durch Corona(-Maßnahmen) verstärkte Kinderarmut (z.B. hinsichtlich sog. vulnerabler Kinder), und der Bereich der (mangelhaften) Kinder- und Jugend-Partizipation wird praktisch gar nicht beachtet.

Nach fast zwei Jahren Pandemie und Corona-Maßnahmen und nach beinahe 30 Jahren Bundesgesetz gewordener UN-Kinderrechtskonvention forderte der Corona-ExpertInnenrat der Bundesregierung in seiner siebten Stellungnahme vom 17. Februar 2022, die *„Notwendigkeit einer prioritären Berücksichtigung des Kindeswohls in der Pandemie"* (S. 1; kursiv im Original; M.K.). Er erkennt damit erstens den Artikel 3 der UN-KRK an, wonach der Vertragsstaat (also Deutschland) sich dazu verpflichtet, bei allen staatlichen und nicht-staatlichen Maßnahmen das Kindeswohl vorrangig zu berücksichtigen. Für die meisten Mitglieder des ExpertInnenrates kommt diese Erkenntnis ziemlich spät. Doch davon abgesehen, macht sie noch einmal deutlich, welchen Rang das Kindeswohl vor allem in den letzten zwei Jahren hatte. Dies mit „eher nachrangig" zu bezeichnen, wäre wahrscheinlich noch am wohlwollendsten. Überdies weiß der Rat auch klar zu differenzieren zwischen (primären) Pandemie-Erkrankungsfolgen und (sekundären) Lockdown-Maßnahme-Folgen. „Die Pandemie belastet Kinder und Jugendliche aus vielfältigen Gründen besonders stark. Dies schließt zum einen, wenn auch in geringerem Ausmaß als in anderen Altersgruppen, die primäre Krankheitslast durch die SARS-CoV-2-Infektion selbst ein. Besonders schwerwiegend ist allerdings die sekundäre Krankheitslast durch psychische und physische Erkrankungen der Kinder und Jugendlichen, ausgelöst u.a. durch Lockdown-Maßnahmen, Belastungen in der Familie wie Angst, Krankheit, Tod oder Existenzverlust, Verlust an sozialer Teilhabe und Planungsunsicherheit. Besonders betroffen davon sind Kinder aus sozial benachteiligten Familien. Eine sorgfältige und der jeweiligen Situation angepasste Verbindung von Infektionsschutz und sozialer Teilhabe ist zusammen mit psychosozial stabilisierenden Maßnahmen dringend erforderlich. Ein auf Basis der UN-Kinderrechts-Konvention verantwortungsvoller Umgang mit Kindern und Jugendlichen in der Pandemie bedarf aus Sicht des ExpertInnenrates eines klaren öffentlichen Bekenntnisses dazu sowie großer gesamtgesellschaftlicher Anstrengungen" (ebd., S. 1).

Auch weist der ExpertInnenrat ganz explizit auf „sekundäre, nicht direkt durch SARS-CoV-2-Infektionen bedingte Krankheitslast in der Pandemie" hin, wenn er schreibt: „Neben der infektionsbedingten primären Krankheitslast sind die Beeinträchtigungen des seelischen und sozialen Wohlbefindens der Kinder und Jugendlichen einschließlich der substanziellen Verluste in Bildung, Sport und Freizeitgestaltung mit allen kumulativen Langzeitauswirkungen von besonderer Bedeutung. In Deutschland und anderen Ländern werden im Längsschnitt vermehrte psychische Belastungen und psychiatrische Krankheitsbilder wie Depression, Anorexie und Bulimie sowie eine Zunahme von Adipositas berichtet. Auch die exzessive Mediennutzung ist weiter angestiegen. Besonders ausgeprägt sind die beschriebenen Effekte bei Kindern und Jugendlichen aus sozial benachteiligten Familien in Folge von Armut, Bildungsferne, Migrationshintergrund oder fehlenden Sprachkenntnissen" (ebd., S. 2).

Neben der Wiedereinsetzung der Interministeriellen Arbeitsgruppe aus BMGS und BMFSFJ, fordert der ExpertInnenrat auch einige medizinische und forschungspraktische Ansätze. Außerdem hält er noch einmal ganz deutlich fest, wie stark die Corona-Maßnahmen das Leben von Millionen von Kindern und Jugendlichen beeinträchtigt haben. „Die in der Pandemie getroffenen Maßnahmen haben für Kinder und Jugendliche negative Auswirkungen, u.a. eingeschränkte soziale Kontakte, verschlechterte Planungssicherheit, weniger Freizeit- und Bildungsangebote durch Schließung von Schulen, Erziehungs- und Sporteinrichtungen. Die damit verbundene Morbidität mit möglichen Auswirkungen auf die Lebensspanne und Lebensqualität dieser Generation müssen abgemildert und die bereits eingetretenen nachteiligen Effekte bestmöglich kompensiert werden. Dies muss auch den Umgang mit Leistungsdruck einbeziehen, den Kinder und Jugendliche aufgrund des Ausfalls von Unterricht, Isolation und Quarantäne bei gleichbleibenden Anforderungen erleben. Hierzu bedarf es der Umgestaltung von Lehrplänen ebenso wie nachhaltiger staatlicher Förderprogramme, die ohne Verzögerung implementiert und umgesetzt werden. (…) Zugangsbeschränkungen, die einen Großteil der Kinder und Jugendlichen vom Besuch altersgerechter Freizeitangebote (Jugendclub, Kino, Konzerte etc.) ausschließen, müssen auf Bundes- und Länderebene entfallen, soweit es die pandemische Lage erlaubt. Die aktuellen Regelungen für Kinder und Jugendliche unterscheiden sich drastisch und scheinbar willkürlich zwischen den Bundesländern. Der ExpertInnenrat ruft die Bundesländer auf, Regeln einheitlich nach dem Prinzip der maximal möglichen Teilhabe zu gestalten" (ebd., S. 3).

Damit befindet sich der ExpertInnenrat der Bundesregierung im offensichtlichen Widerspruch zu Gesundheitsminister Lauterbach, der bislang nur die Pandemie an sich (und keinerlei politische Corona-Maßnahmen) für alle Folgen bei Kindern, Jugendlichen und Familien als allein-verantwortlich ansieht (s. Hart aber fair v. 10.01.2022).

Doch Lauterbachs Haltung entspricht nicht den Befunden im Bericht der Bundesregierung. In ihrem Bericht vom 15. September 2021 zu „Gesundheitlichen Auswirkungen auf Kinder und Jugendliche durch Corona" fasste die interministerielle Arbeitsgruppe (IMA) aus dem Bundesfamilien- und dem Bundesgesundheitsministerium den bisherigen Forschungsstand zu Corona und Kindern zusammen: „Kinder und Jugendliche haben ein geringes Risiko für schwere COVID-19-Krankheitsverläufe und dadurch bedingte Krankenhausaufnahmen. Doch die sozialen Einschränkungen der Pandemie belasten junge Menschen besonders stark – vor allem diejenigen, die bereits vor der Pandemie unter schwierigen Bedingungen aufgewachsen sind" (BMFSFJ/BMG 2021, S. 1). Im interministeriellen Regierungsreport für das Bundeskabinett stellen das Gesundheits- und das Familienministerium damit unter Beweis, dass auch die Bundesregierung prinzipiell in der Lage ist, wenigstens indirekt zu differenzieren zwischen den Folgen von Corona (Krankheitsverläufe) und den Auswirkungen der Regierungsmaßnahmen (soziale Einschränkungen „der Pandemie"). Dass die Pandemie womöglich soziale Einschränkungen notwendig gemacht haben könnte, sollte dabei nicht in Abrede gestellt werden, aber die Pandemie selbst hat die sozialen Einschränkungen für Kinder und Jugendliche nicht betrieben, deren unterscheidbare Art und Weise nicht beschlossen, sondern die Regierung, die Ministerpräsident(inn)enkonferenz – und ab und zu auch Parlamente.

In den Worten des Berichts der interministeriellen Arbeitsgruppe aus Bundesgesundheits- und -Familienministerium (IMA) vom 15. September 2021 stellen sich die Folgen der Pandemie und der Maßnahmen dagegen folgendermaßen dar: „Die Pandemie hat bestehende Ungleichheiten hinsichtlich der Chancen auf ein gesundes Aufwachsen verschärft. Diejenigen Kinder und Jugendlichen, die bereits vor der Pandemie erhöhte Gesundheits- und Entwicklungsrisiken getragen haben, waren und sind auch während der Pandemie besonderen Belastungen ausgesetzt. Neben Kindern und Jugendlichen aus Familien mit niedrigem sozioökonomischem Status gehören dazu insbesondere auch Kinder und Jugendliche mit Behinderungen und schweren chronischen Erkrankungen mit komplexem Unterstützungsbedarf sowie Kinder und Jugendliche, deren Eltern an schweren psychischen Erkrankungen leiden" (BMFSFJ/BMG 2021, S. 19f.). Für diese vulnerablen Gruppen habe die Aufrechterhaltung des Regelbetriebs von Bildungs- und Betreuungseinrichtungen – auch bei einer Dynamisierung des Infektionsgeschehens – eine besondere Bedeutung und Dringlichkeit, so der Bericht. „Sie sind für ihre gesunde Entwicklung in erhöhtem Maße auf verlässliche außerfamiliäre Strukturen angewiesen und können die Belastungen durch den Wegfall dieser Strukturen häufig schlechter kompensieren. Zudem hat sich gezeigt, dass Notbetreuungsangebote von vulnerablen Gruppen, auch aus Angst vor Stigmatisierung, wenig genutzt wurden. Dies soll entsprechend an die zuständigen Länder und Kommunen adressiert werden" (BMFSFJ/BMG 2021, S. 20).

Wie der Bericht des Sachverständigenausschusses nach § 5 Abs. 9 IFSG in seiner „Evaluation der Rechtsgrundlagen und Maßnahmen der Pandemiepolitik" schreibt, gab es viele negative Wirkungen der Corona-Maßnahmen, die für sozial- und bildungs-benachteiligte Kinder wie Erwachsene besonders gravierende Konsequenzen hatten. „Die unerwünschten Wirkungen der für die allgemeine Bevölkerung getroffenen Maßnahmen, wie Lockdowns, Betriebs- und Schulschließungen, waren für Menschen in Armutslagen, mit niedrigem SES (sozioökonomischen Status; M.K) und Migrationshintergrund mit besonderen Belastungen verbunden.

So entfielen zeitweise Unterstützungen durch Tafeln sowie die Verpflegung der Kinder durch Schulen und KiTas, ebenso fehlten Masken bzw. führten zu Mehrbelastungen. Aufgrund der gestiegenen gesundheitlichen Belastungen, Einkommenseinbußen, Brüchen in der sozialen Einbindung und (Aus-)Bildungsproblemen kam es weiterhin zu einem Anstieg psychischer Belastungen. Ebenso zeigten Auswertungen von Daten der NAKO-Gesundheitsstudie („Nationale Kohorte" der Universität Heidelberg; M.K.) einen Anstieg an Einsamkeit und Depressionen in dieser Bevölkerungsgruppe, insbesondere bei jungen Menschen" (2022, S. 110).

Pressemitteilungen des Bundesfamilien- und des Bundesgesundheitsministeriums v. 2.11.2022: „Corona-KiTa-Studie

Lisa Paus: „Kindeswohl muss bei der Pandemiebekämpfung an erster Stelle stehen"

Lisa Paus und Karl Lauterbach haben die Ergebnisse der Corona-KiTa-Studie vorgestellt. Die Studie untersuchte Wirksamkeit und Folgen von Corona-Schutzmaßnahmen bei KiTa-Kindern – und ergab grundsätzlich gestiegene Förderbedarfe.
Am 2. November haben Bundesfamilienministerin Lisa Paus und Bundesgesundheitsminister Karl Lauterbach die Ergebnisse der Corona-KiTa-Studie vorgestellt. Die Pandemie hat demnach dazu beigetragen, soziale Ungleichheiten in Deutschland zu verstärken. Der Grund: Sozial benachteiligte Kinder waren besonders oft von negativen Folgen wie Infektionen und KiTa-Schließungen betroffen und müssen jetzt stärker gefördert werden als Kinder aus nicht benachteiligten Familien.
Bundesjugendministerin Lisa Paus: „Kinder haben in der Pandemie bereits erheblich gelitten – oft weniger am Virus selbst als an den Folgen der Eindämmungsmaßnahmen. Besonders erschreckt mich, dass ausgerechnet sozial benachteiligte Kinder und Jugendliche besonders stark betroffen sind und so viele Kinder und Jugendliche psychische Belastungen zeigen. Gerade die Kinder, die am dringendsten Zugang zu früher Bildung und Förderung benötigen, unterlagen oft den stärksten Einschränkungen. In Zukunft muss das Kindeswohl unbedingt an oberster Stelle stehen. Hier geht es um die Entwicklungschancen von Kindern und Jugendlichen und um Chancengerechtigkeit in unserem Land."

Studie belegt Verschärfung sozialer Ungleichheiten

Die Corona-KiTa-Studie des Robert-Koch-Instituts und des Deutschen Jugendinstituts ging der Frage nach, welche Rolle KiTa-Kinder im Infektionsgeschehen spielen

und welche Folgen die Pandemie für Kinder, Familien und KiTas hat. Die jüngste KiTa-Befragung im Frühjahr 2022 ergab grundsätzlich gestiegene Förderbedarfe bei der sprachlichen, motorischen und sozial-emotionalen Entwicklung. In KiTas mit höheren Anteilen von Kindern aus sozial benachteiligten Familien stieg der Bedarf jedoch um 40 Prozent. In KiTas mit wenigen Kindern aus sozial benachteiligten Familien besteht dagegen bei rund 20 Prozent ein pandemiebedingter Förderbedarf.
Die Studie zeigt auch, dass die konsequente Umsetzung bestimmter Schutz- und Hygienemaßnahmen wie das Tragen von Masken oder die Unterteilung in kleine Gruppen mehr Sicherheit schaffen kann. Allerdings sind die Maßnahmen zum Teil sehr personalintensiv und können die pädagogische Arbeit einschränken. Deshalb raten die Autorinnen und Autoren zu einer sorgfältigen Abwägung.

Sozial benachteiligte Kinder besonders belastet

Ebenfalls vorgestellt wurde der Bericht der Interministeriellen Arbeitsgruppe (IMA) „Kindergesundheit", den das Bundeskabinett am 2. November beraten hat. Demnach haben Bund, Länder und Kommunen große Anstrengungen unternommen, um Einrichtungen für Kinder und Jugendliche offen zu halten, ihre Gesundheit präventiv zu fördern und besonders belastete Kinder und Jugendliche stärker zu unterstützen. Er kommt ebenfalls zu dem Schluss, dass gerade ohnehin benachteiligte Kinder und Jugendliche besonders unter den Pandemiemaßnahmen zu leiden haben.
Die IMA „Kindergesundheit" hatte im September 2021 Handlungsempfehlungen zum Schutz von Kindern und Jugendlichen vor den negativen gesundheitlichen Folgen der Pandemie vorgelegt. Diese richteten sich an die Länder und Kommunen, den Bund und weitere Akteure. Die jetzt vorgelegte Auswertung zeigt, dass viele der empfohlenen Maßnahmen umgesetzt wurden. Im Rahmen des Bundesprogramms „Aufholen nach Corona für Kinder und Jugendliche" beispielsweise hat das Bundesjugendministerium den Ländern Mittel für Sport und Freizeitangebote, für zusätzliche Angebote an frühkindlicher Bildung, Jugend- und Sozialarbeit sowie psychosozialer Unterstützung bereitgestellt, die oft mit eigenen Initiativen vor Ort ergänzt wurden.

Sekundäre gesundheitliche Belastungen im Fokus

Der Bericht zeigt aber auch, dass Kinder und Jugendliche weiter erheblich unter den gesundheitlichen Folgen der Pandemie leiden, insbesondere diejenigen, die bereits vor der Pandemie besonders belastet waren. Die IMA „Kindergesundheit" wird in

ihrer weiteren Arbeit deshalb den Fokus auf die sekundären gesundheitlichen Belastungen und auf die Situation besonders benachteiligter Kinder und Jugendlicher legen und im Februar 2023 einen Abschlussbericht mit weiteren Handlungsempfehlungen vorlegen."
Aus: https://www.bmfsfj.de/bmfsfj/aktuelles/alle-meldungen/lisa-paus-kindeswohl-muss-bei-der-pandemiebekaempfung-an-erster-stelle-stehen--203056

BMG.de v. 2.11.2022

Berichte zu den Auswirkungen der Corona-Pandemie auf Kinder und Jugendliche

Mit guten Hygiene- und Schutzkonzepten können Kitas auch in der Pandemie sicher betrieben werden. Für die kognitive und gesundheitliche Entwicklung der Kinder ist der direkte Kontakt entscheidend. Das sind Ergebnisse der Arbeit einer Interministeriellen Arbeitsgruppe (IMA) und der Corona-KiTa-Studie, die Bundesfamilienministerin Lisa Paus und Bundesgesundheitsminister Prof. Karl Lauterbach in Berlin vorgestellt haben.
Die Studien zeigen: Kita-Kinder waren keine Infektionstreiber. Daher müssen wir für diesen Winter beachten: Kontaktreduktion, das Bilden von Kleingruppen, Masken bei Erwachsenen und Lüften. Das Schließen von Kitas ist medizinisch aber nicht angemessen.
Bundesgesundheitsminister Prof. Karl Lauterbach

Corona-KiTa-Studie

Die Corona-KiTa-Studie widmet sich der Frage der Herausforderungen und Bewältigung der Kindertagesbetreuung während der Corona-Pandemie sowie der Frage, welche Rolle (Kita-)Kinder bei der weiteren Ausbreitung von SARS-CoV-2 spielen. Die Studie nahm bereits im Mai 2020 ihre Arbeit unter Leitung des Deutsche Jugendinstituts (DJI) und des Robert Koch-Instituts (RKI) auf.

Interministerielle Arbeitsgruppe Kindergesundheit

BMG und BMFSFJ haben die Interministerielle Arbeitsgruppe (IMA) Kindergesundheit, die sich bereits im Sommer 2021 mit den gesundheitlichen Auswirkungen der

Corona-Pandemie auf Kinder und Jugendliche befasst hatte, im Juni 2022 gemeinsam wiederaufgenommen. Die Empfehlungen betreffen unter anderem den Infektionsschutz, Maßnahmen der Gesundheitsförderung durch Bewegung und gesunde Ernährung, die Sicherstellung der Gesundheitsvorsorge und Versorgung während der Pandemie sowie die Verbesserung der Datenlage.
Aus: https://www.bundesgesundheitsministerium.de/ministerium/meldungen/corona-kita-berichte.html

Die Zurkenntnisnahme der Auswirkungen verschiedener, kinderrechtssensibler Corona-Maßnahmen innerhalb der Bundesregierung kann somit nach zwei Jahren als einigermaßen umfangreich angesehen werden. Erstaunlicherweise fanden die meisten dieser Stellungnahmen kaum eine relevante Beachtung in der politischen, medialen sowie wissenschaftlichen Öffentlichkeit und blieben überwiegend ohne weitere selbstkritische Konsequenzen und Schlussfolgerungen. Dies lässt sich auch anhand des Umgangs mit Warnungen von Kinderärzten vor sog. Triage in Jugendpsychiatrien (vgl. ZDF.de von 18.05.2021) sowie Kinder- und Jugendsuiziden veranschaulichen.

2.4.1 Politische Wahrnehmung und Deutung von Corona-Maßnahme-Folgen bei Kindern

Die Zahl der schweren Suizidversuche bei Jugendlichen im Alter von 12 bis 17 Jahren ist im Frühjahr 2021 massiv angestiegen. Das besagt eine in der Zeitschrift „Pediatrics" veröffentlichte Studie, die von rund 40 Wissenschaftler(inne)n um den Kinderarzt und Intensivmediziner der Universitätsklinik Essen, Christian Dohna-Schwake, durchgeführt wurde. Fast dreimal so viele Teenager wie in den Vorjahren landeten nach einem Suizidversuch auf einer Intensivstation. Im selben Bericht wird zitiert, dass in Frankreich die Zahl der Selbstmordversuche während des ersten Lockdowns (März und April 2020) am niedrigsten und zu Beginn des zweiten Containments (November und Dezember 2020) mit einem Anstieg um 299 % am höchsten war (Dohna-Schwake/Bruns u.a. 2022, S. 6).

Am 7. Januar 2022 berichtete die Berliner Zeitung: „Bis zu 500 Kinder mussten nach Suizidversuchen zwischen März und Ende Mai 2021 bundesweit auf Intensivstationen behandelt werden. Das ist das Ergebnis einer Studie der Essener Uniklinik, über die der Leiter der dortigen Kinder-Intensivstation, Professor Christian Dohna-Schwake, exklusiv im Videocast 19 – die Chefvisite berichtete. Die Fallzahl sei damit im zweiten Lockdown um rund 400 Prozent im Vergleich mit der Zeit vor Corona gestiegen" (Berliner Zeitung v. 07.01.2022). Unter anderem als Antwort auf diese Studie, die einen Anstieg von Suizidversuchen unter Kindern im Lockdown feststellte, hat der Bundesgesundheitsminister Karl Lauterbach im Januar 2022 bezweifelt, dass es einen direkten Zusammenhang zwischen dem Lockdown und psychischen Folgen geben könne (vgl. Tagesschau.de v. 11.01.2022). In der ARD-Sendung „Hart aber fair" vom 10. Januar 2022 wies er den Vorwurf zurück, dass die deutsche Corona-Politik mit ihren international vergleichsweise strengen Maßnahmen für die Zunahme psychischer Störungen im Land – vor allem bei Kindern – verantwortlich sei. Er sagte: „Da muss man vorsichtig sein, das geben die Studien aus meiner Sicht nicht her." Seiner Meinung nach gebe es mehr psychische Störungen auch in Staaten, die weniger gemacht haben als Deutschland. Als Beispiel nannte er die USA, wo seiner Ansicht nach sehr viele Tote vermeidbar gewesen wären oder Großbritannien, wo Lauterbach zufolge gegenwärtig viel zu gefährlich agiert würde. Die psychosozialen Störungen in Deutschland seien seines Erachtens eher der allgemeinen Corona-Lage geschuldet, als auf die Regierungs-Maßnahmen zurückzuführen. „Ich glaube, dass ein großer Teil dieser Probleme einfach an der furchtbaren Pandemie liegt, aber dass das nicht einfach dem Lockdown, den wir praktiziert haben, der damals notwendig war, in die Schuhe geschoben werden darf" (Benedict 2022; vgl. Metzger 2022). Dieser Umgang mit Kausalitäten und Koinzidenzen ist auch kindheitswissenschaftlich bzw. kinderpolitikwissenschaftlich bemerkenswert. Denn zweifellos gab und gibt es auch in praktisch allen Ländern dieser Welt psychosoziale Folgen der jeweiligen Corona-Krise und des jeweiligen Krisen-Managements – gerade auch bei Kindern und Jugendlichen. Dennoch lässt sich angesichts der Aussagen des Ministers die Frage formulieren, ob Lauterbach die spezifischen Lockdown-Folgen in Deutschland womöglich nicht ausreichend zur Kenntnis nehmen will.

2.4.2 Psychosoziale Folgen von Corona und Pandemie-Politik

Viele Studien und Stellungnahmen untermauern, dass buchstäblich eine (politisch mit zu verantwortende, strukturelle) Kindeswohlgefährdung im Sinne der UN-Kinderrechtskonvention und des SGB VIII festzustellen ist. Das hatte psychosoziale Folgen, wie verschiedene Untersuchungen nachweisen können (vgl. Klundt 2022, S. 175ff.). So hat sich laut einer Studie des Bundesinstituts für Bevölkerungsforschung hochgerechnet „infolge der Pandemie und der damit verbundenen Schulschließungen bei 1,7 Mio. 11- bis 17-Jährigen die gesundheitsbezogene Lebensqualität erheblich verschlechtert" (Bujard u.a. 2021, S. 72). Das Bundesinstitut ermittelte ferner „477.000 Jugendliche im Alter von 16 bis 19 Jahren mit Depressivitätssymptomatik" (ebd.) und erläutert: „Unsere Analysen des deutschen Familienpanels pairfam weisen darauf hin, dass etwa 25 % der Jugendlichen eine klinisch relevante Symptomatik von Depressivität im Mai/Juni 2020 nach dem ersten Lockdown aufweisen. Empirische Grundlage ist hier keine Diagnose, sondern eine Selbsteinschätzung nach der international in der Psychologie anerkannten Skala „State and Trait Depression Scale". Im Jahr vor der Pandemie betraf das lediglich 10 % der Jugendlichen. Besonders gefährdet für psychische Probleme sind weibliche Jugendliche, hier hat sich die subjektive Depressivitätssymptomatik von 13 auf 35 % fast verdreifacht. Auch Jugendliche mit Migrationshintergrund sind besonders betroffen. Hochgerechnet würde der Anstieg der Depressivitätssymptomatik 477.000 Jugendlichen im Alter von 16 bis 19 Jahren entsprechen" (ebd.). Derweil sind die psychosozialen Folgen der Corona-Krise nicht übersehbar. „Ein aktueller Bericht des Robert-Koch-Instituts, der mehrere Studien des vergangenen Jahres zusammenfasst, zeigt: Die Häufigkeit von Angstsymptomen unter Kindern und Jugendlichen ist nach dem ersten Lockdown im vergangenen Frühjahr von 15 auf 24 Prozent gestiegen. Den Eindruck einer verminderten Lebensqualität haben mehr als 40 Prozent der Elf- bis 17-Jährigen. Psychische Auffälligkeiten bei 7- bis 17-Jährigen sind von 18 Prozent auf etwa 31 Prozent gestiegen" (Vorgrimler 2021, S. 2).

Pandemie und Bewegung
DAK: Nur jedes dritte Schulkind ist körperlich ausreichend aktiv

Zu wenig Sport, zu viel Sitzen am Schreibtisch: Die DAK-Gesundheit berichtet, dass viele Kinder und Jugendliche ein gefährliches Bewegungsdefizit aufweisen. Die Kasse betont: Das Problem hat sich in der Corona-Zeit nochmals verschärft.
Ärztezeitung.de v. 26.09.2022, 12:06 Uhr
Berlin. In der Corona-Pandemie hat sich das Problem fehlender Bewegung bei Kindern und Jugendlichen in Deutschland weiter verschärft. Das gelte vor allem für junge Menschen aus sozial benachteiligten Schichten, teilte die Krankenkasse DAK-Gesundheit am Montag unter Verweis auf eine aktuelle Befragung unter Kindern und Jugendlichen mit.
Demnach ging im Vergleich zu der Zeit vor Ausbruch der Corona-Krise bei sozial benachteiligten Jungen und Mädchen der Anteil an ausreichend aktiven jungen Menschen um knapp ein Fünftel von 27 Prozent auf 22 Prozent zurück.
Laut Präventionsradar der DAK-Gesundheit besteht nach wie vor bei zwei Dritteln der Schulkinder Bewegungsmangel, was die kindliche Entwicklung „massiv" gefährde, hieß es.
Im Schnitt verbrächten Schulkinder gut zwölf Stunden am Tag im Sitzen. Der Präventionsradar zeige zudem, dass mehr als jedes dritte Kind in der Corona-Zeit nach eigenen Aussagen weniger sportlich aktiv war. Von den sozial benachteiligten Schulkindern berichten dies sogar 44 Prozent.

Kinder aus sozial schwachen Schichten stark betroffen

Die DAK-Gesundheit untersucht seit 2016 das körperliche und psychische Wohlbefinden sowie das Gesundheitsverhalten der Schüler in den Klassenstufen 5 bis 10. Rund

18.000 Mädchen und Jungen aus 1100 Klassen in 13 Bundesländern waren bei der aktuellen sechsten Befragungswelle im Schuljahr 2021/2022 dabei. Befragt wurden die Kinder vom Institut für Therapie und Gesundheitsforschung in Kiel im Auftrag der DAK. „Bewegungsarm" sind laut Präventionsradar diejenigen, die nicht so regelmäßig und intensiv aktiv sind, wie es nationalen Empfehlungen für Bewegung und Bewegungsförderung entspricht. Demnach ist es ratsam, dass sich Kinder und Jugendliche täglich mindestens 90 Minuten „moderat bis intensiv" bewegen.
60 Minuten sollen Alltagsaktivitäten gewidmet sein wie dem Fußweg zur Schule oder dem Treppensteigen im Schulgebäude. Die restliche Zeit soll auf eine intensive sportliche Aktivität entfallen, bei der man außer Atem kommt.

Bewegungsmangel für viele Krankheiten verantwortlich

Gemessen daran sind laut Kasse aktuell nur 32 Prozent aller befragten Jungen und Mädchen ausreichend körperlich aktiv. Im ersten Jahr der Pandemie lag der Anteil mit 29 Prozent noch darunter, weil viele Möglichkeiten, Sport zu treiben, wegen diverser Lockdowns fehlten. Vor der Pandemie hatten sich immerhin noch 35 Prozent der Kinder und Jugendlichen ausreichend bewegt.
„Der Bewegungsmangel der Jugend muss uns alarmieren, denn er ist für die verschiedensten Erkrankungen mitverantwortlich", sagte DAK-Vorstandschef Andreas Storm. Der Mangel an Bewegung stelle ein großes Gesundheitsrisiko dar, das oft unterschätzt werde, sich aber auch verändern lasse, so Storm. „Wir müssen es uns zur Aufgabe machen, Freude an Bewegung wieder zu befördern und langes Sitzen zu verhindern." (hom) Aus: https://www.aerztezeitung.de/Politik/DAK-Nur-jedes-dritte-Schulkind-ist-koerperlich-ausreichend-aktiv-432783.html

Ferner haben laut der Professorin für Kinder- und Jugendpsychiatrie und -psychotherapie an der Frankfurter Goethe-Universität, Christine M. Freitag, Angst- und Essstörungen sowie Depressionen in der Pandemie bei Kindern und Jugendlichen deutlich zugenommen. Der Wissenschaftlerin zufolge, die auch Vorstandsmitglied der Deutschen Gesellschaft für Kinder- und Jugendpsychiatrie, Psychosomatik und Psychotherapie ist, habe sich zudem die Zeit, die Kinder und Jugendliche an Computer und Handy verbringen, deutlich gesteigert, während sich die meisten viel zu wenig bewegten. Sie widerspricht den Thesen des Bundesgesundheitsministers hinsichtlich psychischer Folgen der Lockdown-Politik: „Hier gibt es mittlerweile Vergleichsstudien aus Kanada und Australien, die deutlich zeigen, dass innerhalb der Corona-Pandemie insbesondere Perioden des Lockdowns zu einem Anstieg der genannten Symptome bei Kindern und Jugendlichen führten. Der Wegfall der Alltagsstruktur, von Bewegung und Sozialkontakten mit Gleichaltrigen ist ein klassischer Risikofaktor für

Depressionen und Angststörungen; die Zunahme des Konsums sozialer Medien steht wahrscheinlich in Zusammenhang mit den erhöhten Anorexie-Raten" (zit. nach Schmidt 2022).

Dennoch räumt sie ein, „dass eine echte Kausalität kaum festgestellt werden kann. Allein weil die Experimente dafür – eine Gruppe in einen Lockdown zu schicken und andere nicht – ethisch nicht vertretbar wären" (zit. nach Metzger 2022). Wiewohl empirisch strenge Kausalitäten zwischen unterschiedlichen Corona- bzw. Lockdown-Maßnahmen und psychosozialen Folgen bei Kindern und Jugendlichen noch einer tiefgreifenderen Erforschung bedürfen, erscheint die ziemlich strikte Abwehrhaltung des Bundesgesundheitsministers Lauterbach besorgniserregend hinsichtlich des Eindrucks seiner dadurch offenbar ausgedrückten Verweigerung eines politischen Verantwortungsgefühls für die gesundheitliche und psychosoziale Lage der jungen Generation in den letzten zwei Jahren, welches über die Bekämpfung von Corona hinausgeht.

Und, wie auch das „Factsheet" der Bertelsmann-Stiftung zu „Kinderarmut in Deutschland" von 2020 ein weiteres Mal nachgewiesen hat, sind die Entwicklungen im Bereich Kinderarmut gerade mit der Corona-Krise noch einmal verschärft worden (vgl. Bertelsmann-Stiftung 2020, S. 1). So wachse mehr als jedes fünfte Kind in Deutschland in Armut auf, was immerhin 2,8 Mio. Kinder und Jugendliche unter 18 Jahren betreffe. Die Kinder- und Jugendarmut verharre seit Jahren auf diesem hohen Niveau. Trotz langer guter wirtschaftlicher Entwicklung seien die Zahlen kaum zurückgegangen. Kinderarmut sei seit Jahren ein ungelöstes strukturelles Problem in Deutschland. „Die Corona-Krise wird die Situation für arme Kinder und ihre Familien weiter verschärfen. Es ist mit einem deutlichen Anstieg der Armutszahlen zu rechnen. Aufwachsen in Armut begrenzt, beschämt und bestimmt das Leben von Kindern und Jugendlichen – heute und mit Blick auf ihre Zukunft. Das hat auch für die Gesellschaft erhebliche negative Folgen" (Bertelsmann-Stiftung 2020, S. 1).

Es gibt also hinsichtlich der psychosozialen Folgen und Auswirkungen von Kinderarmut und Corona(-Maßnahmen) einige wichtige Forschungsergebnisse und -erkenntnisse, die in Politik, Wissenschaft, Medien und Fach-Öffentlichkeit dringend zur Kenntnis genommen werden müssen, um adäquat an die gravierenden Probleme von Gegenwart und Zukunft herangehen zu können.

3

Debatten und Diskurse als Polarisierungsprodukte und -produzenten

Veröffentlichte Gespräche und Kontroversen zu gesellschaftlich relevanten Themen wie z.B. Armut können auch als Ausdruck real existierender Interessengegensätze und Konflikte angesehen werden. Zugleich wirken Debatten jedoch umgekehrt auch ein auf die Bearbeitung und damit die Struktur der gegensätzlichen Verhältnisse. Durch diese Wechselwirkung erweisen sich politische, mediale und wissenschaftliche Äußerungen nachgerade als Produkt und als Produzent gesellschaftlicher Polarisierungsprozesse. Daher ist die Beschäftigung mit den Diskursen praktisch genauso wichtig wie die Betrachtung von empirischen Zahlen, Daten und Prozenten zum Ausmaß und den Implikationen von Kinderarmut.

> „Wo eine abwehrende Haltung gegen Armut produziert wird, richtet sie sich immer auch gegen die Familien und hat Einfluss auf die Entwicklung der Kinder. ‚Wenn wir uns bewusst werden, welche Zuschreibungen und Gefühle Armut in uns auslöst, dann hilft nur eins. Wir müssen das Thema mehr in den Vordergrund rücken und genauso reflektieren wie das Thema Rassismus und unsere eigenen Anteile daran. Wir müssen ins Handeln kommen. Die Frage ist nicht, ob Kinder aus armen Verhältnissen Benachteiligungen erleben. Davon müssen wir ausgehen. Die Frage ist, wie gehen die Fachkräfte damit um, wenn Kinder ausgegrenzt werden'" (Iglesias/Wolter-Buhlmann 2019, S. 10).

Nach Strukturen und Erscheinungsformen sowie Folgen und Auswirkungen von (Kinder-)Armut soll in diesem Kapitel nun untersucht werden, wie politische, mediale und wissenschaftliche Beiträge und Debatten soziale Ungleichheiten in der Öffentlichkeit thematisieren. Wenn dabei der demografische Wandel und die Bevölkerungsentwicklung als alleinige Ursachen aller Schwierigkeiten und auch aller Armutsrisiken hingestellt werden, so kann man das auch als Demografisierung sozialer Probleme bezeichnen. Ähnlich verhält es sich mit den Generationenbeziehungen, wenn das Verhältnis zwischen Alten und Jungen buchstäblich wie ein Widerspruch zwischen Reich und Arm präsentiert wird. Mittels Verabsolutierung demografisierender oder generationenspezifischer Kategorien werden multidimensional verursachte Ungleichheitsverhältnisse zuweilen dergestalt eindimensional und monokausal verzerrt, sodass am Ende mitunter nur „die Alten" schuld sind an der Armut „der Jungen", als wären gleichsam alle Rentner/innen reich und alle Kinder arm. Auf diese Weise besteht die Gefahr, dass die Bekämpfung von Armen und Minderheiten stärker betrieben wird, als zur Bekämpfung der Armut beizutragen. Das folgende Kapitel geht dieser Frage auf den Grund.

3.1 Ungleichheits-Diskurse und Debatten im politischen Raum

Den Verhältnissen extremer sozialer Ungleichheit kann man sich (kritisch) stellen, sie verdrängen oder diejenigen „ganz unten" für ihre Situation oder gar für gesellschaftliche Probleme verantwortlich machen. Letzteres wird im Folgenden veranschaulicht. Dabei wird gezeigt, wie Ideologien produziert werden, die in Form von Stereotypen und Vorurteilen auch im Alltag präsent sein können.

In Kapitel 1.3 waren bereits die Reaktionen auf den Armutsbericht des Paritätischen Gesamtverbandes von 2022 Thema. Dabei ging es unter anderem um die Interpretation von Zahlen und das Infragestellen der Berechnungsgrundlagen. Hier nun geht es mit Blick auf den Bericht von 2017 darum, exemplarisch darzulegen, wie der Sozialverband und seine Forschungsergebnisse in meinungsbildenden Medien behandelt wurden. Der Armutsbericht 2017 des Paritätischen Wohlfahrtsverbandes hatte zu einem kontroversen Medienecho geführt. Da sie die Messmethode relativer Armut(-srisiken) von weniger als 60 Prozent des mittleren Nettohaushaltseinkommens trotz aller Versuche nicht wirklich entkräften konnten (außer durch die üblichen Verweise auf „echte" Armut in Afrika oder die Nachkriegszeit o.Ä.; siehe Krämer 2015), bemühten sich die wirtschaftsliberalen Zeitungen FAZ und Handelsblatt, dem Sozialverband niedere Motive zu unterstellen. Im Wettbewerb der Wohlfahrtsverbände gebärde sich der DPWV laut Heike Göbel in der Frankfurter Allgemeinen Zeitung als „Marktschreier der Armut" (FAZ v. 3.3.2017): „Armut ist das Geschäft des Paritätischen Gesamtverbands, der 10.000 soziale Organisationen vertritt. Mit fünf weiteren Dachverbänden der Wohlfahrtspflege konkurriert er um politische Aufmerksamkeit und Geld. In diesem Wettbewerb vertraut er weniger als andere auf die Kraft guter Argumente." Leider geht die FAZ-Autorin in ihrem Beitrag jedoch auf die tatsächlich existierenden „Argumente" im über 100 Seiten starken Report nicht weiter ein. Im Handelsblatt wird von Frank Specht dieser Vorwurf noch zur Diffamierung erweitert und eine Daten-Instrumentalisierung sowie Populismus-Unterstützung unterstellt. „Wer aber zugleich Statistiken instrumentalisiert, um ein schwarzes Bild der Republik zu malen, hilft nicht diesen Gruppen, sondern nur den Populisten von links und rechts" (Alles ist relativ. Mit ihrer generellen Schwarzmalerei helfen die Wohlfahrtsverbände nur den Populisten, in: Handelsblatt v. 3.3.2017). Nicht nur Armutsforschung und -berichterstattung verschiedener Wohlfahrtsverbände weisen seit Jahren darauf hin, dass Armut und soziale Spaltung einen Nährboden für Ungleichheitsideologien, Nationalismus und rechtspopulistische Tendenzen bieten. Ausgerechnet ihnen zu unterstellen, sie würden mit ihrer „Schwarzmalerei" Populismus befördern, erscheint einigermaßen abwegig und zudem verleumderisch. Dass zudem die Warnenden vor den Folgen von gesellschaftlichen Spaltungsprozessen von den Armuts-Verharmlosern für die dann tatsächlich inzwischen eingetretenen Folgen verantwortlich gemacht werden, ist schon bemerkenswert.

Aber manche Ökonomen, wie der ehemalige Präsident des Münchener Ifo-Instituts, Hans-Werner Sinn, streiten seit vielen Jahren buchstäblich ab, dass es überhaupt Armut in Deutschland gebe, da praktisch niemand verhungere. (Hier wird der für Deutschland unangemessene absolute, nicht der angemessene relative Armutsbegriff benutzt.) Und wenn von einer wachsenden Zahl armutsgefährdeter Haushalte ausgegangen werden müsse, so resultiere diese bloß aus der gestiegenen Zahl an Scheidungen und den daraus folgenden Problemen in Familien Alleinerziehender. Daraus schlussfolgert der Wirtschaftswissenschaftler: „Blieben mehr Paare zusammen, gäbe es deutlich weniger arme Kinder" (FAZ v. 11.7.2008). Somit werden die Familien Alleinerziehender für ihre Probleme selbst verantwortlich gemacht.

Andere, wie die FAZ-Journalisten Rainer Hank und Georg Meck, gehen noch einen Schritt weiter. Sie sehen etwa in sog. Schein-Ein-Eltern-Familien „die Hätschelkinder der Nation" und beklagen deren zu große Unterstützung durch den Staat. Dies komme nicht nur den Steuerzahler teuer zu stehen, sondern setze Anreize, den Alleinerziehenden-Status nur vorzutäuschen und nicht mehr zu heiraten. Außerdem würde sich Erwerbsarbeit für alleinerziehende Eltern mit mehreren Kindern im Verhältnis zu Hartz-IV-Bezug nicht lohnen, was für die Autoren nichts mit zu geringen Löhnen zu tun hat, sondern nur mit zu hohen Sozialleistungen. Ohne die Niedriglohnstruktur in Deutschland näher zu betrachten, fragten sich die Autoren auch nicht, warum es inzwischen so viele Menschen gibt, die voll erwerbstätig sind und trotzdem nicht von ihrer Arbeit leben können und aufstockendes Arbeitslosengeld II beantragen. Dagegen würde ein armutsfester allgemeiner gesetzlicher Mindestlohn in Verbindung mit gestärkten Vorrangleistungen wie Kindergeld, Kinderzuschlag und Wohngeld sowie ein schneller Ausbau der öffentlichen Kinderbetreuung helfen, dass erwerbstätige (alleinerziehende) Eltern durch ihre Arbeit sich und ihre Kinder ernähren können. Die Verfasser beschrieben allerdings offenbar lieber Ein-Eltern-Familien als die alleinerziehenden „Hätschelkinder der Nation", deren Unterstützung der Institution Ehe und Familie das Wasser abgraben würde. Bilanzierend zitierten die beiden Journalisten den Kieler Sozialphilosophen Wolfgang Kersting mit dessen verbalradikaler Entgleisung: „Der Sozialstaat gleicht immer mehr einem totalitären Regime, das die Familien zerschlägt" (Hank/Meck 2010). Auf solche Weise kann dann auch der praktizierte und geplante Sozialstaats-Abbau als Rettung der Familie inszeniert und fortgesetzt werden. Am Beispiel der gesetzlichen Rente verdeutlicht dies auch der Ökonom Sinn, wenn er unter „Kinderarmut" nur eine Armut an Kindern versteht und sie damit nur als rein demografisches Problem ansieht. Da die gesetzliche Alterssicherung daran schuld sei, dass Menschen auch dann noch Renten bezögen, wenn sie gar keine Nachkommen gezeugt haben, müssten die Renten gekürzt („Kinder-Rente") und privatisiert werden (Sinn 2005). Auf diese Weise werden partikulare Wirtschaftsinteressen als universale Generationeninteressen ausgegeben, die im Namen der jungen Generationen eben diesen schärfste Entbehrungen in der Zukunft bescheren (vgl. Klundt 2008, S. 264ff.).

Es gibt auch Wissenschaftler und Politiker, die behaupten, dass Armut und Bildungsungleichheit eigentlich nur durch das Vermehrungsverhalten armer Menschen verursacht seien. So meint der Professor für Sozialpädagogik Gunnar Heinsohn, dass „Frauen der Unterschicht ihre Schwangerschaften als Kapital ansehen“ (FAZ vom 16.3.2010), dass sie Kinder also nur des Geldes wegen produzierten. Manch eine/r behauptet desgleichen immer noch, dass Langzeitarbeitslose nur viele Kinder hätten, um zusätzlich zu Hartz IV auch noch Kindergeld zu kassieren. Entsprechend äußert sich sogar der Präsident der Bundesvereinigung der Deutschen Arbeitgeberverbände (BDA), Rainer Dulger, wenn er zum Konzept des „Bürgergelds“ der Ampelkoalition als Nachfolger von Hartz IV sagt: „Es kann doch nicht sein, dass jemand, der nicht arbeiten geht und den Regelsatz und Kindergeld und andere Zulagen bekommt, am Ende mehr im Geldbeutel haben kann, als eine hart arbeitende Pflegekraft, die im Schichtdienst arbeitet und ihre Miete selbst zahlen muss“ (Dulger 2022). Davon abgesehen, dass das Problem auch an der schlechten Bezahlung der Pflegekraft und einer verfehlten Wohnungspolitik liegen könnte, suggeriert Dulger, dass das Kindergeld nicht auf die Grundsicherung angerechnet wird. Was er und die meisten ähnlich Denkenden jedoch nicht wissen: Das Kindergeld wird vollständig auf Hartz IV angerechnet, mithin der Kindergeld-Betrag zu 100 Prozent von Hartz IV abgezogen.

Doch diese einfachen sozialpolitischen, steuer- und sozialrechtlichen Fakten gelangen oft nicht bis zu den einschlägigen Akteur(inn)en in Wirtschaft, Politik, Medien und Wissenschaft. So befand etwa der FDP-Politiker Daniel Bahr schon vor Jahren ziemlich eltern- und kinder-diskriminierend: „In Deutschland kriegen die Falschen die Kinder. Es ist falsch, dass in diesem Land nur die sozial Schwachen die Kinder kriegen“ (Tagesschau.de vom 24.1.2005). Diese Aussage ist rein zahlenmäßig nicht korrekt (vgl. Statistisches Bundesamt 2013, S. 57ff.), aber selbst wenn sie zuträfe: Wären die Kinder von ‚falschen‘ Eltern somit ‚falsche‘ Kinder? Und besäßen ‚falsche‘ Kinder weniger Rechte auf Bildung oder ein gutes Leben als ‚richtige‘ Kinder? Wäre ihr Wohl demnach zu vernachlässigen gegenüber dem Wohl ‚richtiger‘ Kinder von ‚richtigen‘ Eltern? Damit aber ‚die Richtigen‘ Kinder bekommen, sollte ihnen laut Thilo Sarrazin das zuteil werden, was ‚den Falschen‘ als böses Motiv unterstellt wird: Geld – in diesem Fall eine Geburtsprämie von über 50.000 Euro für studierte Mütter. Diese Prämie „dürfte allerdings nur selektiv eingesetzt werden, nämlich für jene Gruppen, bei denen eine höhere Fruchtbarkeit zur Verbesserung der sozioökonomischen Qualität der Geburtenstruktur besonders erwünscht ist“ (Sarrazin 2010, S. 389f.). Hier wird – zuungunsten der „Armen“ – mit zweierlei Maß gemessen. Diese sozialeugenischen Einstellungen, welche „wertvolle“ und „wertlose“ Menschen suggerieren, stellen einen fundamentalen Widerspruch zum Geist und Gehalt des Grundgesetzes dar – mindestens zur Unantastbarkeit der Menschenwürde (Art. 1) und zum Sozial- und Rechtstaatsgebot der Bundesrepublik Deutschland (Art. 20).

3.2 Bildungsdiskurse und Bildungsarmut

Die Allgemeine Erklärung der Menschenrechte durch die Vereinten Nationen von 1948 stellt in Artikel 26, Absatz 1 zu Bildung fest: „Jeder hat das Recht auf Bildung. Die Bildung ist unentgeltlich, zum mindesten der Grundschulunterricht und die grundlegende Bildung.“

Daraufhin formuliert die UNO folgende Bildungsziele in Absatz 2: „Die Bildung muss auf die volle Entfaltung der menschlichen Persönlichkeit und auf die Stärkung der Achtung vor den Menschenrechten und Grundfreiheiten gerichtet sein. Sie muss zu Verständnis, Toleranz und Freundschaft zwischen allen Nationen und allen rassischen oder religiösen Gruppen beitragen und der Tätigkeit der Vereinten Nationen für die Wahrung des Friedens förderlich sein." Von diesem Maßstab aus sollten sich Reflexionen über Bildung als Menschenrecht in Deutschland besonders leiten lassen (vgl. Klundt 2017a, S. 114ff.).

Bildung lässt sich somit als individueller und kollektiver Menschheits-Prozess der Aufschlüsselung von Selbst- und Weltbild beschreiben. Sie zeichnet sich nicht nur durch die Anhäufung von vielem Wissen aus, sondern auch durch das Denken in Zusammenhängen. Bildung bedeutet, Vorkommnisse des natürlichen, politischen, sozialen, wissenschaftlichen und geistig-kulturellen Lebens in ihrer Kausalität, Wechselwirkung und Widersprüchlichkeit, in ihrer Entstehung und Entwicklung – also auch Veränderung – zu begreifen. Bildung impliziert ebenso die Entwicklung zu vernunftgeleiteter Autonomie und individueller, allseitiger Persönlichkeitsentfaltung. Ziele humanistischer Bildung sind demnach Mündigkeit (vgl. Kant), Ganzheitlichkeit (vgl. Pestalozzi), Humanität (vgl. Humboldt), Aufklärung, Mit- und Selbstbestimmung, Kritikfähigkeit, Verantwortung und Gemeinschaftsfähigkeit (vgl. Demirović 2015, S. 221ff.). In diesem Geiste sind auch die Bildungs-Artikel der Allgemeinen Erklärung der Menschenrechte der Vereinten Nationen von 1948 sowie der UN-Kinderrechtskonvention von 1989 verfasst.

In vielen Bildungsdiskursen wird die offizielle Bildungsarmut als „individueller Mangel an Bildungszertifikaten und Bildungskompetenzen" verstanden (vgl. Allmendinger 1999, S. 35ff.; Allmendinger/Leibfried 2003, S. 12ff.). Dieses Defizit kann absolut oder relativ zum Bildungsreichtum der umgebenden Gesellschaft ausgedrückt werden. Mit den Kompetenzstufen der PISA-Studien ist es möglich, Bildungsarmut als absolute Bildungsarmut zu benennen. Absolute Bildungsarmut liege vor, so Jutta Allmendinger und Stephan Leibfried, wenn die unterste Kompetenzstufe in der Skala der PISA-Studien nicht erreicht werde. Hier liege ein funktionaler Analphabetismus vor. Auch mit Bildungszertifikaten ließe sich Bildungsarmut messen: Absolute Bildungsarmut heißt, dass keine Bildungszertifikate vorliegen, relative Bildungsarmut, dass der Anteil an Bildungszertifikaten einen bestimmten Wert unterschreitet, der sich an der Durchschnittsverteilung gesellschaftlicher Bildungstitel misst (vgl. ebd.). Das deutsche Institut der Wirtschaft IW stellt diesem bildungs- und sozialpolitischen Verständnis von „Bildungsarmut" noch eine wirtschaftsliberale volkswirtschaftliche Definition zur Seite: Demnach wird Bildungsarmut bildungsökonomisch mit „Humankapitalschwäche" übersetzt (vgl. IW: Bildungsarmut und Humankapitalschwäche in Deutschland, 2006, S. 6).

In all diesen Diskursen geht es selten um das Menschenrecht auf Bildung als einem individuellen Recht auf Persönlichkeitsentwicklung des Kindes, und es wird in der Regel über Kinder verhandelt, als mit ihnen gehandelt, geschweige denn von Kindern selbst aktiv eingegriffen. Nur allzu leicht lassen sich dabei Heranwachsende für verschiedene Zwecke benutzen. Die

Instrumentalisierung junger Menschen lässt sich in verschiedenen politischen Diskursen aufzeigen. Wenn die EU-Kommission in ihrer „EU-Strategie für die Jugend – Investitionen und Empowerment“ (siehe Europäische Kommission 2009, S. 1ff.) feststellte, dass „angesichts der derzeitigen Wirtschaftskrise (…) das junge Humankapital gehegt und gepflegt werden“ müsse und junge Menschen eine „Ressource für die Gesellschaft (darstellten), die genutzt werden kann, um übergeordnete gesellschaftliche Ziele zu erreichen“ (ebd., S. 2), wird die Instrumentalisierung deutlich. Im Folgenden ist mehr von „Wettbewerbsfähigkeit“ die Rede als von Jugendarmut. Dabei sind auch gute Ideen und Forderungen zu Bildung, Gesundheit, sozialer Integration, Jugendarbeit und Chancengleichheit enthalten. Während jedoch Jugendarbeitslosigkeit nur als „Resultat fehlender oder falscher Qualifikationen“ bezeichnet wird, fordert die EU-Kommission den Ausbau der Jugendarbeit nur „als Ressource zur Unterstützung der Beschäftigungsfähigkeit der Jugend“ (ebd., S. 7). Somit wird offenbar, worauf die Kritik an einer „neoliberalen Hegemonie in der EU“ zielt: Eine völlige Marktorientierung, die den Wert von Menschen nur an ihrer instrumentellen Vernutzbarkeit misst. Auf diese Weise werden oft partikulare Wirtschaftsinteressen als angebliche Allgemeinwohl-Interessen ausgegeben (vgl. Klundt 2008, S. 264f.).

Überhaupt sind auch die Erklärungen für Bildungserfolge äußerst unterschiedlich. So weist der Fernsehjournalist Harald Lesch gerne darauf hin, dass er sein Allgemeinwissen gerade nicht auf einem elitären Privatgymnasium erworben habe (wie Journalisten bisweilen mutmaßen), sondern auf einer hessischen Gesamtschule, wo die Kinder bei allen Lernstoffen immer auch gesellschaftliche Zusammenhänge und Verantwortung füreinander gelernt hätten. Dies habe seine universalwissenschaftliche Orientierung ungemein gefördert. Demgegenüber fragt der Politiker Thilo Sarrazin rhetorisch: „Hätten Goethe und Humboldt dieselben schöpferischen Leistungen erbracht, wenn sie auf einer integrierten Gesamtschule in Rüsselsheim oder Duisburg unterrichtet worden wären?“ Denn der Finanzpolitiker Sarrazin kennt sich selbstverständlich allumfassend in Pädagogik aus. Aus seiner Sicht gibt es z.B. keinen großen Unterschied zwischen dem Abrichten eines Tieres und der Erziehung eines Kindes. Das verdeutlicht er, wenn er sagt: „Jeder Jäger weiß von seinem Hund und jeder Reiter von seinem Pferd, dass er seinem tierischen Freund, der seine Führung erwartet, nichts abfordern kann, wenn er ihm keine Zuwendung zuteil werden lässt. Er weiß aber auch, dass sich das Pferd nicht von selber dressiert und der Hund nicht von alleine apportiert. Viel anders sind die Regeln nicht, die in der menschlichen Erziehung gelten“ (Sarrazin 2010, S. 201). Eine solche Vermischung von Hunde-Dressur und Menschen-Erziehung widerspricht jedoch jeglichen humanistischen pädagogischen Prinzipien und völkerrechtlichen sowie grundgesetzlichen Bestimmungen humaner Bildung und Erziehung.

Von den Maßstäben umfassender und humanistischer Bildung aus betrachtet – erst recht von dem der vernunftgeleiteten Autonomie und individuellen, allseitigen Persönlichkeitsentfaltung (vgl. UN-Ziele) – sind darüber hinaus viele Lernleistungsvergleichs-Tests weit entfernt von Bildung, da sie doch in der Regel nur das angehäufte und wiedergegebene Wissen testen. Dazu passt im Übrigen auch, dass Kreativität, Kooperationsfähigkeiten und produktive Fantasie grundsätzlich nicht abgefragt werden (können), obwohl gerade sie für viele Wirtschaftsinnovationen und Produktentwicklungen Voraussetzungen sind. Bei den verschiedenen wettbewerbsorientierten Leistungsvergleichstests handelt es sich offenkundig auch um ein Verständnis von Bildung, das dem Artikel 26 der Allgemeinen Erklärung der Menschenrechte der Vereinten Nationen von 1948, den Artikeln 28 und 29 der UN-Kinderrechtskonvention sowie dem Artikel 13 des UN-Paktes über wirtschaftliche, soziale und kulturelle Rechte relativ wenig Rechnung trägt.

3.2.1 Bildungsungleichheit – aktuelle Debatten

Selbst gut gemeinte Empörung über soziale Ungerechtigkeit und mangelnde Bildungschancen in den Medien droht zuweilen ihrem eigenen Ziel einen Bärendienst zu erweisen, wenn sie eher die Betroffenen von Benachteiligung abwertet, als zu ermutigen. Das Institut zur Qualitätsentwicklung im Bildungswesen (IQB) erforschte Kompetenzen in den Fächern Deutsch und Mathematik am Ende der 4. Jahrgangsstufe und stellte dazu im Sommer 2022 erste Ergebnisse nach über einem Jahr Schulbetrieb unter Pandemiebedingungen vor. „Insgesamt zeigen sich in allen untersuchten Fächern und Kompetenzbereichen ungünstige Trends für die Kompetenzen, die Viertklässler:innen in Deutschland nach mehr als einem Jahr pandemiebedingter Einschränkungen im Schulbetrieb erreichten. Im Vergleich zum Jahr 2016 entsprechen die Kompetenzrückgänge etwa einem Drittel eines Schuljahres im Lesen, einem halben Schuljahr im Zuhören sowie jeweils einem Viertel eines Schuljahres in der Orthografie und im Fach Mathematik. Betrachtet man den längerfristigen Trend seit dem Jahr 2011, fallen die ungünstigen Veränderungen im Fach Deutsch mit ca. einem halben (Lesen) bis zu zwei Dritteln eines Schuljahres (Zuhören) und im Fach Mathematik mit einem halben Schuljahr noch stärker aus. In allen untersuchten Kompetenzbereichen erreicht im Vergleich zu den vorherigen Messzeitpunkten jeweils ein signifikant geringerer Anteil der Schüler:innen im Jahr 2021 den Regelstandard und verfehlt ein signifikant höherer Anteil der Schüler:innen den Mindeststandard“ (Stanat u.a. 2022, S. 20).

Im Leitartikel der Frankfurter Allgemeinen Zeitung vom 4. Juli 2022 auf Seite 1 fasst die Redakteurin Heike Schmoll die Ergebnisse dieser IQB-Studie so zusammen: „Ein Fünftel der Viertklässler kann nicht richtig lesen, ein Drittel kann nicht regelkonform schreiben, und auch mit Mathematik hapert es gewaltig. Die Ergebnisse des Bildungstrends des Instituts zur Qualitätsentwicklung im Bildungswesen hätten kaum schlechter ausfallen können. Im Herbst könnte es noch schlimmer werden, wenn die regionalen Daten ausgewertet sind. Wenn 20 Prozent der Kinder am Ende der vierten Klasse nicht einmal die Mindeststandards im Lesen erreichen, heißt das im Grunde, dass sie nicht in der Lage sind, eine weiterführende Schule zu besuchen, und auch das Lernen in allen anderen Fächern stark eingeschränkt ist. Denn die Kinder können zwar Buchstaben entziffern, aber nicht sinnentnehmend lesen, das heißt, sie lesen Texte, ohne sie in einem Gesamtzusammenhang zu verstehen“ (FAZ v.

4.7.2022, S. 1). In ihrer Bewertung erlaubt sich die FAZ-Journalistin allerdings eine ziemliche Übertreibung, wenn sie formuliert: „Ein Fünftel der Kinder fällt am Ende der vierten Klasse als bildungsunfähig aus dem System, weil die Schule versagt hat. Das müssen die Kultusminister ändern – und zwar schnell." Trotz aller berechtigten Empörung und Kritik gegenüber den Kultusminister(inne)n kann man unmöglich ein Fünftel aller Viertklässler/innen in Deutschland als „bildungsunfähig" bezeichnen und sie damit gleichsam aufgeben, da dies doch unterstellt, dass bei 20 Prozent aller 10- bis 11-Jährigen sowieso bereits jetzt „Hopfen und Malz" verloren sei. Wenn irgendjemand oder irgendetwas in Deutschland als „bildungsunfähig" bezeichnet werden könnte, wäre das höchstens die Bildungspolitik der bisherigen Regierungen.

3.2.2 Zwischenbilanz

In den gerade skizzierten Diskursen wird die beschriebene soziale Ungleichheit in Deutschland auf den Kopf gestellt, ja sogar gerechtfertigt. Den genannten Wissenschaftler(inne)n, Journalist(inn)en und Politiker(inne)n zufolge sind nicht die Armutsquoten das Problem, sondern die Armen, wobei betroffenen Erwachsenen und Kindern überwiegend mit Verachtung begegnet wird. Und anstatt darüber nachzudenken, wie Ungleichheit überwunden werden kann, wird sie zur Naturgegebenheit erklärt. Tatsächlich ist die soziale Ungleichheit keine Naturgegebenheit, sondern u.a. Resultat ungleicher Machtverhältnisse zwischen denjenigen mit viel und denjenigen mit wenig ökonomischem, sozialem und kulturellem Kapital (Bourdieu). Und dass Ideologien wie die skizzierten teils auf fruchtbaren Boden fallen, erklärt der Bielefelder Sozialforscher Wilhelm Heitmeyer mit der Ausbreitung eines autoritären Kapitalismus, „in dem Mitmenschen vor allem nach ihrer Nützlichkeit bewertet und damit auch abgewertet werden" (Heitmeyer 2010, S. 71). Betroffen davon ist seit der Agenda 2010 auch die Mittelschicht, die ihren Ängsten und Kontrollverlusten teils eher durch Repression gegen Sündenböcke zu begegnen versucht, als ihre tatsächlichen sozio-ökonomischen Wurzeln anzugehen (ebd.).

Doch die wissenschaftliche, mediale und politische Behandlung von Armut und sozialer Ungleichheit wird stets auch oft auf das Generationen-Verhältnis bezogen, wodurch bisweilen verzerrende Deutungsmuster zur Erklärung sozialer Ungleichheiten nahegelegt werden. Dies soll im Folgenden näher betrachtet werden. Häufig wird in einflussreichen Medien die benachteiligte soziale Lebenslage junger Menschen ins Verhältnis zum Wohlstand älterer Mitbürger/innen gesetzt. Die dabei erfolgende Gegenüberstellung von Alt und Jung lässt sich als äußerst relevantes Deutungsmuster zur Erklärung sozialer Ungleichheiten wahrnehmen.

3.3 Generationen-Diskurse über Krisen-Konsequenzen: zwischen Solidarpotenzialen und Spaltungsprozessen

Im Umgang mit sozialer Ungleichheit und (Kinder-)Armut lassen sich in Politik und Wissenschaft sowie medialer Berichterstattung immer wieder Formen homogenisierender Generationenkontrastierung beobachten. Das heißt, die Angehörigen der jeweiligen Generationen werden so dargestellt, als wären sie je nach Altersgruppe alle gleich: gleich arm, gleich reich usw. Und dann wird so getan, als stünden sie sich zwangsläufig und mit grundsätzlich entgegengesetzten Interessen gegenüber. Solche die gesellschaftlichen Altersgruppen gegeneinander ausspielende Sichtweisen stehen einer gemeinwohl-orientierten solidarischen Herangehensweise diametral entgegen. Der bald noch stärker werdende Streit darüber, wer vor allem die zweifellos hohen Kosten der Corona-Krise und der vielen weiteren Krisen tragen soll, lässt sich auch partikularinteressengeleitet generationenrhetorisch instrumentalisieren. Das folgende Kapitel erklärt, wie und warum das funktioniert, aber auch, was dem als Alternative entgegengesetzt werden kann. Es wird gezeigt, dass Generationensolidarität (das gegenseitige Helfen und Miteinander von Alt und Jung) sowohl als gelebte Kinderrechte-Umsetzung als auch als gerechte Altersversorgung keinen grundsätzlichen Antagonismus darstellen. Vielmehr sind sie komplementär zu betrachten und sogar nur gemeinsam realisierbar.

3.3.1 Geschichte als Geschichte von Generationenkämpfen (zwischen den Altersklassen)?

Beobachtet man Diskurse in vielen großen bürgerlichen Print- und TV-Medien der letzten Monate und Jahre, so sind Kämpfe und „Kriege der Generationen“ scheinbar eine ausgemachte Sache, und jeglicher Zweifel daran erscheint zwecklos. Schon lange vor der Corona-Pandemie sprachen nicht nur Boulevard-Blätter etwa von der Ausbeutung und Unterdrückung der Jungen durch die Alten. Wirtschaftsliberale Ökonomen sahen in Deutschland die „Diktatur der Rentner“ (Straubhaar 2014) aufscheinen, und die einen Journalist(inn)en sprachen von der „Rentnerrepublik Deutschland“ (Menkens 2017), während die anderen behaupteten, die große Koalition habe mit ihrem Konzept der sog. Grundrente „den Generationenkrieg an(ge)heizt“ (Sauga 2019). Mit der Corona-Krise und dem Lockdown haben sich diese Diskurse nicht in Luft aufgelöst. Zu Beginn der Einschränkungen sah es zwar fast so aus, als wäre eine neue generationensolidarische Stimmung des Helfens für Alte und verletzbare Menschen auch öffentlichkeitswirksam verbreitet. Nach den Schockbildern aus Norditalien und aus New York City waren die Entscheidungen zur Schließung aller Kinder-, Jugend- und Senioreneinrichtungen zunächst mit großem Verständnis aufgenommen worden. Als dann immer mehr Bereiche des privatwirtschaftlichen und öffentlichen Lebens für Erwachsene geöffnet wurden, aber die Kinder weiterhin gleichsam eingeschlossen blieben und die Besuchsmöglichkeiten zwischen Verwandten in Alten- und Pflegeheimen sowie Krankenhäusern weiterhin – auch mangels Personal und Material – ausblieben, wurden die Bedenken größer (vgl. Frankfurter Rundschau v. 19./20.9.2020).

Der eingetretene gesellschaftliche Rückschritt in vielerlei Hinsicht ist kaum mehr zu übersehen. Nach den bisherigen internationalen und nationalen Berichten und Untersuchungen lässt sich feststellen, dass z. B. Kinder im Allgemeinen ganz besonders unter den Einschränkungen durch Kontaktsperren, Bildungsexklusionen sowie Spiel- und Sportplatzverbote zu leiden haben bzw. hatten (vgl. Klundt 2022, S. 179ff.). Sie wurden überwiegend zu Hause eingesperrt und konnten ihre Freundinnen und Freunde sowie Verwandte plötzlich nicht mehr treffen. Außerdem waren ihnen alle Bildungs-, Betreuungs-, und Betätigungs-Einrichtungen versperrt, sodass sie auch ihre Sorgen beispielsweise nicht mehr Fachkräften mitteilen konnten. Die Tatsache, dass sie dabei überhaupt nicht gefragt und weitgehend instrumentell behandelt wurden, gestaltet(e) ihre eingeschlossene und prekäre Situation noch schwieriger. Dennoch macht es einen Unterschied, ob die Kinder wohlhabender Eltern mit großen Häusern, Gärten und anderen Kompensationsleistungen ausgestattet sind oder Kinder in einer zu kleinen Großstadtwohnung mit viel zu wenig Bewegungsraum, reduzierten Versorgungsmöglichkeiten, enormen existenziellen Sorgen und mangelhafter Hardwareausstattung zurechtkommen müssen. Kurz gesagt: Durch Corona und die Maßnahmen dagegen konnten die Privilegierten ihren Vorsprung z. B. an Partizipation und Bildungschancen in der Regel weiter ausbauen. Sie blieben während und nach der Corona-Krise bevorteilt und werden noch privilegierter; die Benachteiligten dagegen bleiben durch Bildungsexklusion und „Homeschooling" überwiegend weiterhin unterprivilegiert und werden – auch mangels finanzieller Mittel, z. B. für Hardware, Schreibtisch, ein eigenes Zimmer, Nachhilfe – noch stärker benachteiligt (vgl. Bertelsmann-Stiftung 2020, S. 1 ff.; Klundt 2020, S. 5 ff.).

Gleichwohl waren und sind während der Corona-Krise auch gesellschaftliche Solidarpotenziale und anti-neoliberale Tendenzen zu erkennen. Wenn es um verschiedenste Hilfsaktionen für bedürftige Mitmenschen ging, waren stets auch Kinder, Jugendliche und junge Erwachsene beteiligt. Auch haben einige Menschen zur Kenntnis genommen, wer in unserer Gesellschaft wirklich wichtige Arbeit ausübt – unter meist äußerst schäbigen Bedingungen (vgl. Lindhoff 2020), welche Politiker/innen noch kurz vor der Krise Krankenhäuser privatisieren und schließen wollten sowie überhaupt Sozialausgaben kürzen wollten – wie angesichts der medienwirksamen Inszenierung der sog. Krisen-Manager vergessen werden könnte. So sagte z. B. der ehemalige Bundesgesundheitsminister Jens Spahn noch als damaliger Staatssekretär im Finanzministerium des Jahres 2017, dass doch der Sozialetat ruhig zugunsten von Militär und Rüstung zurückstehen könnte: „Etwas weniger die Sozialleistungen erhöhen in dem einen oder anderen Jahr – und mal etwas mehr auf Verteidigungsausgaben schauen", forderte der CDU-Spitzenpolitiker in einem BILD-Interview (Jens Spahn, in: Bild v. 21.2.2017). Tafeln und Hartz IV seien sowieso keine Hinweise auf Armut, denn damit habe „jeder das, was er zum Leben braucht".

Will man die den Generationen-Debatten in der Corona-Krise zugrunde liegenden Ursachen im Gesundheitssystem verstehen, so müssen noch weitere Hintergründe beleuchtet werden. Als 2019 die Schließung der Hälfte aller Krankenhäuser von einer Bertelsmann-Studie gefordert wurde, sagte der Gesundheitsexperte der SPD, Karl Lauterbach, dazu: „Wir haben schlicht zu viele Krankenhäuser" (Main Post v. 16.6.2019). „Ende Februar (2020) noch hatte Gesundheitsminister Jens Spahn mehr Mut bei Krankenhausschließungen empfohlen" (Die Zeit v. 7.4.2020). Die auch von Spahn und von Lauterbach unterstützten Fallpauschalen und der Marktwettbewerb im Gesundheitssystem bzw. im kapitalistischen Krankheits-Geschäft haben ihren Preis. Seit 1991 wurden in der BRD über 500 Krankenhäuser geschlossen. Während der Pandemie 2020 machten über 20 Krankenhäuser dicht. Weitere 600 Krankenhäuser sind insolvenzgefährdet. Über 50.000 Beschäftigte fehlen in der Pflege – alles mitverantwortet von der Gesundheitspolitik der Bundesregierung und des Gesundheitsministers (vgl. Rast 2021, S. 1). Deren Konsequenzen lassen sich auch im Feld der Kinder- und Jugendkliniken zeigen „Seit vor mehr als 25 Jahren die Fallvergütung eingeführt worden ist, mussten bundesweit rund ein Viertel aller Kinderkliniken und Kinderabteilungen aufgegeben werden, 40 Prozent der kinderklinischen Betten wurden abgebaut. Zeitaufwand und Zuwendung, eine Selbstverständlichkeit besonders in der Kindermedizin, kennt das Fallpauschalensystem nicht. Es kennt, wie der Name schon sagt, nur den Fall", schreibt der ehemalige Chirurg der Klinik in Frankfurt-Höchst, Bernd Hontschik (Hontschik 2021, S. 47). Von diesen gesundheitspolitischen Grundlagen las und hörte und sah man in den letzten Jahren leider so gut wie nichts in den großen meinungsbildenden Medien.

Derweil ist zu befürchten, dass die Starken noch stärker werden und sich autoritär-ressentimentgeladene Tendenzen entwickeln, wonach von den Krisenfolgen besonders Betroffene Sündenböcke für ihren (drohenden) gesellschaftlichen Abstieg suchen (vgl. Heitmeyer 2020). Auch das kann einen Rechtsruck und damit anti-solidarische Rückschritte bewirken, die das Aufwachsen von Kindern und Jugendlichen nicht unerheblich beeinträchtigen könnten, da sozialdarwinistische Deutungs- und Handlungsmuster überhandnähmen.[9] Beobachten lassen sich bereits Phänomene geschlechtlicher Re-Traditionalisierung in verschiedensten Ländern (vgl. Höland 2020 sowie Charrel 2020) sowie Mechanismen der Re-Privatisierung gesellschaftlicher und familiärer Aufgaben.

9 Sozialdarwinismus ist eine sich Ende des 19. Jahrhunderts verbreitende und vermeintlich auf Darwin und Evolutionsbiologie beziehende Ungleichheits-Ideologie im Zeitalter des Imperialismus. Danach setze sich im kapitalistischen Konkurrenzkampf „von Natur aus" der „Stärkere" durch und der „Schwächere" bleibe „zu Recht" auf der Strecke bzw. habe es „von Natur aus" auch gar nicht besser „verdient". In seiner extremsten Form zur NS-Zeit 1933 bis 1945 wurde der Sozialdarwinismus auch als Rechtfertigung dafür herangezogen, „schwache", kranke, behinderte, arme, obdachlose Menschen als „Minderwertige" auszusondern, zu misshandeln, mit medizinischen Menschenversuchen zu quälen und zu ermorden. In Verbindung mit Rassismus, Nationalismus und Antisemitismus diente er auch zur Legitimation der deutschen, „arischen Herrenrasse", viele Millionen Menschen jüdischer, slawischer oder ziganischer Herkunft und unterschiedliche Völker zu überfallen, zu diskriminieren, zu versklaven, zu deportieren und zu vernichten, da sie vermeintlich „minderwertige Rassen" oder „lebensunwertes Leben" für die faschistische Ideologie darstellten.

Entscheidend werden die Kräfteverhältnisse zwischen gemeinwohlorientierten Solidarinteressen und gewinnorientierten Partikularinteressen während und nach der Krise sein. Bitter ist es dennoch bereits jetzt zu beobachten, wie seit Jahren die Kinderrechte und die Kinderrechtskonvention der Vereinten Nationen von politischer Seite gefeiert wurden, aber zwischen Mitte März und Anfang Mai 2020 selbst die minimalsten kinderrechtlichen Grundlagen wie der Kindeswohlvorrang, das Diskriminierungsverbot, das Recht auf Entwicklung und Spiel sowie das Recht auf Beteiligung beinahe vollständig abgeräumt wurden, ohne die geringsten Versuche, Kinder, Jugendliche und Jugendverbände auch nur annähernd in Entscheidungsprozesse auf Bundes-, Landes- und kommunaler Ebene einzubinden. Selbst die banalsten Formen der Anhörung Jugendlicher, wie sie bei Spiel- und Sportplätzen, Bildungs-, Betreuungs- und anderen Jugendeinrichtungen mithelfen könnten, die Viren-Verbreitung zu bekämpfen und zugleich solidarische Potenziale in der Gesellschaft zu stärken, wurden überwiegend sträflich vernachlässigt. Alle Indizien weisen darauf hin, dass das auch nach dem Lockdown nicht ohne weiteres wieder hochgefahren wurde. Wie die allzu selektive Öffnung von Schulen, Kitas und Offener Jugendarbeit aufzeigte, liefen viele Maßnahmen auch weiterhin auf Aussperrung und Entrechtung vieler Millionen Kinder hinaus, was ebenfalls als Rückschritt im Verhältnis zur ganz und gar nicht beschönigenswerten Vor-Corona-Zeit betrachtet werden muss. Zumal sich viele kinderrechtliche Versprechen der letzten drei Jahrzehnte innerhalb kürzester Zeit als offensichtlich gehaltlos entpuppt hatten. So zeigt sich doch der Wert von Rechten gerade dann, wenn es darauf ankommt, z. B. in einer Krise. Oder symbolisch gesagt: Ein schönes Dach nutzt nur, wenn es auch bei Regen dicht ist und nicht nur bei Sonnenschein. So ist das offenbar auch mit den Kinderrechten. Dazu reicht es nicht, Kinderrechte bloß als Rechte auf (sicherlich begründeten) Schutz vor der Pandemie zu reduzieren, da ihre instrumentelle und vollständig beteiligungsfreie Behandlung während der Corona-Krise vielmehr monatelang darauf hinauslief, Kinderrechte buchstäblich als Schutz *vor* Kindern (allein als Viren-Verbreiter) zu begreifen. Oder, wie es die Leiterin der Monitoring Stelle zur UN-Kinderrechtskonvention beim Deutschen Institut für Menschenrechte, Claudia Kittel, in der Presseerklärung zum internationalen Kindertag 2020 formulierte: „Das Recht auf Gesundheit, gemäß der Vorgaben der UN-Kinderrechtskonvention, ist ein ganzheitliches Konzept. Es definiert Gesundheit nicht nur als Abwesenheit von Krankheit und schließt auch andere für Kinder relevante Aspekte mit ein. Dazu zählen unter anderem auch Spiel und Freizeit sowie Kontakte zu anderen Kindern. Dieser ganzheitliche Ansatz darf bei den aktuellen Diskussionen um den Schutz der Gesundheit von Kindern nicht übersehen werden" (Deutsches Institut für Menschenrechte 2020). Wenn jedoch selbst noch zum Weltspieltag am 28. Mai 2020 und zum Welt-Kindertag am 1. Juni 2020 die meisten öffentlichen Spiel-Einrichtungen für Kinder geschlossen blieben, während Biergärten, Baumärkte und Bundesliga bereits wochenlang (für Erwachsene) geöffnet waren, stimmt etwas nicht. Ob sich also die regierungsamtliche Kinderrechte-Politik der letzten dreißig Jahre somit nur als Symbolpolitik erwiesen hat und was angesichts dessen z. B. der (2021 gescheiterte) Gesetzentwurf der Bundesjustizministerin für die Einführung von Kinderrechten ins Grundgesetz und das 2021 beschlossene Kinder- und Jugendstärkungsgesetz (KJSG) zur Reform des Kinder- und Jugendhilfegesetzes im SGB VIII (noch) wert sind, lässt sich schwerlich abschätzen.

3.3.2 Zwischen „Corona-Strebern“ und „Corona-Partys“

Zugleich hatte sich inzwischen doch nach einigen Wochen und spätestens nach zwei Monaten der Frust über die Corona-Maßnahmen immer stärker auch politisch und medial ausgebreitet. In der Frankfurter Allgemeinen Sonntagszeitung (FAS) vom 18. Mai 2020 outete sich die Autorin Livia Gerster unter dem Titel „Generation Y: Wir Corona-Streber“. Sie prognostizierte: „Über die Maßnahmen in der Krise bahnt sich ein neuer Generationenkonflikt an: zwischen braven, Abstand haltenden Jungen und ihren widerspenstigen, spaßsüchtigen Eltern“ (FAS v. 18.5.2020). Demgegenüber mehrten sich Berichte über Zusammenkünfte junger Leute (meist ohne Masken) im öffentlichen Raum.

Forderten die einen „Sperrt die Alten weg!“ (vgl. kritisch gegenüber „Altersrassismus“: Dehm/Petry 2020), antworteten die anderen: „Lasst die Kinder zuhause!“ (da sie „die“ Viren-Verbreiter seien). Wieder andere (auch Alte) verlangten gar: „Sperrt uns ein!“ (vgl. taz v. 10.4.2020). Auf empirisch sehr schwacher Basis hielt sich in den meisten Medien und in der Politik lange das Dogma, dass Kinder schlechterdings „die Viren-Verbreiter“ seien und Corona es mindestens nötig mache, alle über 13 Millionen Kinder und Jugendlichen von jeglichen Bildungs-, Betreuungs- und Betätigungseinrichtungen fernzuhalten, was dann ja auch so durchgeführt wurde (und jegliche öffentlich zugängliche Schaukel in jeglichem Hinterhof jeglicher Stadt Deutschlands wurde abgesperrt und die Grünfläche des Hinterhofs bzw. vieler Parks damit zugleich verkleinert für die gesamte städtische Bevölkerung ohne Privatgärten). Zugleich waren oder wurden Bandarbeit, Busse, Baumärkte, Biergärten und Bundesliga (v. a. für Erwachsene) offen gehalten bzw. schneller wieder geöffnet als beispielsweise alle Einrichtungen offener Jugendarbeit. Unterdessen schlichen sich in die Corona-Diskurse auch immer wieder generationenpolitische Positionen, welche beim Beklagen der Situation z. B. junger Menschen alte Menschen als Verursacher darstellten oder bei der Kritik an den dramatischen Bedingungen für alte Menschen in Pflegeeinrichtungen die vergnügungssüchtigen jungen Leute als Verursacher der riskanten Lage als Kontrastfolie vorschlugen (FAZ.net 2020; Deussing 2020).

Zwar zeigte auch die SINUS-Studie vom 23. Juli 2020 mit Jugendlichen, dass eine große Mehrheit von ihnen während der gesamten Corona-Zeit ziemlich verantwortungsvoll, hilfsbereit und solidarisch mit (älteren) Risiko-Gruppen umging und eingestellt war (vgl. Frankfurter Rundschau v. 24.7.2020). Doch Feindbilder von massenhaften Corona-Partys feiernden Jugendlichen und jungen Erwachsenen und von Masken verweigernden, unbelehrbaren Alten machten zeitweise mediale Quote. In den gleichen Medien finden sich auch schon mal genauso undifferenziert „die Jungen“ oder „die Alten“ als die alleinigen Opfer der Krise. Doch diese Darstellungen verdecken die realen sozio-ökonomischen Widersprüche, Herrschaftsverhältnisse und Macht-Ungleichheiten innerhalb der Generationen vor, während und nach der Corona-Krise. Dabei waren differenzierte Weltbilder jenseits instrumentalisierter Generationenverhältnisse und inszenierter Generationenkriege auch in Corona-Zeiten offenbar selten zu haben. Für die einen sind nur die „Kinder“ als weggesperrte „Viren-schleudern“ und ihre Familien die Haupt-Krisenopfer, für die anderen sind nur die „Alten“ als Eingesperrte und angebliche Einsperr-Verursacher-Sündenböcke (weil „Risiko-Gruppen“) die größten Leidtragenden der Corona-Krise. Zwischen sog. Altersdiskriminierung und Kinderechtsverletzungen bestehen jedoch marktradikale und/oder sozialdarwinistische Zusammenhänge, die erst einmal untersucht und durchschaut werden müssen.

3.3.3 Generationenkämpfer/innen für Sozialstaats-Abbau

Wie selbstverständlich wurde überall in Medien und Politik nach den großen Konjunkturpaketen des Sommers 2020 in Deutschland und in der EU von den „Schulden auf Kosten künftiger Generationen“ geredet (vgl. Tagesschau.de v. 4.6.2020 und Süddeutsche.de v. 4.6.2020). Dies geschah ebenfalls nach den verschiedenen Konjunkturpaketen des Jahres 2021 und nach den diversen Entlastungspaketen des Jahres 2022. In den gleichen Beiträgen wurde hingegen oft genauso bedenkenlos verschwiegen, welche leistungslosen Vermögens-Summen in der gleichen Zeit an einen Teil der jungen Generationen wohl zukünftig vererbt werden, sodass sich diese zumindest teilen in hauptsächlich steuerzahlende Schuldner/innen und überwiegend vermögende, Zinsen und Dividenden beziehende Gläubiger/innen. Kaum einer die „Schulden-These“ vertretenden Journalist(inn)en, Politiker/innen und Wissenschaftler/innen fragte zudem, welche „Kosten“ zukünftige Generationen denn zu ertragen hätten, ohne schnellstmögliche Investitions- und Konjunkturpakete gegen die Weltwirtschaftskrise. Wie viele Ausbildungs- und Arbeitsplätze stünden dann zukünftigen Generationen noch zur Verfügung?

Für die medialen Generationenkrieger war und ist auch mit der pandemiegetriebenen Kapitalismus-Entwicklung der „Generationenkonflikt in der Corona-Krise“ unübersehbar, wie der Tagesspiegel am 26. April 2020 schrieb (Weidenfeld 2020). Und im Südwestdeutschen Rundfunk (SWR) befürchtete man: „Die Corona-Krise kann den Generationenkonflikt verstärken“ (SWR 2 Forum v. 23.4.2020). Schnell war in der Zeitung Die Welt vom 23. Mai 2020 klar, dass „die“ Senioren zu den Krisen-Profiteuren gehören, während alle anderen darunter nur zu leiden hätten (vgl. Siems 2020a). Dem widerspricht zumindest eine Antwort der Bundesregierung auf eine parlamentarische Anfrage der Bundestagsfraktion Die Linke, wonach über die Hälfte aller gesetzlichen Renten unterhalb von 1.000 Euro liegen. „Danach liegt mehr als jede zweite gesetzliche Rente (56,2 Prozent) unter 1000 Euro. Fast ein Viertel (23,8 Prozent) der Rentner – das sind fast fünf Millionen Menschen – bekommt laut den Angaben der Regierung sogar weniger als 500 Euro aus der gesetzlichen Versicherung“ (Szent-Ivanyi 2020, S. 17). Eine homogene Klasse von „Krisen-Profiteuren“ sähe doch etwas anders aus.

Nichts desto trotz forderte auch der Experte für finanzmarktgetriebene Altersversorgung und Sozialstaats-Privatisierung, Bert Rürup, sofort, den Alten müsse genommen werden, damit es den Jungen besser gehen könne. Ganz nach dem neoliberalen Motto der letzten zwei Jahrzehnte, wonach die Jungen arm seien, weil die Alten reich seien und man deshalb

– selbstverständlich im Namen der jungen Generationen – die Renten kürzen, privatisieren und das Renteneintrittsalter anheben müsse, argumentierte der Lobbyist der Privatversicherungsindustrie gegen eine Lebensstandardsicherung, welche die Rentenentwicklung an die Lohnentwicklung koppelt: „Rentner müssen an den wirtschaftlichen Kosten der Coronakrise beteiligt werden" (Rürup 2020). Auch hier ist wieder selbstredend klar, dass alle Rentner/innen gleich sind, gleich reich, gleich privilegiert und gleich profitierend von der Krise. Wie immer im polemischen Generationendiskurs wird hier von einer klassenlosen Gesellschaft ausgegangen, sobald Menschen das Renteneintrittsalter erreicht haben.

Unterdessen befördern für die Journalistin Dorothea Siems die Corona-Krise und die damit verbundenen Maßnahmen den Kampf „Jung gegen Alt". In der Zeitung Die Welt vom 23. Mai 2020 stellt sie „die Alten" als „die" Profiteure der Krise dar. „Rentner sind die Gewinner – für den Rest bleibt nur große Ungerechtigkeit". Mehrere Effekte seien verantwortlich dafür, dass sich die Corona-Krise „tendenziell zugunsten der Rentner und zu Lasten der jüngeren Generationen" auswirke. Hätte die Verfasserin beim Thema Altersversorgung und Generationenverhältnis nicht nur an Rentner, sondern auch an Rentnerinnen gedacht, wäre ihr wahrscheinlich aufgefallen, dass diese Gruppe sozial wesentlich heterogener aussieht, als ihr homogenisiertes Bild vom privilegierten Pensionär suggeriert. Davon unbekümmert setzt sie fort: „Die Ruheständler sind zwar voll am Aufschwung, aber überhaupt nicht mehr am Abschwung beteiligt. Dafür müssen die Jüngeren in den kommenden Jahrzehnten neben den Lasten der Demografie nun auch noch die Corona-bedingten neuen Schulden schultern. Schon bald drohen in Deutschland heftige Verteilungskonflikte" (Siems 2020). Somit wurden gleich mal wieder Kämpfe und Konflikte zwischen den Generationen heraufbeschworen. „Während die Löhne sinken, bleiben die Renten per Gesetz stabil. Mehr noch: Wenn die Gehälter nach der Krise wieder anziehen, profitieren die Älteren umso mehr. Der Jugend blühen hohe Schulden – und im schlimmsten Szenario italienische Verhältnisse. Die größten Einbußen infolge der Krise werden auf lange Sicht aber die heutigen Kinder und Jugendlichen verkraften müssen. Die monatelangen Schulschließungen und das weiterhin stark eingeschränkte Bildungsangebot reduzieren nach neuen Berechnungen ihr künftiges Arbeitseinkommen deutlich – und zwar ein Leben lang" (ebd.).

Wer „krisengerechte Kinder, statt kindgerechtem Krisenmanagement" in den Zeiten des Lockdowns bemängelt(e) und die fehlende Partizipation sowie unbeachtete Armutsfolgen kritisiert (vgl. Klundt 2020, S. 5ff.), muss damit allerdings noch lange nicht die Gefahren der Pandemie leugnen oder den – z. T. auch nicht freiwillig weggesperrten – Seniorinnen und Senioren bzw. ihren Renten die Schuld an geschlossenen Bildungs-, Sport- und Betätigungseinrichtungen geben. In einer beeindruckenden, selbstironischen Einlage im NDR-Fernsehen vom 18. Juli 2020 sagte der Kabarettist Florian Schroeder: „Am Ende werden wir sagen: Ein leichter Husten namens Corona hat den Dritten Weltkrieg ausgelöst, weil ein paar alte Leute und ihr Unwillen zum rechtzeitigen Ableben wichtiger waren als die Zukunft unserer Kinder, die das Geld für unsere Konjunkturpakete zurückzahlen müssen" (Schroeder 2020). Er teilt diese Ansicht nicht unbedingt, sondern versucht, sein Publikum mit dieser Position kritisch und selbstkritisch zu konfrontieren. Dessen ungeachtet drückt sich in dieser Aussage doch eine beeindruckende und offensichtlich gar nicht so unpopuläre Perspektive auf das Generationenverhältnis während der Corona-Krise aus. Denn auch der Tübinger Bürgermeister Boris Palmer (Grüne) äußerte sich bereits ähnlich im Sat1-Frühstücksfernsehen: „Ich sage es Ihnen mal ganz brutal: Wir retten in Deutschland möglicherweise Menschen, die in einem halben Jahr sowieso tot wären – aufgrund ihres Alters und ihrer Vorerkrankungen" (zit. nach: Tagesspiegel v. 28.4.2020). Den in solchen Aussagen offenbar vorherrschenden sozialdarwinistischen Klischeebildern von „Kranken", „Alten" und „lebenswerten" bzw. „sterbenswerten" Menschen und der Frage, wer sie wie und mit welchem Recht als solche bezeichnet und behandelt, müsste durch eine tiefgründige Diskursanalyse in einer eigenen Studie genauer nachgegangen werden, was aus Platzmangel hier jedoch nur angedeutet werden kann.

Im Namen einer gerechteren Verteilung der Folgen des demografischen Wandels zwischen Alten und Jungen fordert abermals Dorothea Siems in einem Beitrag der Zeitung Die Welt vom 14. August 2020: „Die einzige Lösung für diesen Sozialstaat lautet – alle müssen länger arbeiten." Die Autorin referiert darin zustimmend den Abschlussbericht einer Kommission der Bundesvereinigung Deutscher Arbeitgeberverbände (BDA) für den Umbau des Sozialstaates (unter Redaktion von Prof. Dr. Martin Werding, Professor für Sozialpolitik und Öffentliche Finanzen, Ruhr-Universität Bochum, Geschäftsstelle der BDA-Kommission „Zukunft der Sozialversicherungen: Beitragsbelastung dauerhaft begrenzen"). Demnach sollen zur Deckelung der Sozialbeiträge (gemeint: der unternehmerischen Lohn(neben)kosten, denn die Lohnabhängigen sollen diese Kosten am besten privat tragen) verschiedene Leistungen des Sozialstaates eingeschränkt und privatisiert werden – alternativlos, versteht sich (vgl. BDA-Kommission 2020, S. VIIIff./89ff.).

So seien eine „Koppelung der Altersgrenze an die steigende Lebenserwartung, die Einführung einer Pflicht zur kapitalgedeckten Zusatzvorsorge oder ein strikteres Versorgungsmanagement im Gesundheitswesen" notwendig (Siems 2020a). Das bereits auf 67 Jahre angehobene Renteneintrittsalter solle nach den Forderungen der BDA-Experten nochmal ab 2040 auf 68 Jahre, 2050 dann auf 69 und bis 2060 schließlich auf 70 Jahre angehoben werden. Die „entsprechenden Abschläge [sollten] erhöht und die ‚Rente mit 63' abgeschafft werden" (ebd.). Außerdem solle der „von der GroKo mit der Rentenreform 2018 außer Kraft gesetzte Nachhaltigkeitsfaktor [...] wieder eingeführt und zudem verschärft" werden (ebd.). Zusätzlich solle „auch bei der Pflege ein sogenannter Nachhaltigkeitsfaktor eingeführt" und „die Rahmenbedingungen für ergänzende Vorsorge verbessert" werden.

Das beabsichtigte erhöhte Renteneintrittsalter, die Verpflichtung zur Privatversicherung für Rente, Gesundheit und Pflege sowie die mit „strikteres Gesundheitsmanagement", höhere Renten-„Abschläge", Pflege-„Nachhaltigkeitsfaktor" sprachlich verschleierten, verschiedenen Einschränkungen der Sozialversicherungsleistungen sind somit aus BDA-Sicht notwendige Maßnahmen zur vorgeblich generationengerechten Finanzierung des Sozialstaates.

„Auf diese Weise würden die finanziellen Folgen der Demografie gerechter zwischen Jungen und Alten verteilt", referiert Dorothea Siems (2020a). Wie jedoch die Jüngeren gerade in der Corona-Krise mehr Arbeitsplätze finden sollen, wenn die Alten länger arbeiten, wird nicht erörtert. Überhaupt fragen sich weder die BDA-Kommission noch die Welt-Journalistin, welche Konsequenzen „strikteres Versorgungsmanagement" im Gesundheitswesen, schärfere Renten-Abschläge und geringere Pflegeleistungen bei gleichzeitiger Verpflichtung zu jeweiligen privaten Zusatzversicherungen für die alten und jungen Betroffenen haben (ähnlich: Focus.de 2020a). Denn hierbei geht es in Wirklichkeit um den Entzug der Lebensgrundlagen für Millionen von Menschen. Dass darüber hinaus staatliche Verpflichtungen zu sog. ergänzender Vorsorge einer milliardenschweren Subventionierung privater Versicherungskonzerne auf Kosten der abhängig Beschäftigten, Versicherten und Steuerzahlenden gleichkommt, ist schwerlich zu übersehen. Da es sich bei diesen Forderungen angeblich um „die einzige", also alternativlose „Lösung" für den Sozialstaat handelt, erübrigen sich scheinbar anderweitige Überlegungen zur Frage (generationen-)solidarischer Alternativen.

3.3.4 Generationensolidarische Antworten sind möglich und nötig

Bereits dem Rentenpaket von 2019 zur geringfügigen Stabilisierung des bis dahin sinkenden Rentenniveaus wurde die Privilegierung der Alten gegenüber den vorgeblich benachteiligten Jungen unterstellt. Wenn von da an bis 2025 das bislang gesunkene Rentenniveau erst mal nicht noch weiter sinkt, ist das nur ein Tropfen auf dem heißen Stein. Ein langfristig wirksames Mittel zur armutsfesten und paritätisch finanzierten Lebensstandardsicherung sieht anders aus. Und trotz geringer Verbesserungen z. B. in der Erwerbsminderungsrente, werden offensichtlich ostdeutsche Rentnerinnen bei der sog. Mütterrente selbst nach fast drei Jahrzehnten Beitritt immer noch benachteiligt. Eine wirksame Vermeidung von Altersarmut war damit selbstverständlich noch nicht erreicht, aber eben auch keine grundsätzliche Ausbeutung der Jungen durch die Alten, da auch die Jungen ein Interesse an zukünftig Lebensstandard-sichernden Renten haben müssen.

Es ist schon bemerkenswert, dass zwar in dieser Gesellschaft inzwischen über Kinderarmut und Altersarmut gesprochen wird, aber die Armut von Jugendlichen und jungen Erwachsenen regelmäßig keine Erwähnung findet. Dies ist umso erstaunlicher, als das größte Armutsrisiko in der deutschen Gesellschaft die Altersgruppe der 18- bis 25-Jährigen trägt. Deshalb jedoch zu mutmaßen, dass zu viel über Altersarmut und zu wenig über Jugendarmut gesprochen wird, scheint übertrieben. Schließlich wird insgesamt zu wenig über die Armut von Kindern, von Jugendlichen und von Alten gesprochen. Lieber werden Erfolgsmeldungen verbreitet, dass es den Kindern, den Jugendlichen und den Alten im Durchschnitt so gut gehe wie nie zuvor. Doch beim Durchschnitt vergisst man oft die enorme Ungleichheit z. B. innerhalb der jeweiligen Generation. Und obwohl in der Gesellschaft lauthals über Fachkräftemangel und fehlenden Nachwuchs gejammert wird (zumal seit der Corona-Krise), verharren viele junge Menschen im Niedriglohnsektor, in Leiharbeit, Befristung und ungewollter Teilzeit. Dieser Skandal straft viele Fachkräftemangel-Rufer der unlauteren Motive. Denn gäbe es tatsächlich einen dermaßen hohen Fachkräftemangel, hätten die betroffenen Betriebe mangelhaft ausgebildet. Und in der Konsequenz müssten eigentlich Löhne und sonstige Ausbildungs- und Arbeitsbedingungen schleunigst angehoben bzw. verbessert werden. Da aber mit Befristungen, Niedriglohnsektor, Leiharbeit und ungewollter Teilzeit genau das Gegenteil feststellbar ist, darf vermutet werden, dass ein Großteil der Fachkräftemangel-Rufer eigentlich Niedriglöhner-Mangel beklagen. Die prekären Arbeitsbedingungen für junge Beschäftigte sind allerdings seit den Agenda 2010-Reformen für praktisch alle Altersgruppen spürbar und keineswegs ein Merkmal von Gegenerationen*un*gerechtigkeit.

Auch der immer wieder zu hörende und zu lesende Vorstoß, Kinderlose doch stärker als Eltern bei den Rentenbeiträgen zu belasten, hilft den Familien nicht wirklich. Viel wichtiger wäre es, alle Erwerbstätigen in die gesetzliche Rentenversicherung zu integrieren – also auch Selbstständige, Beamtinnen und Beamte, Politiker/innen, Minister/innen usw. – und diese nach allen Einkommen paritätisch zu finanzieren. Die Vorstellung, es ginge Familien besser, wenn den Kinderlosen mehr genommen würde, ist hingegen genauso irrtümlich wie der Gedanke, den Kindern ginge es besser, wenn die Renten gekürzt und privatisiert würden oder das Renteneintrittsalter weiter erhöht werden würde. Die letzten zwanzig Jahre beweisen dies eindrücklich. Die Widersprüche liegen zwischen Arm und Reich und nicht zwischen Alt und Jung oder zwischen Eltern und Kinderlosen.

Deshalb wäre eine armutsfeste Lebensstandardsicherung im Alter, die solidarisch in der gesetzlichen Rentenversicherung finanziert wird, und nicht die private Versicherungsindustrie subventioniert, ein wesentlich vielversprechenderer Weg. Dies widerspräche auch nicht einer effektiven Bekämpfung von Kinder- und Jugendarmut sowie höheren Bildungsinvestitionen. Das genaue Gegenteil ist der Fall, wie die letzten zwei Jahrzehnte zeigen. Allerdings müsste dann auch über höhere Löhne und bessere Arbeitsbedingungen für alle Altersgruppen gesprochen und gestritten werden. Hartz IV und die besonders scharfen Sanktionen gegen unter 25-Jährige haben zu einem riesigen Niedriglohnsektor, prekären Arbeitsverhältnissen und zu verbreiteter Jugendarmut beigetragen. Deshalb müssen sie wirklich überwunden werden und dürfen nicht nur geringfügig korrigiert werden und ansonsten nur einen neuen Namen erhalten (z.B. „Bürgergeld"). Alt und Jung sollten sich hingegen nicht gegeneinander ausspielen lassen. In einer der reichsten und produktivsten Gesellschaften der Erde ist am Ende Generationensolidarität für alle sinnvoller als Generationenkämpfe oder -kriege – vor, während und nach der Corona-Krise.

Maßnahmen gegen Armut

Als Maßnahmen gegen Armut sind **erstens schnellstmögliche Kompensationen der entgangenen kostenlosen Mittagessen für die Millionen Kinder im Berechtigtenkreis des**

sog. Bildungs- und Teilhabepaketes notwendig. Demgegenüber erwiesen sich die Lieferservice-Ideen der Bundesregierung als weitgehend unrealistisch, unpraktisch und überbürokratisch (vgl. Klundt 2020, S. 7). Genauso schnelle und unbürokratische Corona-Zusatzhilfen v. a. für arme und armutsgefährdete Familien sowie ein sog. Corona-Elterngeld wären auch dringend notwendig gewesen (vgl. ebd.). Dass sich die Bundesregierung hierfür monatelang nicht bewegen ließ, ist angesichts der ansonsten mobilisierten Milliarden Euro für große Konzerne äußerst skandalös. Insofern war der von der früheren Koalition Anfang Juni 2020 in ihrem ersten Konjunkturpaket beschlossene und nicht auf Hartz IV angerechnete, einmalige Kinderbonus von 300 Euro zumindest ein Schritt in die richtige Richtung. Jedoch wurde er – wie einige seiner Nachfolger – (für alle Familien gleich) nicht zielgenau vergeben, denn die einen waren nicht wirklich auf ihn angewiesen, und für die anderen reichte er angesichts der gestiegenen Lebenshaltungskosten vorne und hinten nicht aus, um damit die kindbezogenen Kriseneinbußen auch nur annähernd auszugleichen. Auch Jugendhilfe, Kitas und Schulen kamen im ersten Konjunktur-Programm des Bundeskabinetts leider viel „zu kurz", wie C. Katharina Spieß vom DIW über den „Schaden einer ganzen Generation" schrieb (siehe Frankfurter Rundschau v. 6./7.6.2020).

Zweitens wären es zumindest schon mal Schritte in die richtige Richtung, die **Partizipation von jungen Menschen und Kinderrechte wieder ernst zu nehmen.** Viele Kinder und Jugendliche haben sich während der Corona-Krise ungefragt solidarisch für ihre Verwandten und andere Mitmenschen engagiert. Das medial vermittelte alleinige Image von verantwortungslosen Jugendlichen auf sog. Corona-Partys ist eine von Ressentiments geleitete Verleumdung der Jugendlichen und eine Verzerrung der Realität. Anerkennung und gleichberechtigte Ansprache, wie die Verhältnisse innerhalb und außerhalb von Kitas, Schulen und anderen (häufig ignorierten) Bildungseinrichtungen (z. B. der offenen Jugend- und Jugendverbandsarbeit) pandemiegemäß gestaltet werden sollten, wären wichtig.

Drittens gehören hierzu selbstverständlich die sozialen **Strukturen insbesondere der wohnortnahen Kinder- und Jugendhilfe und vor allem der präventiven und partizipativen offenen Kinder- und Jugendarbeit und Jugendverbandsarbeit.**

Man könnte das gleichsam einen neuen (generationen-)solidarischen Gesellschaftsvertrag nennen, der obendrein die jugendlichen „Vorleistungen" und „Vertrauensvorschüsse" während der Einschließungen berücksichtigt (vgl. Allmendinger 2020). Ebenfalls aus diesem Grund wäre ein sog. Kindergipfel im Bundeskanzleramt auch weiterhin nicht nur symbolisch von wertschätzender Bedeutung, sofern Kinder, Jugendliche, Kinderrechtsorganisationen und Jugendverbände daran auch beteiligt werden. Davon abgesehen sind selbstverständlich zudem unmittelbare Aktionen der Solidarität enorm wichtig, während auf der Makro-Ebene politisch deutlich werden müsste, dass besonders Wohlhabende und die Krisen-Profiteure in allen Generationen vor allem zur Finanzierung der Krisen-Folgen herangezogen werden und nicht zuerst die Krisen-Opfer, wie es sich in manchen wirtschaftsnahen Spar-Diskursen bereits andeutet. So zeichnet sich ab, dass die Haushalte sowohl im Bund wie auch in Ländern und Kommunen unter enormen Einnahmeausfällen leiden und damit generell weniger Haushaltsmittel zur Verfügung stehen (so beabsichtigte das Konjunkturpaket der Bundesregierung keine Übernahme kommunaler Altschulden; vgl. Frankfurter Rundschau v. 6./7.6.2020). Damit geraten auch die kommunalen Angebote unter Druck, auf die Kinder und Jugendliche besonders angewiesen sind. Einschnitte in diese Angebotsstruktur müssen unterbunden werden. Im Bereich des Sozialen und der öffentlichen Infrastruktur darf somit nicht gespart bzw. gekürzt werden – im Interesse von Alt und Jung.

3.3.5 Zwischen-Fazit

Das Generationen-Thema und die Diskurse um (angeblich fehlende) Generationengerechtigkeit haben mit den Diskussionen über die Corona-Pandemie(-Maßnahmen) und ihre Folgen neue Fahrt aufgenommen. Dabei geht es in Wirklichkeit gar nicht so sehr um die angeblichen Alternativen auskömmlicher Alterssicherung oder ausreichender Finanzierung des Bildungs- und Jugendbereichs. Schaut man etwas genauer hin, entpuppen sich die generationen-kontrastierenden Darstellungen häufig als Verschleierung partikularistisch-privatisierender Absichten in der Sozialversicherung wie im Kinder- und Jugendbereich. Genauso wenig sind Schulden (als sinnvolle Investitionen) und Renten (als berechtigte Lebensstandardsicherung) schuld an fehlender sozialer Infrastruktur in der offenen Jugendarbeit. Doch das ist für den Durchschnitt der medialen Produktionen schlicht zu kompliziert, also verbleiben viele von ihnen in ihren homogenisierenden Feindbildern. Statt jedoch eine gerechte Altersversorgung als auch gelebte Kinderrechte-Umsetzung als grundsätzlichen Antagonismus darzustellen, kann bewiesen werden, dass beide (Kinderrechte wie Altenrechte) im Zeichen von Generationensolidarität gemeinsam realisierbar sind.

3.4 Dogmen pandemiegemäßer Alternativlosigkeit auf dem Prüfstand

Viele Politiker/innen, Journalist/innen und Wissenschaftler/innen vermittelten in den letzten fast zwei Jahren häufig den Eindruck, eine Alternative zu den Corona-Maßnahmen der Bundesregierung würde schlicht bedeuten, dass man viele Corona-Tote zu verantworten hätte (also buchstäblich über Leichen ginge, wenn man das Narrativ und die Praxis der Exekutive infrage stelle). Demnach, so einige Vertreter/innen der jeweiligen Professionen, gäbe es gar keine (menschenwürdigen) Alternativen zum Regierungs-Kurs, weshalb sie sich dann auch überwiegend nicht damit beschäftigten. Entgegen vieler öffentlicher Darstellungen formulierte ausgerechnet der Berliner Virologe Christian Drosten jedoch, auf den sich ansonsten die meisten Vertreter/innen der Regierungs-Narrative berufen, bezüglich der Situation im Winter 2021 ziemlich deutliche Widerworte zum hegemonialen Narrativ und zum vorherrschenden Alternativlosigkeits-Dogma: „Es gibt im Moment ein Narrativ, das ich für vollkommen falsch halte: die Pandemie der Ungeimpften. Wir haben keine Pandemie der Ungeimpften, wir haben eine Pandemie." Im Interview mit Giovanni di Lorenzo und Andreas Sentker in der ZEIT vom 11. November 2021 sagte Drosten zum ersten Lockdown im Frühjahr 2020 und den Verantwortlichen dafür: „Wir, also die eingebundenen Wissenschaftler, haben gar nicht gesagt, die Schulen müssen geschlossen werden. Andere Behauptungen sind falsch. (…) Das muss die Diskussionsdynamik dieser Ministerpräsidentenkonferenz gewesen sein, nachdem wir den Raum verlassen hatten. Wer das vorangetrieben hat, weiß ich nicht. Ich war nicht dabei. Ich kann nur deutlich sagen: Das war ein rein politischer Beschluss, das ist nicht von der Wissenschaft so empfohlen worden" (ebd., S. 34).

Zum zweiten Lockdown bzw. zum Lockdown gegen die sog. zweite Welle Ende 2020 meint der Virologe: „Die Schulschließungen haben die zweite Welle gestoppt. Die Schulen waren das Zünglein an der Waage." Hier wäre das französische Gegenbeispiel ein interessantes Diskussionsthema, denn im Unterschied zur BRD waren in Frankreich mit anderer Prioritätensetzung im Winter 2020/2021 die Bildungseinrichtungen (ähnlich wie in der Schweiz) weitgehend offen, ohne ein größeres Infektionsgeschehen aufzuweisen als in Deutschland (vgl. Klundt 2022, S. 105f.). Aber auf die Frage der ZEIT-Journalisten, ob es auch da Alternativen gegeben habe, antwortet Drosten erstaunlicherweise: „Man hätte auch sagen können, die Schulen bleiben offen, aber wir setzen richtig harte Homeoffice-Kriterien im Dienstleistungsbereich durch. Wir nehmen die Wirtschaft in die Pflicht, nicht die Schulen" (ebd.). Schließlich beantwortet er die Frage, ob er eine „Abwägung zwischen dem Infektionsrisiko und den Schäden von Kindern im Lockdown" für legitim hält, mit einem klaren: „Natürlich" (ebd.). Daraufhin versetzt er zwar, warum Ersteres für ihn gravierender sei, doch die Legitimität einer Abwägung stellt er – im Unterschied zu vielen politischen, publizistischen und wissenschaftlichen Repräsentant(inn)en – nicht infrage. Seine Argumentation darf demnach sogar so verstanden werden, dass es bedenkenswerte Alternativen zur Vorgehensweise der Bundesregierung und der Landesregierungen gab und gibt. Und so kann seine virologische Expertise auch zum Teil sozial(arbeits)wissenschaftlicher und kinderpolitikwissenschaftlicher Analysen werden.

3.5 Fazit: Vergessene Kinder?

Die Wahrnehmung und Interpretation äußerst problematischer politischer Pandemie-Vorgehensweisen gegenüber Kindern scheint sich in Diskursen politischer, medialer und wissenschaftlicher Öffentlichkeit Schritt für Schritt zu verbreiten. Die sich darin zum Teil ausdrückenden Widersprüche in der Argumentation können an vielen Stellen nachgewiesen werden. So schreibt etwa Peter Hanack in einem Leitartikel der Frankfurter Rundschau vom 6. Januar 2022: „Schulen bilden die Grundlage für das Funktionieren unserer Gesellschaft.

Sie müssen deshalb offen bleiben" (Hanack 2022, S. 11). Allerdings lässt er unerwähnt, dass es sich beim (übrigens auch außerschulischen) Recht auf Bildung um ein Kinderrecht und ein Menschenrecht handelt – unabhängig von der Funktionsfrage. Zwar bemerkt er, dass erneute „flächendeckende Schulschließungen (...) ein Verbrechen an der jungen Generation (wären) und (...) unsere Gesellschaft als Ganzes, ihre demokratischen Grundlagen ebenso wie den gesellschaftlichen Wohlstand und Zusammenhalt (gefährden)", doch die notwendigen Hinweise auf Partizipationsrechte von Kindern und Jugendlichen sowie Beteiligungsrechte von Schülerinnen und Schülern bleibt er weitgehend schuldig. Es hat sich aber inzwischen herumgesprochen: „Kinder und Jugendliche haben unter der Corona-Pandemie besonders gelitten", so ein weiterer Artikel in der Frankfurter Rundschau vom Januar 2022. „Sei das nun aufgrund geschlossener Kitas oder Schulen, der Einschränkungen in der Jugendarbeit, im Sport, bei nahezu allen Freizeitaktivitäten. Studien belegen eine Zunahme der psychosozialen Probleme und von Bewegungsarmut bei gleichzeitigem Anstieg der digitalen Kommunikation. Stress, Einsamkeit und Zukunftsangst sind einige der Folgen. Schon ist von der ‚ausgebremsten' Generation die Rede" (Frankfurter Rundschau v. 6.1.2022, S. F3). Meistens wird dabei nicht zwischen der Pandemie selbst und den Maßnahmen dagegen differenziert, wie es selbst der Virologe Drosten nahelegt. Der Journalist Tobias Peter notiert wiederum in einem Kommentar zur Lage der Kinderrechte in Deutschland: „Es sagt etwas über den Charakter eines Landes aus, wie es mit den Kindern umgeht. Nach zwei Jahren Corona zeigt sich: In Deutschland werden bei wichtigen politischen Entscheidungen die Interessen von Kindern und Jugendlichen oft höchstens am Rande bedacht – wenn überhaupt" (Peter 2022, S. 27).

Der individualisierende Ansatz der Wahrnehmung und Verarbeitung gesellschaftlicher Probleme lässt sich auch z.B. an Aussagen der früheren Bundeskanzlerin Angela Merkel veranschaulichen. So berichtete die Hannoversche „Neue Presse" vom 27. Mai 2021: „Sie lasse sich nicht anhängen, dass sie Kinder quäle, soll eine gereizte Angela Merkel in einer der endlosen Länderchefrunden gemurrt haben. Und scherzte in einem Gespräch mit 14 Elternteilen: ‚Eigentlich müsste ich zu jedem von Ihnen nach Hause kommen und mich drei Stunden um Ihre Kinder kümmern, damit Sie auch mal Sport machen können oder Zeit für etwas anderes haben'" (Neue Presse v. 27.5.2021). In ihrem Missverständnis der Lage und der Probleme von vielen Millionen Kindern und Familien wird ihr gar nicht klar, dass es weder darum geht, ihr persönliche Kinderquäl-Gelüste zu unterstellen noch sie als Haushaltshilfe oder Babysitterin einzustellen. Kaum eine Familie würde darauf wirklich Wert legen. Vielmehr geht es doch um die allgemeine politische Priorisierung und bundesgesetzlich vorgeschriebene Kindeswohlvorrang-Prüfung bei allen politischen Entscheidungen, welche (mindestens) seit Mitte März 2020 ziemlich in den Hintergrund getreten ist. Da reicht es dann auch nicht, nach über einem Jahr in Online-Konferenzen Interesse an Kindern, Jugendlichen, jungen Erwachsenen, Eltern, Armutsbetroffenen, „Tafel"-Verantwortlichen usw. zu bekunden und dann bei den notwendigen Konsequenzen und Maßnahmen höchstens zu kleckern, statt zu klotzen (man vergleiche nur die seit 2020 enorm gestiegenen Lebenshaltungskosten besonders für Einkommensschwache mit der lächerlichen Hartz-IV-Erhöhung um 3 Euro im Juni 2021). Auch hier gilt die alte Fußball-Weisheit: Entscheidend ist auf dem Platz.

Wenn im Jahre 2020 staatlich geförderte Großunternehmen zehntausende von Beschäftigten in von der Solidargemeinschaft mitfinanzierte Kurzarbeit schickten, aber zugleich Milliarden an Dividenden an ihre Großaktionäre de facto von den Steuer- bzw. Beitragszahler(inne)n finanzieren ließen, deutet sich ebenfalls ein neoliberal strukturiertes Muster der Privatisierung von Gewinnen und Sozialisierung von Verlusten an (vgl. Jaspert 2021, S. 2).

Wenn dann bis zum 22. März 2021 zwar alle Bildungseinrichtungen zum mindestens zweimaligen Testen pro Woche gebracht werden können, aber bis dahin weder eine ebensolche Testpflicht für die Unternehmen in der Privatwirtschaft noch eine Verpflichtung zum möglichen Homeoffice besteht, lässt sich die gleiche Tendenz erkennen. Wo Tests und selbst leicht mögliches Homeoffice nur per „Selbstverpflichtung“ erbettelt werden, zeigt auch das eine klare neoliberale Orientierung, wonach der Eingriff in bürgerlich-kapitalistische Eigentumsverfügung ein Tabu darstellt, dem gegenüber Infektionsschutz in einer Pandemie vergleichsweise nachrangig zu sein scheint (vgl. HR-Inforadio v. 22.3.2021).

Wenn dann noch trotz öffentlicher Finanzierung der Grundlagenforschung von privat-gewerblichen Impfstoff-Herstellern durch Haftungsbefreiung und Patentblockaden die Gesundheit und das Leben von Milliarden von (armen) Menschen auf der Erde hinter die Gewinninteressen der Pharmakonzerne zurücktreten, wird auch hierdurch einmal mehr deutlich, was kapital-konforme Corona-Bekämpfung bedeutet (vgl. Hontschik 2022, S. 48).

Die Hauptkritik an vorherrschenden einflussreichen Diskursen und an der Bundesregierung aus kindheitswissenschaftlicher Sicht sollte jedoch vor allem auf die verwertungsorientierte Verobjektivierung der Kinder zielen, welche subjektive Bedürfnisse von Kindern und Jugendlichen – auch jenseits von Kita und Schule – nicht erfragt und somit unberücksichtigt lässt, insbesondere diejenigen Interessen der sozial benachteiligten und vulnerablen Kinder. Ferner ist das Versäumnis einer bundesgesetzlich verpflichtenden vorrangigen Kindeswohlprüfung zu bemängeln, die Verweigerung von Kinderrechten wie Partizipation, Bildung und Gesundheit sowie die Verstärkung von Armutsrisiken ohne Kompensation. Erstaunlicherweise gestehen inzwischen selbst viele Regierungsdokumente diese Minimal-Schlussfolgerungen mindestens indirekt selbst ein.

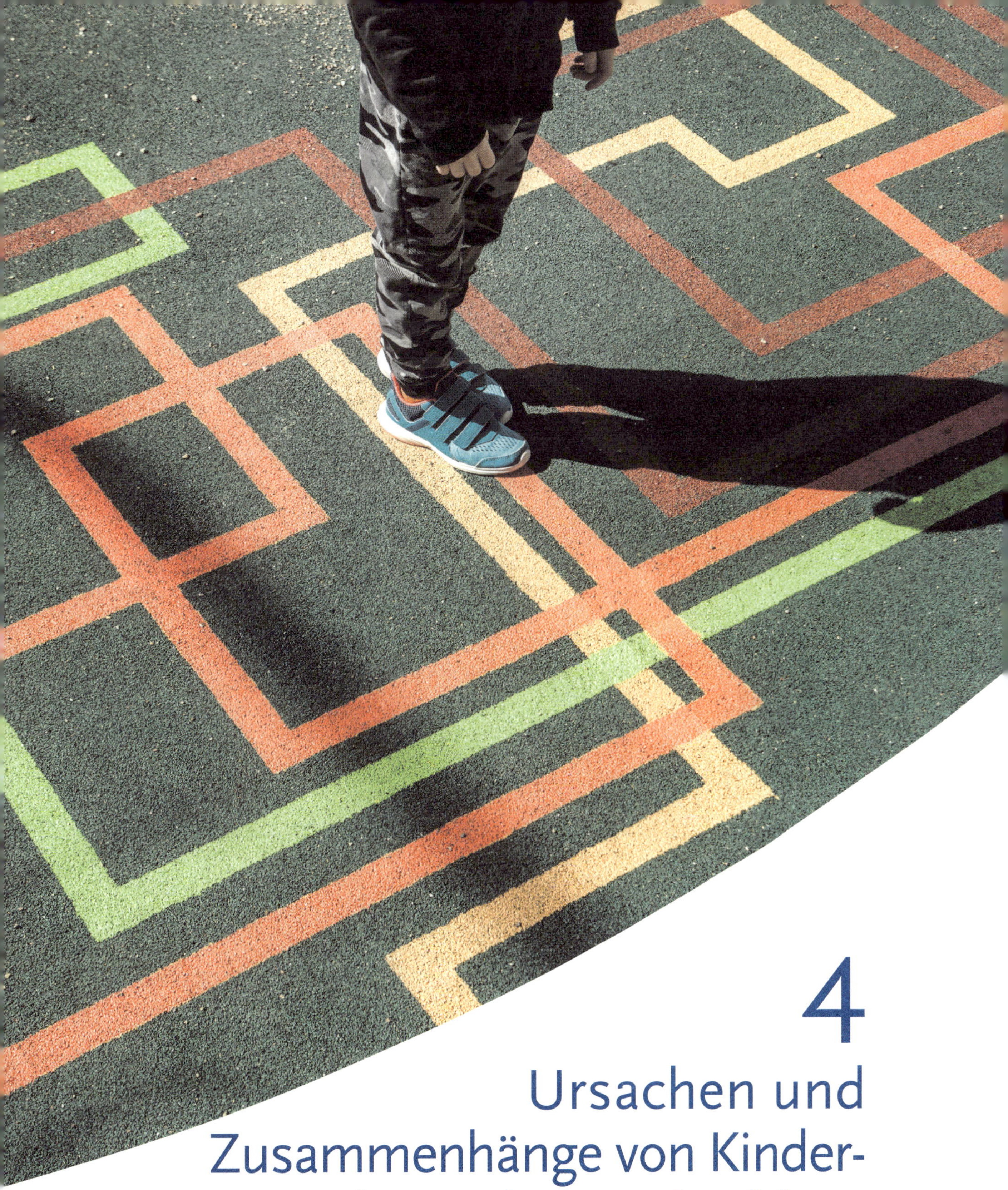

4

Ursachen und Zusammenhänge von Kinderarmut und sozialer Ungleichheit

Nach der Analyse des Umfangs und der Erscheinungsformen, der Folgen und Auswirkungen sowie nach Betrachtung einiger relevanter Debatten und Diskurse zur kinderrelevanten Armut und Ungleichheit geht es nun um die Erforschung der Hintergründe sozialer Polarisierung. Sie kann zur Erklärung der verfestigten Kinderarmut beitragen und stellt zudem die Voraussetzung für eine gründliche Bestimmung wirksamer Alternativen und Gegenmaßnahmen dar.

4.1 Zwischen Anlässen und Ursachen

Ausgehend davon, dass junge Menschen, die dauerhafte Armutslagen erleben und SGB-II-Leistungen beziehen, seltener in einem Verein aktiv oder an organisierten Freizeitaktivitäten beteiligt sind als besser gestellte Gleichaltrige, sehen Annette Stein und Jörg Dräger (2018) von der Bertelsmann-Stiftung die Gefahr, dass sich diese jungen Menschen auch als Erwachsene aufgrund ihrer Perspektivlosigkeit von der Gesellschaft abkoppeln – mit weitreichenden Folgen. „So hängt unter anderem auch die politische Beteiligung mit dem sozialen Status zusammen: je niedriger der sozioökonomische Hintergrund, desto geringer die Wahlbeteiligung. Gerade in Zeiten einer zunehmenden Polarisierung der Gesellschaft sollte dies ein Warnsignal sein“ (Tophoven u.a. 2018, S. 7). Es sei daran erinnert, dass die beklagte „zunehmende Polarisierung“ gerade von verschiedenen Veröffentlichungen der Bertelsmann-Stiftung seit Jahrzehnten mit einflussreichen Konzepten zur Privatisierung, Flexibilisierung, Deregulierung und Neoliberalisierung aller gesellschaftlicher Bereiche und besonders von Bildung und Sozialstaat maßgeblich mit vorangetrieben worden ist und wird (Klundt 2019, S. 154f.). Über Jahrzehnte hinweg forderten und beförderten Gutachten der Stiftung mehr Ungleichheit in allen gesellschaftlichen Bereichen, wohingegen nun demonstrativ sowie medienwirksam die Armuts- und Ungleichheitsfolgen (per Forschungsaufträge) beklagt werden. Das spricht selbstverständlich nicht gegen die honorigen Armuts-Studien und ihre Verfasser/innen der Gegenwart, sondern allerhöchstens gegen die jahrzehntelange Stiftungspolitik zuvor und deren Forderungen von Zuständen, die nun in den aktuellen Studien der Stiftung berechtigterweise als armutsbegünstigend kritisiert werden (vgl. Wernicke/Bultmann 2010).

In einer Bertelsmann-Studie aus dem Jahre 2016 werden insgesamt über 70 Kinderarmutsstudien für die zurückliegenden 15 Jahre gezählt. Die meisten davon ließen den Aspekt der gesellschaftspolitischen Zusammenhänge und Ursachen (weitgehend) außen vor (Laubstein/Holz/Seddig 2016, S. 24ff.). Eine andere, vom Institut für Arbeitsmarkt- und Berufsforschung (IAB) sowie der Bertelsmann-Stiftung geförderte Untersuchung aus dem Jahre 2016 betont z.B. folgende Kausalitäten: „Als häufige Ursachen der Armut von Kindern können das Aufwachsen bei nur einem Elternteil, eine geringe Arbeitsmarktintegration der erwerbsfähigen Haushaltsmitglieder, ein geringes Bildungsniveau der Eltern sowie ein Migrationshintergrund benannt werden (…). Besonders von Armut betroffen sind daneben auch

Familien mit vielen Kindern" (Tophoven/Wenzig/Lietzmann 2016, S. 18). In einer weiteren, über hundert Seiten langen IAB/Bertelsmann-Studie zu Kinderarmut von 2018 findet sich der Begriff „Ursache(n)" genau drei Mal. Einmal im Vorwort des Geldgebers, der Bertelsmann-Stiftung, das verspricht, dass Ursachen im Folgenden genannt werden (Tophoven u.a. 2018, S. 6). Ein zweites Mal im Text, wo eine andere Studie referiert wird, die Ursachen von Kinderarmut in Alleinerziehung und/oder Arbeitslosigkeit der Eltern zu finden meint (ebd., S. 32). Ein drittes Mal im Literaturverzeichnis, wo letztere Studie noch mal aufgeführt ist (ebd., S. 98).

Ähnlich äußert sich die Bundesregierung in ihrem „Fünften und Sechsten Staatenbericht der Bundesrepublik Deutschland" zur Umsetzung der UN-Kinderrechtskonvention von 2019. Am Beispiel Bayerns hebt sie etwa das dortige „Gesamtkonzept ‚CURA – Coaching von Familien zur Bekämpfung urbaner Arbeitslosigkeit'" besonders hervor, das „die Arbeitslosigkeit der Eltern als eine Ursache von Kinderarmut in den Blick" nehme (Bundesministerium für Familie, Senioren, Frauen und Jugend BMFSFJ 2019, S. 60). Andere Ursachen von Kinderarmut kennt der über 400 Seiten lange Report leider kaum.

Für den „Sozialbericht 2021" des Bundesarbeits- und Sozialministeriums liegen die „Gründe dafür, dass Kinder in Haushalten mit niedrigem Einkommen leben, (...) insbesondere in eingeschränkter Erwerbstätigkeit der Eltern" (BMAS 2021, S. 146). Zweifellos gibt es in Deutschland gegenwärtig für bestimmte Gruppen höhere Armutsrisiken. Aber Armutsanlässe wie Scheidung, Alleinerziehenden-Status, Migrationshintergrund oder Arbeitslosigkeit werden oft mit den zugrundeliegenden Ursachen im vorhandenen Wirtschafts- und Sozialsystem verwechselt. Denn eine sozial gerechte Familien- und Sozialpolitik und eine gute Bildungs-, Betreuungs- und Arbeitsmarktpolitik kann auch für Kinder von arbeitslosen, alleinerziehenden oder migrantischen Eltern ein armutsfreies Leben ermöglichen (manche skandinavische Sozialstaaten konnten bzw. können das z.B. für Kinder von Alleinerziehenden oder von erwerbslosen Eltern vorweisen (vgl. Bradshaw 2001, S. 151).

Aus Regierungssicht lässt sich der Kenntnisstand über Kinderarmut, wie gesagt, z.B. mit Hilfe des 5. Armuts- und Reichtumsbericht der Bundesregierung vom April 2017 folgendermaßen umreißen: „Von den insgesamt rund 12,9 Millionen Kindern unter 18 Jahren leben in Deutschland (...) je nach Datenquelle rund 1,9 bis 2,7 Millionen Kinder mit einem Armutsrisiko, weil die Haushalte, in denen sie leben, über weniger als 60 Prozent des Medians aller Nettoäquivalenzeinkommen verfügen. Auch die Armutsrisikoquote für Kinder stieg bis Mitte des vergangenen Jahrzehnts an und verblieb anschließend in etwa auf diesem Niveau" (BMAS 2017, S. 252).

Das ist erklärungsbedürftig: Eine insgesamt gute Wirtschaftsentwicklung im Jahre 2015 (mit einem preisbereinigten Bruttoinlandsproduktzuwachs von 1,7 Prozent, ähnlich dem der meisten der letzten zehn Jahre) schlug sich nicht in einem Abbau der Armut nieder. Vielmehr musste, laut Paritätischem Armutsbericht 2017, „mit Blick auf die letzten 10 Jahre konstatiert werden, dass wirtschaftlicher Erfolg offensichtlich keinen Einfluss auf die Armutsentwicklung hat. Ganz im Gegenteil: gemessen an der Armutsquote geht der zunehmende gesamtgesellschaftliche Reichtum mit zunehmender Ungleichheit und der Abkopplung einer immer größeren Zahl von Menschen vom allgemeinen Wohlstand einher" (Parität 2017, S. 9).

Analysierte man in den letzten Jahren die Betrachtungen der Bundesregierung(en) und ihre Berichte, so wurde bislang im Kampf gegen Kinderarmut praktisch immer alles richtig und erfolgreich gemacht. Wenn dann die entsprechenden Kinderarmutsquoten nicht sinken, müsste das eigentlich zum Nachdenken anregen. Leider ist das nicht der Fall. Erstaunlicherweise werden selbst kritische Evaluationen familienbezogener Leistungen (wie die des Zentrums für Europäische Wirtschaftsforschung/ZEW und der Heinrich-Böll-Stiftung) beinahe wie Erfolgsberichte vorgestellt (s. BMAS 2017, S. 267ff.). Fehlentwicklungen, Probleme oder gar Fehler existieren so gut wie nicht. So heißt es dort etwa, dass die von der Bundesregierung in Auftrag gegebene Gesamtevaluation der ehe- und familienbezogenen Leistungen ergeben habe, dass „die Familienleistungen Eltern darin unterstützen, die Kosten zu tragen, die ihnen durch Kinder entstehen und so einen Ausgleich gegenüber Kinderlosen bewirken; die Familienleistungen vielen Familien ermöglichen, unabhängig von den Grundsicherungsleistungen nach dem SGB II zu leben (die Familienleistungen fungieren als der Grundsicherung vorgelagerte Leistungen); Leistungen mit einem großen Empfängerkreis und hohen Zahlbeträgen zwar große Wirkungen entfalten; zielgenaue, auf einen spezifischen Empfängerkreis ausgerichtete Leistungen im Verhältnis zu ihren Kosten aber sehr effizient wirken" (BMAS 2017, S. 267).

In ihrer Kurzexpertise im Auftrag der Heinrich-Böll-Stiftung kommen Holger Stichnoth und das Zentrum für Europäische Wirtschaftsforschung (ZEW) zu deutlich kritischeren Ergebnissen. Demnach dokumentiert ein Blick auf die einzelnen Familienleistungen, „dass sie Armut zwar reduzieren, insgesamt aber breit streuen. Es entfällt sogar ein leicht überproportionaler Anteil der Ausgaben bzw. Mindereinnahmen auf die oberen Einkommensbereiche. Während 13 % der Ausgaben an die reichsten 10 % der Haushalte gehen, erhalten die ärmsten 10 % lediglich 7 % der Ausgaben" (Stichnoth/ZEW 2016, S. 3).

So fasst Julia Friedrichs in einem Beitrag für Die Zeit v. 5.1.2017 kurz zusammen: „Es gibt über 150 Familienleistungen – Elterngeld, Kindergeld, Kita-Zuschuss –, und das Zentrum für Europäische Wirtschaftsforschung hat gerade erst berechnet, wie sich dieses Geld verteilt. Das Ergebnis war überraschend: 13 Prozent der Fördersumme landen bei den reichsten zehn Prozent der Familien, nur sieben Prozent bei den ärmsten zehn Prozent. Anders ausgedrückt: Ein armes Kind ist dem Staat monatlich im Schnitt 107 Euro wert, ein reiches aber 199 Euro" (Kinderarmut. Jedes 5. Kind ist arm, in: Die Zeit v. 5.1.2017).[10]

Die schichtspezifisch ungleiche Verteilung von Familienleistungen bestätigte auch ein Gutachten des Paritätischen Gesamtverbandes v. 4.1.2017 zum Entwurf des 5. Armuts- und Reichtumsberichts der Bundesregierung, welches zunächst betonte, wie auffallend es sei,

10 Da in der Statistik auch Haushalte ohne Kinder für die einzelnen Dezile mitgerechnet wurden, sind die von Friedrichs genannten absoluten Zahlen zwar richtig, müssen aber kindbezogen noch einmal überdacht werden (vgl. Stichnoth/ZEW 2016, S. 3/18).

„dass es in unserer Gesellschaft immer weniger Möglichkeiten gibt, unabhängig von Einkommen Verwirklichungschancen zu realisieren. Auch die Wirkungsweisen und Anrechnungslogiken vieler familienbezogener Leistungen tragen dazu bei." Hier sei Politik nicht nur gefordert, über Transferleistungen Einkommensarmut von Familien wirksam zu bekämpfen, sondern auch neue Ansätze und Ideen in der Bekämpfung von Einkommensarmut zu erproben und damit neue Handlungsspielräume zu eröffnen, so der Paritätische Gesamtverband (siehe Paritätischer Gesamtverband: Stellungnahme des Deutschen Paritätischen Wohlfahrtsverbandes – Gesamtverband e.V. zum Entwurf eines 5. Armuts- und Reichtumsberichts der Bundesregierung v. 4.1.2017, S. 23f.).

Schon eine Studie der Konrad Adenauer Stiftung aus dem Jahre 2008 sah Deutschland sogar „auf dem Weg in eine neue Art von Klassengesellschaft [...], wobei die Trennungslinie eben nicht nur über Einkommen und Vermögen, sondern auch über kulturelle Dimensionen wie etwa Bildungskapital und Bildungsaspirationen, aber auch Werte und Alltagsästhetik verläuft. Ebenso erweisen sich Ernährung, Gesundheit, Kleidung und Medienumgang als Abgrenzungsfaktoren. Der Zulauf zu privaten Schulen ebenso wie das Umzugsverhalten von Eltern der Bürgerlichen Mitte geben ein beredtes Zeugnis dieser Entwicklung" (Borchard u.a. 2008; S. 8). Die ungleiche Verteilung der Vermögen wird zukünftig durch den Generationenzusammenhang sogar noch weiter verschärft, da sich mit der Zunahme der Erbschaften und der Abnahme ihrer Besteuerung durch die Bundesregierung auch die sozialen Gegensätze vergrößern werden. Schließlich erben Personen aus höheren Bildungsschichten, die in der Regel schon selbst höhere soziale Positionen erreichen, höher als Personen mit niedrigerem Bildungsstand. Darüber hinaus heiraten wohlhabende Menschen in der Regel auch innerhalb der gleichen Schicht, sodass Reichtum noch einmal konzentrierter vorkommt (vgl. Esping-Andersen 2006, S. 59).

Woher also die seit Jahrzehnten gestiegene soziale Ungleichheit und (Kinder-)Armutsprozesse kommen, beschreibt der Politikwissenschaftler Wolfgang Merkel anhand des Aufstiegs marktradikaler Wirtschaftspolitik seit dem Ende der 1970er-Jahre. Er sieht die gestiegene Ungleichheit „als Krankheit der Demokratie" an. Was wie eine etwas verunglückte biologistische Demokratietheorie klingt, entpuppt sich jedoch als relativ klare Beschreibung des keineswegs schicksalhaften Triumphes marktradikaler Ordnungen: „Am Anfang war Margaret Thatcher. Dann folgte Ronald Reagan. Märkte wurden dereguliert, Steuern auf hohe Einkommen, Erbschaften, Vermögen und Unternehmensgewinne gesenkt. Die gesamtwirtschaftliche Lohnquote fiel, die Gewinnquote aus Unternehmens- und Kapitaleinkünften stieg. Die funktionelle Einkommensverteilung der reichen Volkswirtschaften hat sich damit verschoben. Kapitalbesitzer werden einseitig bevorteilt. Seit Beginn der 80er Jahre ist die Ungleichheit der Einkommen und Vermögen in der OECD-Welt gestiegen, gleichgültig welchen Indikator man verwendet. Der Anstieg der Ungleichheit war nicht die ‚natürliche' Folge von digitaler Revolution, Wissensökonomie und kühner schöpferischer Zerstörung. Er war vor allem eine Folge politischer Entscheidungen. Die Politik hatte der Steuerung der Märkte entsagt und schrieb die besondere Form der Marktermächtigung im sogenannten Washington Konsens von 1990 fest" (Merkel 2016, S. 14). Doch das musste auch in Deutschland von Politiker(inne)n, Wissenschaftler(inne)n und Medien vorbereitet, begleitet und durchgesetzt werden. Dass Wolfgang Merkel als Anhänger und vehementer Verteidiger etwa der „Agenda 2010" diesen Prozess wenigstens ideologisch mit zu verantworten hat, ist angesichts seiner darauf folgenden kritischen Betrachtungsweise – ähnlich der Bertelsmann-Stiftung (s.o.) – zumindest bemerkenswert.[11]

Manchmal wurde in den letzten Jahren von Regierungsvertreter(inne)n selbst geradezu hervorgehoben, wie einseitig man Familien- und Sozialpolitik gestalte und auch zukünftig zu betreiben gedenke. Im Streit um das Betreuungsgeld zwischen 2007 und 2015 etwa haben viele Betreuungsgeld-Vertreter/innen übersehen, dass von einem Wahlrecht in den gegenwärtigen Strukturen des bundesrepublikanischen Wohlfahrtsstaates mit seinem familienpolitischen und Steuer-System sowie fehlenden, hochwertigen Ganztags-Kita-Plätzen nicht die Rede sein kann. Stattdessen wirken, wie Margarete Schuler-Harms in einem Gutachten schreibt, „Ehegattensplitting, beitragsfreie Familienkrankenversicherung, die Abgabenprivilegierung der geringfügigen Beschäftigung und nicht zuletzt die in den Ländern gezahlten Erziehungsbeihilfen (…) innerhalb elterlicher Partnerschaften zugunsten einer an tradierten Rollenbildern orientierten Aufteilung von Familienführung und Erwerbsarbeit" (Schuler-Harms/Schildmann 2010, S. 23). Dies bestätigte auch die eigentlich für das Betreuungsgeld sprechende CSU-Politikerin Dorothee Bär und legitimierte nachgerade diese sozial-selektive Einseitigkeit: „Unter unionsgeführten Bundesregierungen wurden in der Vergangenheit viele familienpolitische Leistungen eingeführt, die vor allem die Familien unterstützt haben, in denen ein Elternteil seine Erwerbstätigkeit zugunsten der Kinder aufgegeben hat, und die Alleinverdienerfamilien auch heute noch unterstützen. Dazu gehören das Ehegattensplitting, das die Union vehement gegen die Pläne anderer Parteien verteidigt, die kostenfreie Mitversicherung in der Kranken- und Pflegeversicherung, die Anrechnung der Kindererziehungszeiten bei der Rente, die Höherbewertung bestimmter Zeiten der Kindererziehung und die Hinterbliebenenversorgung" (Bär 2010, S. 27). Damit gab die Politikerin zu, dass durch alle Steuerzahler/innen und gesetzlich Versicherten jährlich über 100 Milliarden Euro vorzugsweise an die Mitglieder sogenannter Alleinverdiener- und Hausfrauen-Ehen umverteilt werden, während die Angehörigen nicht-verheirateter Familien, Alleinerziehende[12] usw. zwar zur Finanzierung dieser Leistungen beitragen müssen, aber davon weniger bis gar nicht profitieren (z.B. Ehegattensplitting: über 21 Mrd.; Familien-Mitversicherung in der gesetzlichen Kranken-, Pflege- und Unfallversicherung GKV/GPV/GUV über den Hauptenährer: mehr als 27 Mrd.; Anrechnung der Kindererziehung für die gesetzliche Rentenversicherung (GRV): ca. 12 Mrd.; Witwer-/Witwen-Rente in der GRV: etwa 38 Mrd. (vgl. Bäcker u.a. 2007, S. 315f. sowie Die größten Flops der Familienpolitik, in: Spiegel.de v. 4.2.2013).

11 Vgl. seine Verteidigung der „Motive und Grundkonstanten der Agenda 2010" noch im Jahre 2010 in: Wolfgang Merkel: Falsche Pfade? Probleme sozialdemokratischer Reformpolitik, in: Neue Gesellschaft/Frankfurter Hefte 7-8/2010, S. 74.

12 Vgl. Lenze, Anne/Funcke, Antje (2016). Alleinerziehende unter Druck. Rechtliche Rahmenbedingungen, finanzielle Lage und Reformbedarf. Bertelsmann Stiftung: Gütersloh.

4.2 Regierungs-Maßnahmen als „Meilensteine“ oder „Mit-Verursacher“?

Indessen verwendete die Bundesregierung selbst in ihrer Stellungnahme zum 14. Kinder- und Jugendbericht von 2013 kein einziges Mal das Wort „Arm“ oder „Armut“. Stattdessen wies sie auf ihre großen familien- und sozialpolitischen Errungenschaften und Erfolge der zurückliegenden Jahre hin: Vor allem das Elterngeld wird als zentrale Maßnahme vorgestellt. Dazu muss man wissen, dass gering verdienende Eltern bis 2006 noch 24 Monate jeweils 300 Euro Erziehungsgeld erhielten. Seit der Einführung des Elterngeldes 2007 bekommen sie nur noch 12 bis 14 Monate 300 Euro. Mit dieser Kürzung konnte der Höchstbetrag für besserverdienende Eltern auf das Sechsfache bis zu 1.800 Euro angehoben werden. Nach dem Urteil des Bundesverfassungsgerichts vom Februar 2010 sollten bis zum Ende des Jahres die Regelsätze, insbesondere bei Kindern, bedarfsgerecht berechnet werden, wobei nicht nur physisches, sondern auch soziokulturelles Existenzminimum gewährleistet werden musste. Nach einigen Umwegen ist daraus u.a. das sog. Bildungs- und Teilhabepaket entstanden. Doch mitten in dieser Situation entschied die damalige Bundesregierung, dass eine arbeitslose Familie im ersten Lebensjahr ihres Kindes pro Monat 300 Euro weniger als bisher erhalten sollte. Denn seitdem wird das Elterngeld auf Hartz IV angerechnet (vgl. Koch 2017, S. 131f.).

Weitere „Meilensteine bei der zielgerichteten Weiterentwicklung von Familienleistungen waren“, laut Bundesregierung, „zudem die Erhöhung und Staffelung des Kindergeldes bereits ab dem dritten Kind im Jahr 2009, die Weiterentwicklung des Kinderzuschlags sowie die Einführung des Bildungs- und Teilhabepakets. Während die Anpassungen beim Kindergeld vor allem Mehrkindfamilien unterstützen, helfen der Kinderzuschlag und das Bildungspaket Familien im Niedrigeinkommensbereich. Rund ein Jahr nach der Einführung des Bildungs- und Teilhabepakets nutzen bereits knapp 80 Prozent der Kinderzuschlagsfamilien diese neue Leistung. Heute nehmen mehr Kinder regelmäßig an kostenpflichtigen Freizeitangeboten wie Sportvereinen oder Musikunterricht teil und nutzen häufiger Mittagessensangebote in ihrer Schule oder Betreuungseinrichtung“ (BMFSJ 2013, S. 6). Doch genau bei diesen Methoden ist die Wirksamkeit für erwerbslose und einkommensschwache Familien äußerst fragwürdig. Denn die Autor(inn)en des 14. Kinder- und Jugendberichts machen darauf aufmerksam, dass ihr Report „viele Indizien dafür zusammen (trage), dass öffentliche Angebote, Leistungen und Institutionen selbst zur Perpetuierung sozialer Ungleichheit beitragen (können)“ (ebd., S. 365). Dies kann dadurch geschehen, dass man die einschlägigen Leistungen wie Kindergeld oder Elterngeld einfach vollständig von Hartz IV abzieht oder indem ein Großteil der etwa 2,5 Millionen Kinder mit einem Rechtsanspruch auf das sog. Bildungs- und Teilhabepaket (BuT) aus bürokratischen und strukturellen Gründen nicht oder nicht ausreichend bzw. nicht bedarfsgerecht in dessen Genuss gelangt (vgl. Paritätischer Wohlfahrtsverband 2015, S. 33).[13]

13 Vgl. Sozialwissenschaftliches Institut der EKD (2016): Schulbedarfe, Bildungs- und Teilhabegerechtigkeit für Kinder und Jugendliche. Studie im Auftrag des Diakonischen Werks evangelischer Kirchen in Niedersachsen und der Evangelisch-lutherischen Landeskirche Hannover.

Denn selbst die regierungseigene Evaluation des Bildungs- und Teilhabepakets hatte gezeigt, dass Antragsaufwand und Kostenerstattung in einem unausgewogenen Verhältnis stehen, die Anspruchsberechtigung unklar und intransparent sei, das Antragstellen für Kinder und Eltern mit Stigmatisierungen und hohem Aufwand verbunden sei und die Maßnahmen mitunter zu wenig nachhaltig angelegt seien (z. B. bei der Lernförderung).[14] Doch davon unbeeindruckt behauptete die Bundesregierung im 5. Armuts- und Reichtumsbericht vom April 2017 einfach weiterhin, dass durch das Bildungs- und Teilhabepaket „das spezifische sozio-kulturelle Existenzminimum von hilfebedürftigen Kindern, Jugendlichen und jungen Erwachsenen in der Sozialhilfe und der Grundsicherung für Arbeitsuchende, für Familien mit Bezug von Kinderzuschlag oder Wohngeld und nach dem Asylbewerberleistungsgesetz gesichert" werde (BMAS 2017, S. XXII). Da trotz aller zwischenzeitlichen Reformgesetze (wie z.B. Starke-Familien-Gesetz von 2019) bis ins Jahr 2021 immer noch ein Großteil der leistungsberechtigten Kinder aus verschiedenen Gründen nicht in den adäquaten Genuss des Kinderzuschlags und der BuT-Leistungen gelangen, erscheint diese Darstellung unvollständig.

Es kann daher bis hierhin bereits festgehalten werden, dass die jahrelange Beschönigung kritikwürdiger Misserfolge und Ausblendung armutsverstärkender, statt -reduzierender Maßnahmen und Strukturen einen wichtigen Ursachen-Faktor für die fortwährende und sich verfestigende Entwicklung von Kinderarmut und Ungleichheit in Deutschland darstellen.

Was die selbstkritische Regierungs-Reflexion der Ineffektivität familien- und sozialpolitischer Maßnahmen betrifft, so hatte z.B. das sog. Starke-Familien-Gesetz (StaFamG) von 2019 zumindest mit den jahrelangen Beschönigungen und Leugnungen der weitgehenden Wirkungslosigkeit von Kinderzuschlag und Bildungs- und Teilhabepaket (BuT) für die Mehrheit der berechtigten Kinder, deren Existenzminimum davon betroffen ist, zumindest Schluss gemacht. Klar und deutlich heißt es zum Kinderzuschlag: „In seiner jetzigen Ausgestaltung greift der Kinderzuschlag (…) nur unzureichend" (19/7540, S. 1). Und weniger klar, aber durch die Blume immer noch deutlich, sagte der Gesetzentwurf zum BuT: „Die Evaluation des Bildungspakets hat gezeigt, dass die Inanspruchnahme der Leistungen durch eine Anpassung der Leistungsvoraussetzungen erleichtert werden kann" (19/7540, S. 20). Beide Leistungen wurden die meiste Zeit zu über 70 Prozent den berechtigten Kindern und Familien bis dahin (d.h. seit 2005 beim Kinderzuschlag und seit 2011 beim BuT) vorenthalten – aus welchen Gründen auch immer.

14 Vgl. BMAS (2016): Evaluation der bundesweiten Inanspruchnahme und Umsetzung der Leistungen für Bildung und Teilhabe, S. 33ff. http://www.bmas.de/SharedDocs/Downloads/DE/Thema-Arbeitsmarkt/but-zweiter-zwischenbericht.pdf?__blob=publicationFile

Auch durch den Starke-Familien-Gesetzentwurf schien sich indes für Familien und Kinder in SGB-II-Haushalten wenig bis nichts Vorteilhaftes zu entwickeln. Außerdem bedeuteten die verspäteten Veränderungen beim Kinderzuschlag offenbar nur sehr geringe Verbesserungen bei den real Kinderzuschlag-Beziehenden. Während immer noch viele Familien und Kinder in verdeckter Armut auch mit dem neuen Modell aus dem Kreis der formal Berechtigten ausschieden (vgl. Steffen 2019), rechnete der Gesetzentwurf selbst nur mit einem guten Drittel der Berechtigten (35 Prozent), die ihre Leistung auch tatsächlich erhalten würden (19/7504, S. 26). Wie stark die Unterhaltsproblematik und systematische Benachteiligung von Ein-Eltern-Familien (vor allem mit älteren Kindern) gelöst worden ist, erfordert eine eingehendere Analyse. Ebenso wurde auf eine alters- und entwicklungsspezifische Verbrauchs- und Bedarfsdifferenzierung beim Kinderzuschlag weiterhin verzichtet. Beim Bildungs- und Teilhabepaket ließen sich zudem scheinbar keine wirksamen Optimierungen für den nicht-schulischen Bildungs- und Teilhabebereich erkennen. So manche als „Meilensteine" deklarierten Maßnahmen, wie Kindergeld, Elterngeld, Kinderzuschlag oder Bildungs- und Teilhabepaket entpuppen sich demnach oft eher als Mitverursacher von sozialer Benachteiligung.

Besorgniserregend war diesbezüglich ein Bericht von Tagesschau.de am 26. Mai 2021 über Recherchen des ARD-Magazins Monitor zur Auswertung einer aktuellen Statistik der Bundesagentur für Arbeit hinsichtlich des Bildungs- und Teilhabepakets (BuT): „Viele Förderleistungen aus dem sogenannten BuT kommen trotz Rechtsanspruch bei der Mehrheit der Kinder und Jugendlichen aus einkommensschwachen Familien nicht an. So erhielten von rund zwei Millionen potentiell Leistungsberechtigten unter 15 Jahren im Corona-Jahr 2020 nur rund 55 Prozent Mittel aus dem Bildungs- und Teilhabepaket. Erstmals hat die Bundesagentur für Arbeit die Anzahl der Leistungsberechtigten und der BuT-Bewilligungen unter Hartz IV-Empfängern für ein gesamtes Jahr ausgewiesen. Demnach wurde im vergangenen Jahr (2020) nur bei 7,3 Prozent aller leistungsberechtigten Schülerinnen und Schüler ein eintägiger Schulausflug bezahlt. Lernförderung – also Nachhilfe – bekamen lediglich rund 11,1 Prozent – obwohl gerade sie für Kinder aus finanziell benachteiligten Familien besonders wichtig wäre. Leistungen zur Teilhabe am sozialen und kulturellen Leben – darunter fallen zum Beispiel Beiträge für den Sportverein oder die Musikschule – haben 14,7 Prozent aller bezugsberechtigten Schülerinnen und Schüler erhalten" (Kordes/Rumler/Seemann 2021). Es wird somit deutlich, dass und warum sich zumindest die bisherigen Maßnahmen als nicht ausreichend wirksam zur Verminderung und Vermeidung von Kinderarmut erwiesen haben.

4.3 Ungleichheits-Produktion unterbindet Armuts-Reduktion

Wer sich in den letzten zwei Jahrzehnten mit den Ursachen von (Kinder-)Armut auseinandergesetzt hat, kam früher oder später auf die zentralen familien-, arbeitsmarkt- und sozialpolitischen Reformprojekte unter dem Namen Agenda 2010 und „Moderne Dienstleistungen am Arbeitsmarkt IV“ bzw. Hartz IV zu sprechen. Deren gesellschaftspolitische Ziele waren eigentlich kein großes Geheimnis. Denn der damalige Bundeskanzler Gerhard Schröder forderte ja selbst schon 1999 freimütig: „Wir müssen einen Niedriglohnsektor schaffen, der die Menschen, die jetzt Transfer-Einkommen beziehen, wieder in Arbeit und Brot bringt“ (zit. nach Frankfurter Rundschau v. 25.7.2013). Und der Journalist Hans-Ulrich Jörges feierte als Kommentator für den „Stern“ Ziele und Inhalte von Hartz IV: „Kein Arbeitsloser kann künftig noch den Anspruch erheben, in seinem erlernten Beruf wieder Beschäftigung zu finden, er muss bewegt werden, den Job nach überschaubarer Frist zu wechseln – und weniger zu verdienen. Die Kürzung des Arbeitslosengeldes, die Absenkung der Arbeitslosenhilfe auf Sozialhilfeniveau verfolgen exakt diesen Zweck. Und: Sozialhilfeempfänger müssen unter Androhung der Verelendung zu Arbeit gezwungen werden“ (Jörges 2003). Diese Entrechtungs-Logik und Lohndumping-Dynamik entsprach somit neoliberaler Herrschaft durch Angst vor Verelendung. Sie war und ist demnach ein bewusst eingesetztes gesellschaftspolitisches Konzept. Wer sich also über die gravierende Kinderarmut aufregt, muss wissen, dass sie politisch befördert wurde. Eltern sollten durch zu niedrige Regelsätze nach SGB II für sich und ihre Kinder sowie durch verschärfte Sanktionen dazu gezwungen werden, jede Arbeit anzunehmen, auch wenn sie von diesem Gehalt sich und ihre Familie nicht einmal ernähren konnten. Kein Wunder, dass der Bundeskanzler daraufhin stolz das Ergebnis seiner „Agenda 2010“ auf dem Wirtschaftsforum von Davos 2005 kundtat: „Wir haben unseren Arbeitsmarkt liberalisiert. Wir haben einen der besten Niedriglohnsektoren aufgebaut, den es in Europa gibt“ (zit. nach Frankfurter Rundschau v. 8.2.2010).

Wie auch Stephan Kaufmann zutreffend schreibt, ist Ungleichheit somit nicht bloß ein dummer Zufall: Die Ungleichheit in Deutschland nehme zu und das Armutsrisiko auch. Die Berechnungen des Instituts DIW bestätigten einen Trend, der seit langem zu beobachten sei. Gleichzeitig widerlegten sie laut Kaufmann konservative Kreise, die Kritiker beschwichtigen würden mit dem Hinweis, die Ungleichheit nehme seit dem Jahr 2005 gar nicht mehr zu, sondern stagniere bloß auf hohem Niveau. Wachsende Ungleichheit und Armut – insbesondere seit dem Jahr 1999 – seien kein dummer Zufall, kein unglücklicher Trend, gegen den sich die Politik erfolglos stemmte. „Sie waren gewollt. Sozialkürzungen sollten die Staatskasse schonen. Mit Hartz IV sollte mehr Druck auf Arbeitslose ausgeübt werden. Mit der Flexibilisierung des Arbeitsmarktes sollte ein Niedriglohnsektor aufgebaut und das Lohnniveau auf wettbewerbsfähiges Niveau gedrückt werden. Das ist gelungen. Das Ergebnis präsentiert das DIW: War Armut früher vor allem ein Problem von Arbeitslosen, so erfahren sie mittlerweile auch immer mehr Erwerbstätige. Damit hätte sich der früher so beliebte Spruch ‚Sozial ist, was Arbeit schafft‘ auch erledigt.“ Kaufmann nennt auch die notwendigen Maßnahmen zur Armutsbekämpfung. „Besteuerung des Reichtums, insbesondere von Kapitalgewinnen und Erbschaften. Erhöhung des Mindestlohns, Zurückdrängen prekärer Beschäftigung, insbesondere der Mini-Jobs und ihrer steuerlichen Privilegien. Stärkung der Gewerkschaften in Sachen Allgemeinverbindlichkeit von Tarifverträgen. Und so weiter. Das ist keine Magie“ (Stephan Kaufmann, in: Berliner Zeitung v. 26.01.2017).

Am unteren Ende der gesellschaftlichen Skala lassen sich derweil Prozesse der Dualisierung entdecken, worauf Christoph Butterwegge besonders hinweist. Demnach wirkt der Globalisierungsprozess im Rahmen der Standortpolitik als soziales Scheidewasser, welches „die Bevölkerung der Bundesrepublik wie die anderer Länder in Gewinner/innen und Verlierer/innen, diese jedoch wiederum in Marginalisierte (Dauerarbeitslose, Deprivierte und Langzeitarme) einerseits sowie Geringverdiener/innen (prekär Beschäftigte, von Überschuldung Bedrohte und Kurzzeitarme) andererseits spaltet. Was man ‚Dualisierung der Armut‘ nennen kann, reproduziert die ‚klassische‘ Doppelstruktur sozialer Ungleichheit auf erweiterter Stufenleiter: Während die Dauerarbeitslosen den ‚sozialen Bodensatz‘ bilden, verkörpern die Niedriglohnempfänger/innen, oftmals Migrant(inn)en bzw. Angehörige ethnischer Minderheiten, gewissermaßen das Treibgut des Globalisierungsprozesses“ (Butterwegge 2002, S. 19). Deshalb muss ebenso die Bedeutung der Verräumlichung von Armut, d.h. die sozialräumliche Segregation, im Zusammenhang mit der Flexibilisierung und Deregulierung des Sozialstaates untersucht werden, weil nur so die spezifische „duale Armut“ und ihre Ursachenkomplexe deutlich werden können, welche Arbeitslosigkeit und Sozialhilfebezug auf der einen Seite und „working poor“ auf der anderen bedeuten.

Diese Entwicklung ist auch der an sich eher marktkonformen EU-Kommission nicht verborgen geblieben. Sie hat in ihrem Länderbericht von Februar 2017 zu Deutschland moniert, dass die ärmeren Schichten kaum vom Wirtschaftswachstum profitierten. So sei die „insgesamt günstige Wirtschafts- und Arbeitsmarktentwicklung der letzten Jahre (…) nicht in allen Teilen der Gesellschaft gleichermaßen angekommen“, wie die Kommissionsexperten betonen (EU-Kommission 2017, S. 4). Aufgrund der abgeschafften Vermögensteuer (1997), der Senkung des Spitzensteuersatzes für Einkommen von 53 auf 42 Prozent (2004) und der 2009 eingeführten Abgeltungsteuer, wodurch Kapitaleinkünfte pauschal mit 25 Prozent besteuert werden, haben die verschiedenen deutschen Bundesregierungen zu einer wachsenden sozialen Spaltung der Gesellschaft beigetragen. Auch „hinsichtlich der Angemessenheit der Renten und Pensionen ist künftig mit einer Verschlechterung der Lage zu rechnen“ (ebd., S. 38), prognostiziert die EU-Kommission und ergänzt, dass zudem bedarfsabhängige Leistungen „real und im Verhältnis zur Einkommensentwicklung gesunken sind“ (ebd., S. 7). So seien Unterstützungen, wie ALG II (Hartz IV), Wohngeld oder BAföG nicht einmal in dem Maße erhöht worden wie die Kaufkraftverluste durch die Preissteigerung. „Im Zeitraum 2008 bis 2014 hat die deutsche Politik in hohem Maße zur Vergrößerung der Armut beigetragen“, heißt es im Länder-Report 2017 der EU-Kommission (ebd., S. 7).

Wer darüber hinaus wissen will, warum trotz langjährig sprudelnder Einnahmen Bund, Länder und Gemeinden im Laufe der letzten Jahrzehnte bei steigendem privatem Reichtum immer stärker von öffentlicher Armut gekennzeichnet wurden, muss sich mit den neoliberalen Ökonomie-Konzepten von Herbert Giersch, dem früheren Direktor des Kieler Instituts für Weltwirtschaft, auseinandersetzen. Der Regierungsberater war auch Gründungsmitglied der „Fünf Wirtschaftsweisen" und forderte seit den 1990er-Jahren unentwegt eine marktgerechte Entmachtung des Staates, wie Der Spiegel berichtet: „Dringend (...) müsse der Staat an Macht verlieren. Dagegen sei Widerstand zu erwarten. Zu lösen sei das Problem, indem man beispielsweise Steuern senke. Man brauche ‚das Diktat der leeren Kassen'. Man brauche ‚ein Defizit, das als anstößig gilt', so könne man den Staat beschneiden. Ganz unverblümt steht es da: Nicht aus Notwendigkeit solle der Staat machtloser und ärmer werden, sondern aus Prinzip. Der das schrieb, war kein Exot. Es war Herbert Giersch, (...) der jahrzehntelang als ‚Doyen der deutschen Volkswirtschaft' galt. Er war (...) prägender Lehrbuchschreiber und Ausbilder mehrerer Generationen von Ökonomen, die heute in Banken, Verbänden, Unternehmen zu finden sind. Einer der führenden neoliberalen Wirtschaftswissenschaftler, wie Thatcher ein Hayek-Anhänger, auf den sich ja jede klassische marktliberale, jede klassisch unternehmerfreundliche Politik beruft" (Supp 2012, S. 57).

Schon der 4. Armuts- und Reichtumsbericht der Bundesregierung stellte die Konsequenzen dieser Strategie öffentlicher Verarmung bei steigendem privaten Reichtum ohne Umschweife fest: „Während das Nettovermögen des deutschen Staates zwischen Ende 1991 und Ende 2011 um knapp 800 Mrd. Euro zurückging, hat sich das Nettovermögen der privaten Haushalte (einschließlich privater Organisationen ohne Erwerbszweck) nominal von knapp 4,6 auf rund zehn Billionen Euro mehr als verdoppelt – im Verhältnis zur jeweiligen Wirtschaftsleistung stieg es in diesem Zeitraum vom Drei- auf das Vierfache" (BMAS 2013, S. 49). Gesteigerte öffentliche Armut und steigender privater Reichtum erweisen sich somit als zwei Seiten einer Medaille, die keinem Sachzwang und keiner Naturnotwendigkeit entspringen, sondern einem gesellschaftspolitischen, neoliberalen Projekt für mehr soziale Ungleichheit, wie in diesem Kapitel nachgewiesen werden kann.

Um Armut von Familien und Kindern wirksam bekämpfen zu können, müssen also auch ihre gesamtgesellschaftlichen Ursachen beleuchtet werden. Dazu gehört insbesondere die Wirtschafts- und Finanzpolitik, welche seit der Jahrtausendwende zu einer gigantischen Umverteilung von unten nach oben geführt hat. Die Bundesregierungen haben bewusst die Finanzmarktspekulation steuerlich gegenüber realwirtschaftlichen Investitionen privilegiert und dereguliert. Gleichzeitig haben Rot-Grün (von 1998 bis 2005) und die große Koalition (2005–2009) den Spitzensteuersatz und die Unternehmenssteuern gesenkt, was Schwarz-Gelb (2009–2013) noch verschärfte und was von den erneuten großen Koalitionen aus CDU/CSU und SPD seit 2013 bis 2021 v.a. durch Senkung der Erbschaftsteuer für die Kinder von Vermögenden fortgesetzt wurde. Mit ihren Steuerreformen haben sie nicht nur die Spitzeneinkommen, Gewinne und Vermögen radikal entlastet, sondern auch den Bund, die Länder und Kommunen weitgehend verschulden bzw. verarmen lassen. Die schwarz-rote Bundesregierung von 2005 bis 2009 hat die Mehrwertsteuer erhöht, was insbesondere Menschen mit geringen Einkommen belastet. Rot-Grün (2002–2005) und Schwarz-Rot (2005–2009) förderten mit ihrer Arbeitsmarkt- und Sozialpolitik Lohndumping, Niedriglöhne und gesetzlich verordnete Armut. Bei den Kindern in Hartz IV hatte dies sogar das Bundesverfassungsgericht in seinem Urteil vom 9. Februar 2010 erkennen müssen. Darin hatte das Bundesverfassungsbericht die Bedarfsermittlung und Errechnung der Eckregelsätze im Sozialgesetzbuch II (SGB II) als Basis von Arbeitslosengeld ALG II/Hartz IV als verfassungswidrig gegenüber Artikel 1 GG (Menschenwürde) und Artikel 20 GG (Sozialstaatsgebot) bezeichnet (vgl. Bundesverfassungsgericht 2010). Durch ihre Renten- und Gesundheitsreformen haben die Bundesregierungen die Alterssicherung und Leistungen der Krankenversicherung teilprivatisiert (Riesterrente, gesundheitliche Zusatzgebühren). Armut hat sich so verbreitert und insbesondere die Kinderarmut nahm zu. Wer das ausblendet und sich auf Krokodilstränen hinsichtlich armer Kinder beschränkt, versteht nicht, wieso es zu einer Verbreiterung der Kinderarmut und Spaltung der Gesellschaft gekommen ist (vgl. Hartmann 2010/2022).

Dazu passt, dass oft die Verharmlosung von Armutsentwicklungen einhergeht mit Darstellungen, wonach praktisch die gesamte Bevölkerung immer reicher werde und somit kein Grund zur Sorge bestehe. Als der Deutschlandfunk über eine Reichtums-Studie von Crédit Suisse für das Jahr 2016 (Global Wealth Report 2016) berichtete, ging es darum, dass es in Deutschland insgesamt 1,6 Millionen Dollar-Millionäre gäbe, von denen 6.100 Superreiche seien, die über 50 Millionen Dollar flüssig besäßen. Zur Überschrift wählte der Deutschlandfunk allerdings die Aussage, wonach „die Menschen in Deutschland", also scheinbar 82 Millionen Menschen, immer wohlhabender würden. „Studie: Die Menschen in Deutschland werden reicher" (siehe Deutschlandfunk v. 22.11.2016 über Crédit Suisse: Global Wealth Report 2016). Solche Aussagen finden sich oft auch in Berichten darüber, dass es „Deutschland gut gehe", die Löhne stiegen – und alle profitierten.

Zwar sind die verfügbaren Einkommen der privaten Haushalte von 1991 bis 2014 real, also unter Berücksichtigung der Preisentwicklung, um zwölf Prozent gestiegen – im Durchschnitt. Das Deutsche Institut für Wirtschaftsforschung (DIW) fand jedoch heraus, dass in diesem Zeitraum der Anstieg der verfügbaren Haushaltseinkommen deutlich geringer war als der Zuwachs des Bruttoinlandsprodukts, das real um 22 Prozent zugelegt hat. „Die Entwicklung verlief jedoch je nach Einkommensgruppe sehr unterschiedlich: Während die mittleren Einkommen um mehr als acht Prozent stiegen, legten die höchsten Einkommen um bis zu 26 Prozent zu. Die unteren Einkommen gingen hingegen real zurück", so Markus M. Grabka und Jan Goebel. Selbst für die unteren 40 Prozent der Bevölkerung stellen Grabka und Goebel Rückschritte fest. „Seit 1999 ist das reale verfügbare Einkommen dieser 40 Prozent der Bevölkerung sogar zurückgegangen" (Grabka/Goebel 2017, S. 76). Die ärmsten zehn Prozent der Haushalte mussten in den untersuchten Jahren von 1991 bis 2014 einen Einkommensverlust von acht Prozent hinnehmen. Dabei ergaben sich auch erste Anzeichen für eine wieder steigende Einkommensungleichheit. Diese war zunächst zwischen 1991 und 2005 gestiegen und stagnierte in den Jahren 2005 bis 2013 auf diesem Niveau, berichtet das DIW über die Studienergebnisse. Erwerbstätigkeit schütze zwar nach wie vor am effektivsten gegen Einkommensarmut, allerdings seien auch immer mehr erwerbstätige Personen armutsgefährdet, so ein weiterer Befund aus der Studie. Gemessen an weniger als 60 Prozent des mittleren Haushaltsnettoeinkommens der Gesamtbevölkerung seien im Jahr 2014 laut den in der Studie verwendeten SOEP-Daten 12,7 Millionen Menschen in Deutschland, also knapp 16 Prozent der Bevölkerung, Kinder und Jugendliche sogar zu 20 Prozent, von Armut bedroht (ebd., S. 79).

4.4 Armuts-Ursachen im Corona-Kontext

Weitere gesellschaftspolitische Zusammenhänge sind gerade seit der Corona-Krise zu beachten, wenn (Kinder-)Armut in ihrem sozioökonomischen Kontext erklärt werden soll. Wie der Kölner Politikwissenschaftler Christoph Butterwegge richtig schreibt, lassen sich z.B. die Ungleichheitsprozesse im Pandemieverlauf je nach Ebenen präzise analysieren. Er unterscheidet erstens einen gesundheitlich oder pandemiebedingten Polarisierungsprozess, zweitens einen ökonomisch oder rezessionsbedingten Polarisierungsprozess und zum Dritten einen verteilungspolitisch oder subventionsbedingten Polarisierungsprozess voneinander (vgl. Butterwegge 2021, S. 13). So differieren im ersten Bereich „Infektions-, Morbiditäts- und Mortalitätsrisiken der einzelnen Bevölkerungsschichten (...) zum Teil ganz erheblich, sind mit Abstand am höchsten bei armen und am niedrigsten bei reichen Personen". Zweitens verteilen sich die wirtschaftlichen Kollateralschäden der Pandemie und der Infektionsschutzmaßnahmen des Staates (zweimaliger bundesweiter Lockdown) „nicht gleichmäßig über alle Bewohner:innen der Bundesrepublik. Vielmehr gibt es Gewinner:innen und Verlierer:innen, sowohl in der Wirtschaft (Differenzierung zwischen einzelnen Branchen) als auch in der Gesamtgesellschaft (Polarisierung zwischen verschiedenen Klassen und Schichten)." Schließlich weisen laut Butterwegge im dritten Untersuchungsfeld „die bisherigen Hilfsmaßnahmen, Finanzspritzen und Rettungsschirme des Staates eine verteilungspolitische Schieflage auf, wodurch die sozioökonomische Ungleichheit wächst, statt abgemildert zu werden" (ebd.). Ähnliche Entwicklungen lassen sich ebenfalls im Kindes- und Jugendalter vorfinden. Zweifellos haben auch Corona und die Maßnahmen dagegen unterschiedliche Auswirkungen auf unterschiedliche soziale Gruppen von Kindern und Jugendlichen und werden von diesen auch unterschiedlich wahrgenommen. Weiterhin gilt, dass jene, die zu Hause verschiedenste Möglichkeiten der Förderung haben – ein großes Haus, einen großen Garten, Pool, Akademikereltern, die wegen Homeoffice zu Hause helfen oder Nachhilfe finanzieren können, oder sonstige Möglichkeiten der Bildung und Betätigung – ganz anders von Kontaktbeschränkungen, Homeschooling und sonstigen Maßnahmen betroffen sind als sozial benachteiligte Kinder – in einer kleinen Großstadtwohnung, ohne Garten, mit wenig Möglichkeiten, sich sonst zu beschäftigen und ohne passende digitale Ausstattung sowie Förderung. Für Letztere bedeutet ein Lockdown oft nochmal eine verstärkte Exklusion, und für sie sind auch jetzt noch verschiedenste Maßnahmen wesentlich gravierender als für die Kinder, die sich entsprechend nicht in Armutsnähe befinden.

Somit differieren auch die Folgen für die sogenannte „Generation-Corona", die mit der Pandemie aufwachsen muss. Zwar ist nicht allzu viel zu halten von Zwangsläufigkeit suggerierenden Prognosen neoliberaler Bildungsökonomen, die sich bereits jetzt fast darauf festlegen wollen, wie viel Gehalt, wie viele Jahre Lebenseinkommen und wie viel Rente die sogenannte Corona-Generation alleine durch den ersten Lockdown 2020 schon verloren hat. Denn dabei werden zumeist gesellschaftliche Kräfteverhältnisse ausgeblendet sowie die real existierende soziale Ungleichheit innerhalb der jeweiligen Generation. Kurz gesagt: Wer jetzt wohlhabend aufwächst sowie reich erbt und wer dann durch keine wirksamen Reichen-, Vermögen- und Erbschaftsteuern an den Kosten der Corona-Krise beteiligt wird, kann sich nur freuen. Die anderen mehr als 90 Prozent der jungen Generation werden dafür allerdings sehr hart arbeiten und dafür sehr viel bezahlen müssen, wenn dies nicht durch veränderte Kräfteverhältnisse und gerechtere Verteilungspolitik korrigiert wird.

Viele Theorien zeitgenössischer Soziolog(inn)en abstrahieren indessen laut Butterwegge von sozioökonomischen Produktions-, Eigentums- und Klassenverhältnissen als zentralem Strukturmoment bürgerlich-kapitalistischer Gesellschaften. Stattdessen vereng(t)en sie sich immer wieder stark auf die Konsumtionssphäre und deren sensationelle Angebotsfülle (vgl. Butterwegge 2020a, S. 117f.). Auch die veröffentlichte Meinung habe sich hierzulande zu keinem Zeitpunkt ernsthaft mit dem Problem der sozioökonomischen Ungleichheit auseinandergesetzt und praktisch nie reale Möglichkeiten zu seiner Lösung eruiert. „In den maßgeblichen, das Alltagsbewusstsein prägenden Medien wird der Reichtum (…) eher verschleiert und die Armut verharmlost. Dasselbe gilt für die etablierten Parteien und Politiker, deren ganzes Bestreben darauf gerichtet ist, die bestehenden Verteilungsverhältnisse und ihre eigene Mitverantwortung dafür zu rechtfertigen" (ebd., S. 143). Zustimmend referiert Butterwegge die Position des Soziologen Jürgen Ritsert, wonach die meisten soziologischen Ansätze während der verschiedensten Phasen der BRD-Geschichte das Ziel verfolgten, die Klassen durch Theorie zum Verschwinden zu bringen. Ob die aktuellsten Diskurse über soziale Ungleichheit national und international (z.B. Thomas Piketty und Papst Franziskus) auf den Beginn einer neuen Phase der Wahrnehmung sozialer Disparitäten hindeuten, lässt er offen (ebd., S. 205).

Dass Kapitalismus-Analyse und -Kritik als Versuch der Ursachenbestimmung von sozialen Gesellschaftsspaltungen und von (Kinder-)Armut unter gestiegenem privatem Reichtum auch für bürgerliche Parteien keine allzu undenkbaren Werkzeuge der Wirklichkeits-Aneignung darstellen, zeigen die folgenden Ausschnitte aus vergangenen Parteiprogrammen der Christlich Demokratischen Union (CDU) und der Freien Demokratischen Partei (FDP) in der Bundesrepublik Deutschland.

Kapitalismusanalyse und -Kritik von CDU und FDP

Wer sich einmal mit dem Ahlener Programm der CDU von 1947 auseinandergesetzt hat, weiß, dass seine Kapitalismusanalyse hinsichtlich der Lehren aus dem deutschen Faschismus ziemlich tiefgründig war. Während die CDU-NRW schon 1945 forderte: „Die Vorherrschaft des Großkapitals, der privaten Monopole und Konzerne wird beseitigt" (CDU-NRW, 1945), wurde die gesamtdeutsche CDU zwei Jahre später in ihrem Ahlener Programm noch grundsätzlicher in der Gesellschaftsanalyse:

„Das kapitalistische Wirtschaftssystem ist den staatlichen und sozialen Lebensinteressen des deutschen Volkes nicht gerecht geworden. Nach dem furchtbaren politischen, wirtschaftlichen und sozialen Zusammenbruch als Folge einer verbrecherischen Machtpolitik kann nur eine Neuordnung von Grund auf erfolgen. Inhalt und Ziel dieser sozialen und wirtschaftlichen Neuordnung kann nicht mehr das kapitalistische Gewinn- und Machtstreben, sondern nur das Wohlergehen unseres Volkes sein. Durch eine gemeinwirtschaftliche Ordnung soll das deutsche Volk eine Wirtschafts- und Sozialverfassung erhalten, die dem Recht und der Würde des Menschen entspricht, dem geistigen und materiellen Aufbau unseres Volkes dient und den inneren und äußeren Frieden sichert" (CDU – Ahlener Programm, 1947).

Auch mit dem Grundsatzprogramm in den sog. Freiburger Thesen der FDP von 1971 lässt sich Ungleichheit wesentlich gesellschaftskritischer analysieren, als die Mehrheit in Wissenschaft, Politik und Medien der Gegenwart es der FDP zutrauen würde und es heutzutage zulassen würden. Dort heißt es nämlich u.a.:

„Freiheit und Recht sind nach unseren geschichtlichen Erfahrungen bedroht durch die Tendenz zur Akkumulation von Besitz und Geld, die die Reichen immer reicher werden läßt, und die Tendenz zur Konzentration des privaten Eigentums an den Produktionsmitteln in wenigen Händen.

Die Tendenzen zur Akkumulation des privaten Kapitals, wie sie etwa in der Verzinsung des Geldes, aber auch in der Wertsteigerung des Bodens sichtbar werden, sind einem über Gewinnstreben und Marktnachfrage gesteuerten Wirtschaftssystem ebenso eigentümlich, wie die Tendenzen zur Konzentration des privaten Eigentums an den Produktionsmitteln. Sie sind die Kehrseite der durch eben diese Mechanismen gesicherten Leistungsfähigkeit eines solchen Wirtschaftssystems. Dem freien Selbstlauf überlassen müssen eben diese negativen Tendenzen, bei aller ungebrochenen Leistungsfähigkeit, dessen Menschlichkeit am Ende zerstören: durch permanente Überprivilegierung der Besitzenden gegenüber den Besitzlosen, der Reichen gegenüber den Armen, der Produzenten gegenüber den Konsumenten, des Faktors Kapital gegenüber dem Faktor Arbeit" (Freiburger Thesen. Grundsatzprogramm von 1971 der FDP).

Wer also wirklich die Ursachen und Zusammenhänge von (Kinder-)Armut bearbeiten möchte, wer wirksam Armut vermindern und vermeiden will, benötigt auch eine Perspektive, die sich theoretisch-praktisch mit Interessen, mit Macht und mit Herrschaft auseinandersetzen muss, also auch mit den Profiteuren der vorhandenen Armuts- und Ungleichheitsverwerfungen. Wie es auch die Parteiprogramme der CDU und der FDP zeigen, dürfte dabei Kapitalismus-Kritik keineswegs tabuisiert werden, sondern als buchstäblich alternativlos für einen demokratischen und sozialen Rechtsstaat, wie ihn das Grundgesetz vorschreibt, anzusehen sein.

5
Alternativen und Gegenmaßnahmen

Was muss nun angesichts der Ursachen und Bearbeitungsformen sozialer Polarisierung, des gravierenden Ausmaßes und der dramatischen Folgen von Kinderarmut und Reichtum in Deutschland dringend unternommen werden?

Im Februar 2022 hat ein Bündnis aus 17 Sozialverbänden, Familien- und Kinderrechts-Organisationen ein Eckpunktepapier zur wirksamen Bekämpfung von Kinderarmut vorgelegt. Darin fordern die Unterzeichnenden zur Umsetzung des in der EU-Kindergarantie beschlossenen Nationalen Aktionsplans (zu dem sich jedes EU-Land verpflichtet hat), in Deutschland den Kampf gegen Kinderarmut nachhaltig, partizipativ und multidimensional anzugehen.[15] Auf diese Weise demonstrieren die nicht-staatlichen Akteure unterschiedlichster Provenienz ihren Anspruch auf Mitgestaltung von Kinderpolitik bezogen auf die Umsetzung der EU-Kindergarantie und zur Umsetzung der UN-Kinderrechtskonvention z.B. auch in der Verfassung. In seiner Stellungnahme zur EU-Kindergarantie und zur Erstellung eines deutschen Aktionsplans vom 1. Dezember 2021 hat zudem der Deutsche Verein deren Relevanz für den Bereich frühkindlicher Betreuung, Bildung und Erziehung skizziert (2021, S. 7f.).

Auch die Sozialwissenschaftlerin Gerda Holz[16] hat dazu einige praktische Vorschläge für die kommunale Mikro-Ebene der Kindertageseinrichtungen zusammengefasst:

Praktische Hinweise zum Umgang mit von Armut betroffenen Familien für Kitas

"Ausgehend von verschiedenen empirischen Studien zu Armutsfolgen bei Kindern und zur kindbezogenen Armutsprävention auf kommunaler Ebene sowie Befragungen von Einrichtungsleitungen zum armutspräventiven Handeln in Kitas lassen sich heute Hinweise für das professionelle Handeln (früh)pädagogischer Fach-/Leitungskräfte benennen.
Grundsätzlich gilt: Eine ausgewogene soziale Mischung in der Kita – d.h. die Kinder kommen aus allen sozialen Gruppen – befördert inkludierende Prozesse und erhöht Teilhabechancen für armutsbetroffene Mädchen und Jungen.

AUFNAHMEREGELN

Je großzügiger mit Sprech- und Anmeldezeiten umgegangen wird, desto größer ist die Wahrscheinlichkeit, dass auch schlechter organisierte und überforderte Eltern (was bei belasteten Familien häufiger vorkommen kann als bei anderen) ihre Vormerkung bzw. Anmeldung realisieren.
Über die Definition von „Dringlichkeit" gemäß § 24a Abs.3 SGB VIII kann die Reihenfolge der Aufnahme verändert werden. Bei restriktivem (buchstabengetreuem) Umgang mit den

15 Vgl. https://www.tagesschau.de/inland/gesellschaft/kinderarmut-153.html
16 Vgl. https://www.tagesschau.de/inland/gesellschaft/kinderarmut-153.html

Aufnahmekriterien haben arme Kinder in der Regel geringere Chancen, einen Platz zu bekommen
Beteiligt sich die Kita am Elterncafé im Stadtteil und pflegt Kontakte zu anderen sozialen Diensten (des Jugendamtes, des Jobcenters oder anderer Trägerverbände), steigt die Wahrscheinlichkeit, dass auch arme Eltern und Kinder Zugang zur Einrichtung bekommen.

WEITERE FAKTOREN

- eine Teamstruktur mit Fachkräften aus allen kulturellen und sozialen Gruppen erhöht die Wahrscheinlichkeit, dass auch ärmere Familien ihre Kinder in die Kita schicken
- bei der Vormerkung sollten Trägervorgaben großzügig ausgelegt werden, wenn bei Eltern sprachliche Verständigungsprobleme oder Schwierigkeiten beim Umgang mit Bürokratie vermutet werden
- alle Eltern sollen über Möglichkeiten und Verfahren für Gebührenzuschüsse bzw. -übernahme informiert werden, außerdem Hilfe beim Ausfüllen der Formulare anbieten
- Familien mit kleinem Einkommen sollten bei der Aufnahme bevorzugt werden, weil sonst eine Arbeitsaufnahme verhindert werden bzw. ein Arbeitsplatzverlust drohen kann, und damit Armut
- benachteiligte Mädchen und Jungen sollten in möglichst jungem Alter aufgenommen werden, Ganztagsplätze anbieten.

ARMUTSSENSIBLES HANDELN UMFASST U.A.

- aktives und wertschätzendes Zugehen auf die Eltern, zum Beispiel auch durch Hausbesuche
- gezielte Förderung von Kontakten der Familien zu anderen Eltern, zum Beispiel Einbindung in Elterncafé und Elterntreff, gemeinsame Eltern-Kind-Ausflüge

ARMUTSSENSIBLE KITA-KONZEPTE SOLLTEN

- keine kostenpflichtigen Angebote Dritter einbeziehen
- in Kleingruppen mit besonderem Fokus auf die Sprachentwicklung arbeiten
- viele ausgewählte Bewegungsangebote drinnen und draußen beinhalten
- Angebote in der Natur – zum Beispiel Waldwochen – enthalten und eventuell entsprechende Kleidung zur Verfügung stellen
- vermehrt und regelmäßig Ausflüge, um den Bewegungsradius der Kinder und ihrer Familien zu erweitern, gemäß dem Motto „die Welt entdecken und erforschen"
- das soziale Miteinander der Kinder, die Förderung der sozialen Kompetenzen und von Kinderfreundschaften gezielt fördern (armutsbetroffene Kinder verfügen über kleinere Peer-Netzwerke)

DAS KITA-TEAM SOLLTE

- kleine anlassbezogene „Tür-und Angelgespräche" auf Augenhöhe statt eines großen Eltern-(kritik-)gesprächs führen
- einen Wechselkleiderfundus in der Einrichtung bereithalten
- über Bildung-und-Teilhabe-Leistungen informieren und bei der Beantragung unterstützen
- Ratenzahlung anbieten, wenn größere Beträge z.B. für Freizeiten anfallen
- Spiele und Bücher kostenlos ausleihen

KOOPERATION MIT ELTERN

- anlassunabhängige Begegnungsmöglichkeiten schaffen, zum Beispiel in einem immer zugänglichen Elterntreff
- Fachkräfte sind für Fragen immer ansprechbar
- akustischen Elternbrief in verschiedenen Sprachen einsetzen (entwickelt im Pilotprojekt „Lilo Lausch – Zuhören verbindet" der Stiftung Zuhören)
- Feste für Eltern und Kinder veranstalten (Vorsicht Kosten! Good Practice z.B.: alle Eltern, die Essensspenden mitbringen, bekommen Gutscheine, mit denen die ganze Familie auf dem Fest kostenlos Essen und Getränke erhält)
- zum Kochen und Backen mit Kindern einladen (Zutaten stellt die Kita)
- bei Eltern handwerkliche Fähigkeiten erfragen und sie darüber einbinden

UND WELCHE TIPPS HABEN SIE, WAS WAR BEI IHNEN ERFOLGREICH, WAS KÖNNEN SIE EMPFEHLEN?

Die (Selbst)Reflektion, der kollegiale Austausch und die Vernetzung nach außen sind Garanten dafür, dass armutsbetroffene Kinder durch Ihr Handeln mehr Chancen auf ein Aufwachsen im Wohlergehen und mit Zukunftsperspektiven erhalten" (Holz 2019, S. 11).[17]

17 Die Politikwissenschaftlerin und Sozialarbeiterin Gerda Holz hat für das Institut für Sozialarbeit und Sozialpädagogik die wesentlichen Studien zum Thema Kinderarmut in Deutschland geleitet und begleitet Kommunen bei der Entwicklung von Präventionsketten zur Armutsprävention und Chancengerechtigkeit für Kinder und Jugendliche. Ihre aktuellen Projekte zum Thema Kinderarmut finden Sie hier: https://www.iss-ffm.de/themenbereiche/armut/subdir/index.html

5.1 Regierungsperspektiven und -Konsequenzen

Die frühere Bundesfamilienministerin Lambrecht stellte am 15. September 2021 gemeinsam mit dem damaligen Bundesgesundheitsminister Jens Spahn Empfehlungen einer Arbeitsgruppe von Bundesfamilien- und Bundesgesundheitsministerium im Bundeskabinett zum Thema „Die Jüngsten während und nach der Pandemie besser unterstützen" vor: Diese Interministerielle Arbeitsgruppe (IMA) „Gesundheitliche Auswirkungen auf Kinder und Jugendliche durch Corona" fasst den Forschungsstand zu den psychosozialen Folgen von (Regierungs-Maßnahmen gegen) Corona zusammen (vgl. BMFSFJ/BMG 2021, S. 4/8). Bei der Vorstellung der IMA-Empfehlungen erklärte die Bundesfamilienministerin Lambrecht hoffnungsfroh: „Mit unserem Aufholprogramm geben wir Kindern und Jugendlichen die Möglichkeit, die Pandemie hinter sich zu lassen: mit Bildungs- und Freizeitangeboten, die jetzt helfen, Einsamkeit, Bewegungsmangel und Lernrückstände zu überwinden."[18]

Obgleich viele der bislang beschlossenen Corona-Aufhol-Programme und -Maßnahmen unterstützenswert erscheinen, stellt sich ihr Anspruch angesichts des geringen finanziellen Umfangs im Verhältnis zu dringend notwendigen Mitteln als fragwürdig dar. Noch ohne einen Cent für dringend notwendige Schulsozialarbeit, Jugendhilfe und eine armutsfeste Kindergrundsicherung bilanziert zu haben, kommt etwa die Gewerkschaft Erziehung und Wissenschaft (GEW) schon auf einen „Sanierungsstau an Schulen in Höhe von 44,2 Milliarden Euro, 9,7 Milliarden Euro an Kitas und rund 50 Milliarden Euro an Hochschulen", der endlich aufgelöst werden" müsse (GEW v. 31.3.2021). Angesichts dieser tatsächlich dringend notwendigen Mittel alleine im Bildungsbereich, stellt das sog. Aufholprogramm der Bundesregierung mit seinem einmaligen Kinderfreizeitbonus im Rahmen eines sog. Aufholpakets in Höhe von insgesamt 2 Milliarden Euro leider nur einen Tropfen auf dem heißen Stein dar (vgl. Klundt 2022, S. 96ff.).

Derweil bringt eine Studie des Wissenschaftszentrums Berlin von September 2022 (Helbig u. a. 2022) ernüchternde Ergebnisse des Corona-Aufhol-Programms der Bundesregierung

18 Bundesministerium für Familie, Senioren, Frauen und Jugend/Bundesministerium für Gesundheit BMFSFJ/BMG, Schule, Sport, Prävention: Die Jüngsten während und nach der Pandemie besser unterstützen. Arbeitsgruppe von Bundesfamilien- und Bundesgesundheitsministerium legt Empfehlungen vor, in: Pressemitteilung v. 15.9.2021, https://www.bmfsfj.de/bmfsfj/aktuelles/presse/pressemitteilungen/neuer-inhaltschule-sport-praevention-die-juengsten-waehrend-und-nach-der-pandemie-besser-unterstuetzen-185700

und der Bundesländer zutage. Sie zeigt auch, wie wichtig kritische Evaluationen bisheriger Maßnahmen sind, um sachgerechte Schlussfolgerungen für wirksame Vorgehensweisen zu ziehen.

Pressemitteilung des Wissenschaftszentrum Berlin (WZB) v. 6. September 2022

„Corona-Bildungshilfen haben förderbedürftige Schülerinnen und Schüler kaum erreicht, Mittelvergabe meist nach dem Prinzip Gießkanne – WZB-Studie zu den Aufholprogrammen

Ob Mathe-Nachhilfe, Förderstunden oder Feriencamp – das Aktionsprogramm „Aufholen nach Corona“ sollte Kindern und Jugendlichen helfen, pandemiebedingte Lernlücken zu schließen. Eine erste Bilanz des zwei Milliarden Euro teuren Bund-Länder-Pakets hat jetzt das Wissenschaftszentrum Berlin für Sozialforschung (WZB) vorgelegt. Das zentrale Ergebnis der Studie: Die selbstgesteckten Ziele des Programms wurden nur sehr bedingt erreicht. Ein Team um den WZB-Bildungsforscher Marcel Helbig hat erstmals für alle 16 Bundesländer untersucht, wie die Hilfen konzipiert und umgesetzt wurden.

Weitgehend verfehlt wurde das Ziel, jene Schüler*innen zu erreichen, deren Lernfortschritte unter Schulschließungen und Distanzlernen besonders gelitten haben – Kinder und Jugendliche aus sozial benachteiligten Familien und mit Migrationshintergrund. Die Mehrheit der Länder hat ihre Mittel vorwiegend nach dem Gießkannenprinzip verteilt. So erhielten in vielen Bundesländern vergleichsweise privilegierte Schulen wie etwa Gymnasien oder Privatschulen im selben Umfang Mittel wie sozial belastete Schulen. Gerade außerschulische Angebote wie private Nachhilfe oder freiwillige Ferienprogramme, die in vielen Landesprogrammen ein starkes Gewicht haben, kamen besonders förderbedürftigen Schüler*innen nicht im angestrebten Maße zugute. Nur wenige Bundesländer haben teilweise die Mittel auf Grundlage von Lernstandserhebungen (Brandenburg) oder Sozialindizes (Hamburg, Hessen und teilweise Nordrhein-Westfalen) vergeben.

Nur vereinzelt wurden mit den Aufholprogrammen Schüler*innen jener Klassenstufen unterstützt, in denen wichtige Weichen für den weiteren Bildungsweg gestellt werden, wie beim Übergang von der Grundschule auf weiterführende Schulen. Für die Mehrheit der Länder bleibt es zudem fraglich, inwieweit die angekündigte Unterstützung in den Kernfächern Deutsch und Mathematik stattfand.

Ob das Aktionsprogramm tatsächlich geholfen hat, pandemiebedingte Lernrückstände aufzuholen, bleibt laut Studie eine offene Frage – und wird es wohl auch bleiben. Der Grund: Eine systematische Datenerhebung ist nicht erfolgt. Lernstandserhebungen fanden weit überwiegend dezentral an den Schulen statt, häufig nicht in standardisierter Form, und wurden später nicht systematisch zusammengeführt. Auch die

Teilnahme an den neu geschaffenen Angeboten wurde unzureichend dokumentiert. Ein Kernproblem der Aufholprogramme bestand in der Gewinnung von pädagogischem Personal. Hier zeigt die Studie mit den ihr vorliegenden Zahlen, dass kein Land seine selbstgesteckten Personalziele erreicht hat – weder bei den (befristeten) Einstellungen noch bei der Zahl der durchgeführten Förderangebote.
Dass individuelle Förderung zum Abbau von Lernrückständen am besten dort gelingt, wo bereits Strukturen bestehen, zeigt die Studie am Beispiel von Hamburg, wo die Umsetzung des Corona-Aufholprogramms am vielversprechendsten erscheint. In Hamburg werden seit Langem Lernrückstände systematisch an den Schulen bearbeitet und es wird so weit wie möglich auf Klassenwiederholungen verzichtet. Darüber hinaus gibt es hier ein Recht auf Ganztagsbeschulung bis 14 Jahre. Diese Strukturen konnten auch für den Abbau von Lernrückständen genutzt werden und mussten nicht erst aufgebaut werden.
Als positiv bewerten die Autor*innen, dass durch das Aktionsprogramm lokale Kooperationen aufgebaut oder vertieft und neue pädagogische Angebote geschaffen wurden. „Das sind wichtige Impulse für die längerfristige Schulentwicklung", sagt Marcel Helbig. Auch hätte das Aufholprogramm zu einer besseren Kommunikation und Kooperation der Länder beigetragen.
Für die Studie wurden neben umfassenden Dokumentenanalysen Interviews mit Vertreter*innen aller Landesverbände der Gewerkschaft Erziehung und Wissenschaft (GEW) geführt."

Wie bereits im Kapitel 4 „Ursachen und Zusammenhänge" erläutert, erhalten im bisherigen System der Familienleistungen (Kindergeld/Kinderfreibeträge, Ehegattensplitting usw.) erstaunlicherweise die Reichsten am meisten und die Ärmsten am wenigsten, wie auch eine Kurzexpertise im Auftrag der Heinrich-Böll-Stiftung durch Holger Stichnoth und das Zentrum für Europäische Wirtschaftsforschung (ZEW) schon 2016 feststellte. „Während 13 Prozent der Ausgaben an die reichsten 10 Prozent der Haushalte gehen, erhalten die ärmsten 10 Prozent lediglich 7 Prozent der Ausgaben" (Stichnoth/ZEW 2016, S. 3). Derweil sind im System der Grundsicherung (SGB II/Hartz IV) immer noch keine bedarfsgerechten Regelleistungen für Kinder vorgesehen und der Kinderzuschlag wie auch das Bildungs- und Teilhabepaket erreichen seit Jahren regelmäßig nicht einmal die Hälfte der berechtigten Kinder (vgl. Klundt 2022, S. 102ff.). Diesen und weiteren dringenden Reformbedarf versuchen Konzepte einer Kindergrundsicherung gebündelt und verknüpft mit Infrastrukturleistungen zu bearbeiten, um Kinderarmut wirksam zu vermeiden und zu vermindern.

Dafür errechnet z.B. das Bündnis Kindergrundsicherung (2021) einen Bruttobedarf von ca. 113 Milliarden Euro und Netto: 20,5 Milliarden.[19] Dabei sollte man nicht der Illusion verfallen, Kinder als anscheinend „autonom" aus dem Familienkontext fiktiv herauszulösen und mit einer „eigenständigen Kindergrundsicherung" oder Ähnlichem scheinbar aus der Bedürftig-

19 Vgl. http://www.kinderarmut-hat-folgen.de/download/Buendnis_KGS_FAQ_Final_2021.pdf, S. 4

keit zu holen, während der Rest der Familie weiterhin in der Hilfsbedürftigkeit verbleibt. Arme Kinder sind in der Regel Kinder armer Eltern(teile) und sollten nicht gegen sie ausgespielt werden. Überdies sollte jede Konzeption, die pauschal allen und damit auch vielen nicht bedürftigen Eltern und Kindern mit enormen Finanzmitteln unter die Arme greifen will, daraufhin kritisch unter die Lupe genommen werden, wie ihre effektiven Folgen für die Verhinderung und Verminderung von Kinderarmut aussehen. Das heißt, die Ziel-Mittel-Relation bedarf einer präzisen Analyse. Außerdem ist es auch und gerade für ein Eingreifen in politische Diskurse über soziale Polarisierung wichtig, die Primärverteilung des gewachsenen gesellschaftlichen Reichtums bei allen sinnvollen Forderungen von Maßnahmen gegen Kinderarmut im Blick zu behalten. Schließlich kann ein arm gemachter Staat nur schwerlich Armut bekämpfen und die Kinderrechte (wieder)herstellen (vgl. Klundt 2022, S. 225f.).

5.2 Zwischen-Fazit

Somit sollten an Kinderperspektiven anknüpfende Alternativen und Gegenstrategien Konzepte der Armutsbekämpfung, der Partizipation junger Menschen und der Förderung sozialer Infrastruktur vereinen, die den gesellschaftspolitischen Kontext nicht aus den Augen verlieren.

Konkret heißt das erstens, dringend Maßnahmen gegen Armut und zur sozialen Absicherung der Kinder und Familien zu ergreifen. Zweitens müssen die kinderrechtlichen Prinzipien des Kindeswohlvorrangs, des Schutzes, der Förderung und vor allem der Beteiligung von Kindern, Jugendlichen und Jugendverbänden (wieder) aufgebaut beziehungsweise umgesetzt werden. Damit verbunden sind, drittens, Maßnahmen für einen pandemiegerechten Ausbau der sozialen Infrastruktur im Wohnumfeld – vor allem durch Strukturen und Leistungen der Kinder- und Jugendhilfe sowie der offenen Arbeit.

Zur wirksamen Revitalisierung von Kinderrechten und zur effektiven Bekämpfung von Kinderarmut werden somit ausreichende Mittel benötigt. Deren drohende Kürzung, wegen der ab 2023 wieder angekündigten Schuldenbremse, stellt jedoch notwendige Investitionen in Kindergrundsicherung, Bildung und Jugendhilfe infrage.

5.3 Notwendige Maßnahmen im Einzelnen

Zentrale Voraussetzung von wirksamen Maßnahmen gegen Kinderarmut auf kommunaler, Landes-, Bundes- sowie EU-Ebene stellt die (selbstkritische) Einsicht dar, dass bisherige Wahrnehmungen, Haltungen und Unternehmungen einer strengen Prüfung unterzogen werden müssen.

Glaubte man noch dem 5. Armuts- und Reichtumsbericht der Bundesregierung von 2017 (BMAS 2017), so waren die Maßnahmen der Bundesregierung vollständig ausreichend, wirksam und erfolgreich. So heißt es dort: „Die Bundesregierung verbessert die Lebenslage von Kindern und Familien durch eine systematische Herangehensweise, die an Ursachen ansetzt, Zielgruppen in den Blick nimmt und Begleiterscheinungen von materieller Armut lindert. Diesem Ansatz folgend stärkt die Bundesregierung die Erwerbstätigkeit von Eltern, bietet spezielle Leistungen für Alleinerziehende und Familien mit mehreren Kindern und fördert ein gutes Aufwachsen der Kinder von Anfang an" (ebd., S. 267). Somit ist eigentlich alles in bester Ordnung. Warum also dennoch etwas ändern, Alternativen entwickeln oder Gegenmaßnahmen anstrengen?

Selbst die von der Bundesregierung in Auftrag gegebene Gesamtevaluation der ehe- und familienbezogenen Leistungen liest sich im Regierungs-Report wie eine einzige Erfolgsgeschichte. Hinsichtlich Kita-Ausbau, Elterngeld, Tarifautonomiestärkungsgesetz, Mindestlohn, Kindergeld, Kinderzuschlag, Unterhaltsvorschuss und Entlastungsbetrag (für Alleinerziehende), Wohngeld, beitragsfreie Mitversicherung in der GKV funktionierten alle Maßnahmen so bestechend, dass man nur noch fragen kann, warum es überhaupt noch Armut oder Armutsgefährdung gibt (vgl. BMAS 2017, S. 267ff.). Schaut man jedoch genauer herein, entdeckt man allerdings anderes.

Dabei stehen auch nach Durchsicht des Paritätischen „Armutsbericht 2017" die wichtigsten Felder zur Bekämpfung von sozialer Spaltung (und damit der wichtigsten Voraussetzung von Kinderarmut) schnell fest. Demnach kristallisieren sich als wichtigste Handlungs-Stellschrauben heraus

- die Regulierung des Arbeitsmarkts (Mini-Jobs, Werksverträge, Leih- und Zeitarbeit, inklusive armutsfesten Mindestlohns),
- die Anhebung der Grundsicherungsleistungen,
- die Beendigung des Sanktionsregimes bei Hartz IV,
- die Verbesserung der Situation der Alleinerziehenden und
- die Anhebung des Rentenniveaus.

Insofern geht es von der Bundes-, über die Landes- bis zur kommunalen Ebene um die Bereiche Arbeit, Bildung, Wohnen, Sozialversicherungen, öffentliche Daseinsvorsorge bzw. Infrastruktur (vom ÖPNV über Straßenbau, Kinder- und Jugendhilfe, Vereine, Stadtwerke, Schwimmbäder bis zu Kitas und Mehrgenerationenhäuser).

Auch die Nationale Armutskonferenz hat schon 2016 Handlungen angemahnt, wie Kinder- und Familienarmut am besten vermieden werden. **Als Erstes** benötigt es eine **Neuberechnung des Existenzminimums,** da die momentane Ermittlung nachweislich nicht bedarfsgerecht ist (vgl. Parität 2017). **Zum Zweiten** wird ein **Abbau von Ungerechtigkeiten in der Familienförderung** verlangt, da im Moment am meisten bekommt, wer am reichsten ist (vgl. Stichnoth/ZEW 2016). **Drittens** muss der **Zugang zu Sozialleistungen durch Bündelung an einer Stelle einfacher gestaltet** werden, um Bürokratie, Stigmatisierung, Demütigung und Unkenntnis zu vermeiden. Und das bundesweite Bündnis gegen Kinderarmut „Keine Ausreden mehr" aus über 40 Verbänden und Nichtregierungsorganisationen sowie Expert(inn)en aus Wissenschaft und Kirchen konzentriert sich ebenfalls auf drei zentrale Forderungen, um die materielle Situation von armen Kindern und Jugendlichen zu verbessern. Dazu zählen sie die **realistische Ermittlung soziokulturellen Existenzminimums, gerechte Familienförderung und eine einfache sowie leicht zugängliche Leistungsgestaltung** (vgl. Nationale Armutskonferenz 2017).

Zur Finanzierbarkeit notwendiger Gegenmaßnahmen setzt sich das Bündnis „Reichtum umverteilen – ein gerechtes Land für alle", dem z.B. auch ver.di, AWO, GEW, Paritätischer Wohlfahrtsverband und Deutscher Kinderschutzbund angehören, dafür ein, dass steuerliche Voraussetzungen von Maßnahmen für eine gerechtere Politik hergestellt werden. Für bessere soziale Absicherung und stärkere Rechte der Beschäftigten, der kleinen Selbstständigen, der Erwerbslosen, der Rentnerinnen und Rentner, der Kinder und Familien, der Menschen mit Behinderung und der Schutzsuchenden; mehr öffentliche Investitionen und mehr Personal, für Infrastruktur, Kindereinrichtungen, Schulen und Hochschulen, Gesundheitswesen und Pflege, Kultur, Jugend und Sport, soziale und Arbeitsmarkt-Integration; ökologisch nachhaltige und bezahlbare Energieversorgung und einen sozial verträglichen ökologischen Umbau; Bereitstellung und Bau von ausreichend bezahlbaren Wohnungen; bedarfsdeckende Finanzausstattung besonders der hoch belasteten und verschuldeten Städte und Gemeinden fordern sie, finanzstarken Unternehmen und Reichen wieder höhere Beiträge zur Finanzierung des Gemeinwesens abzuverlangen; sehr hohe Einkommen stärker zu besteuern; Kapitalerträge nicht zu privilegieren; Steuerbetrug zu bekämpfen und Steuerschlupflöcher zu beseitigen in Deutschland, der EU und weltweit sowie mit einer Vermögenssteuer und einer reformierten Erbschaftsteuer Millionäre und Milliardäre angemessen an der Finanzierung der öffentlichen Aufgaben zu beteiligen und soziale Ungleichheit abzubauen (vgl. Umverteilung ist machbar, in: Frankfurter Rundschau v. 29.3.2017 sowie www.reichtum-umverteilen.de; zur unternehmerorientierten Kritik an „zu hohen Steuern" für kinderlose Singles vgl. Beznoska/Hentze 2017, S. 112).

Zwar kann auf Landes- und noch weniger auf kommunaler Ebene die Entstehung von Kinderarmut nur gering unterbunden werden, doch der jeweilige Umgang mit den Folgen von Armut und Ungleichheit kann von der Bundes-, über die Landes- und kommunale Ebene, von der Makro-Perspektive ganzer Gesellschaften bis zur Mikroperspektive in der jeweiligen Bildungs- und Betreuungseinrichtung der Kindertagesstätten sehr wohl einen Unterschied machen. So wurde etwa beim „Runden Tisch gegen Kinderarmut" in Brandenburg besonders auf pragmatische, kommunale Alltagshilfen geachtet, ohne die bundespolitischen Baustellen auszublenden (siehe Mindestlohn, Hartz IV, Bildungs- und Teilhabepaket usw.). Dabei ging es auf Landesebene sowohl um „Integrationsbegleitung für Langzeitarbeitslose und Familien im SGB II-Bezug" als Hilfe im Alltag, als auch um Bundesratsinitiativen zur Gestaltung der Regelsätze und für einen verbesserten Zugang zu Bildungs- und Teilhabeleistungen sowie Forderungen nach wirklich bedarfsgerechten Regelsätzen. Zudem werden im Rahmen der Initiative „Starke Familien – starke Kinder" sog. „Integrationsbegleiter/innen" finanziert, Ferienfreizeiten organisiert, Bündnisse für Familien und gesunde Kinder verankert sowie Finanzberatung für Menschen mit kleinem Geldbeutel unbürokratisch angeboten. Immerhin ist die Kinderarmut in Brandenburg laut Studie der Bertelsmann-Stiftung 2016 zumindest leicht zurückgegangen (vgl. Zimmer 2016, S. 12f.).

Indessen zeigt z.B. das Dormagener Modell einer regionalen Präventionskette, wie ein kommunales Kinderschutz-Netzwerk und eine Angebots-Kette von der Schwangeren-Betreuung und Geburtsbegrüßung bis zur Berufseinmündung niedrigschwellig, leistungsstark, bedarfsorientiert, partizipativ und am Ende sogar kostensparend aussehen kann, da die Zahlen der kostspieligen Massivinterventionen, Inobhutnahmen und stationären Heimunterbringungen durch präventive Maßnahmen reduziert werden können (vgl. Sandvoss/Kramer 2010, S. 185ff.). Durch aufsuchende Sozialarbeit kann in einer kommunalen Präventionskette frühe Unterstützung für benachteiligte Familien geleistet werden. Sie beinhaltet Hilfen für werdende Mütter, wie Familienhebammen und niedrigschwellige Beratungsangebote, Hilfen von der Geburt bis zum 3. Lebensjahr und vom 3. bis 6. Lebensjahr, wie Kinderbetreuung und Familienhilfen, in der Grundschule ab 6 Jahre, über die Sekundarstufe bis zur Ausbildung mit den altersgemäßen Angeboten für Eltern und Kinder bzw. Jugendliche (vgl. ebd.).

Dafür fordert auch der Kita-Bericht 2022 des Paritätischen Gesamtverbandes etwa besonders viel personelle und finanzielle Unterstützung für frühkindliche Bildungs- und Betreuungseinrichtungen in sozial benachteiligten Wohnquartieren. „Kindertageseinrichtungen in benachteiligten Sozialräumen müssen personell besser ausgestattet und gezielt mit Fachberatung unterstützt werden. Gleichzeitig ist insbesondere in sozial benachteiligten Quartieren die Anbindung von Kindertageseinrichtungen an Familienzentren besonders wertvoll und muss gezielt gefördert werden" (Parität 2022: Kita-Bericht 2022, S. 6).

Parität (2022): Kita-Bericht 2022

„Mit dem Kita-Bericht begleitet der Paritätische Gesamtverband die durch den Bund mitgestaltete Qualitätsentwicklung in der Kindertagesbetreuung.
Er erfasst insbesondere die konkreten Probleme und Wahrnehmungen von pädagogischen Fach- und Leitungskräften in den verschiedenen Handlungsfeldern der Qualitätsentwicklung, wie sie im Gute-Kita-Gesetz definiert werden.
In der Umfrage wurden die Teilnehmenden aufgefordert, Aussagen zu über 100 Aspekten der Qualitätsentwicklung in allen Handlungsfeldern zu treffen. Zusätzlich wurden die Teilnehmenden zu den bisherigen Erfahrungen mit der Pandemie befragt. Diese Ergebnisse sind dem Bericht als Schwerpunktthema vorangestellt.

Arbeitsbelastung und Rahmenbedingungen während der Pandemie sowie vielerorts unzureichende Personalschlüssel erschweren es dem Bericht zufolge, den Bedürfnissen der Kinder gerecht zu werden und führen zu einer hohen Unzufriedenheit bei den pädagogischen Fachkräften.
Ein zentrales Ergebnis ist, dass der anhaltend hohe Fachkräftemangel in jeder zweiten Kindertageseinrichtung bundesweit eine bessere Auslastung der Kapazitäten verhindert. Der Paritätische fordert angesichts der alarmierenden Befunde konzertierte Anstrengungen aller politischen Ebenen zur Qualitätsentwicklung und Fachkräftegewinnung.
Dieser Bericht berücksichtigt zudem die von den Befragten eingeschätzten Sozialräume im Umfeld der Kindertageseinrichtung. Das erlaubt ein besseres Verständnis davon, wie die sozioökonomischen Verhältnisse in den Sozialräumen mit den Arbeitsbedingungen in den Kindertageseinrichtungen zusammenhängen. Um Benachteiligungen für armutsbetroffene Kinder bereits in der Kindertageseinrichtung abzubauen, braucht es eine gezielte Unterstützung und eine bessere personelle Ausstattung in benachteiligten Sozialräumen" (Parität 2022: Pressemitteilung v. 13.06.2022).

Als weitere Ideen sollten auf Landesebene unter Einbeziehung von Kindern und Jugendlichen sowie der in der Kinder- und Jugendhilfe tätigen relevanten Akteure Aktionspläne gegen Kinderarmut erarbeitet werden. Hierbei sind die Belange von Kindern und Jugendlichen zu berücksichtigen und ihre Beteiligung am Verfahren sicherzustellen. Dabei sollten insbesondere folgende Lebensbereiche von Kindern, Jugendlichen und ihren Familien berücksichtigt werden: Frühkindliche Bildung, Schule, Gewaltfreie Erziehung/Gewalt gegen Kinder und Jugendliche, Freizeit/Kultur/Sport, Wohnen/Sozialräume, Gesundheit. Ferner sollten Landesregierungen über die Auswirkungen und Folgen von aus ihrer Sicht relevanten Gesetzen und Vorschriften auf die Lebenssituation von Kindern und Jugendlichen berichten. Sie sollten Vorhaben z.B. für die nächsten fünf Jahre zur Bekämpfung von Kinderarmut entwickeln und diese differenziert evaluieren. Zudem müssten alle Gesetzesinitiativen von Landtagen und Landesregierungen (inkl. Haushaltsplan und Haushaltsgesetz), alle Richtlinien der Landesregierung und Anträge bzw. Beschlüsse des Landtages hinsichtlich ihrer Auswirkungen auf Kinder und Jugendliche geprüft werden. Darüber hinaus sollte im Vorwort eines jeden Einzelplanes des Haushaltes dargestellt werden, welche Maßnahmen zur Beseitigung von Nachteilen für Kinder und Jugendliche (in Armut) geeignet sind. Die Landtage müssten ihre Landesregierung auffordern, sich im Bundesrat für Initiativen zur Einführung einer am bedarfsgerechten Existenzminimum orientierten Grundsicherung für Kinder und Jugendliche einzusetzen; zu berücksichtigen wäre dabei auch, für Alleinerziehende nur die hälftige Anrechnung des Kindergeldes auf den Unterhaltsvorschuss vorzunehmen. Ferner ginge es um die Einführung eigenständiger bedarfsgerechter Regelsätze für Kinder und Jugendliche, die nicht von denen der Erwachsenen abgeleitet sind, und die Umwidmung von Mitteln des Bildungs- und Teilhabepaketes in Mittel zur Förderung des Ausbaus der Kinder- und Jugendhilfeinfrastruktur. Dann würden Jungen und Mädchen einfach unbürokratisch und gebührenfrei z.B. in die Kita mit Mittagessen, den Jugendclub, in die Nachhilfe, den

Sportverein und in die Musikschule gehen und dafür ausgerüstet werden, während die zuständigen Institutionen und Behörden im Hintergrund die Kosten dafür automatisch untereinander begleichen, ohne die Eltern durch überflüssige Bürokratie von der Beantragung abzuhalten. Mit einem Aktionsplan, der die Lebenssituation von Armut betroffener Kinder und Jugendlicher in den Fokus stellt, sollten Maßnahmen, Ideen und Projekte entwickelt werden, die es Kindern und Jugendlichen trotz Armut erlauben, am gesellschaftlichen und kulturellen Leben teilzunehmen.

Daneben wären selbstverständlich entscheidende Weichenstellungen auf Bundesebene notwendig. Doch weitere mögliche parlamentarische Initiativen bestünden z.B. in der Novelle des jeweiligen Musikschulgesetzes (Personalausstattung, Beitragssenkungen), einer Novelle der Bibliotheksgesetze (zugunsten von Beitragssenkungen); KiFöG-Novellen für eine neue Kita-Finanzierungssystematik und den Einstieg in die Beitragsfreiheit für Eltern und die Verbesserung der pädagogischen Rahmenbedingungen); Veränderungen der Schulgesetze – z.B. Novelle für Mitbestimmung, Schuldemokratie, Lernmittelfreiheit; die ÖPNV-Verbesserung (Mobilität sichern, Freizeittickets), Stromabschaltung etc. bei mangelnder Liquidität in Haushalten mit Kindern verhindern, flächendeckenden Netzzugang sichern, Investitionsprogramm für Kinderspielplätze einführen (Finanzierung: z.B. Land 80 % und Kommune 20 %).

Insofern lässt sich auf kommunaler und Landes-Ebene doch einiges zur Vermeidung (der Folgen) von Kinderarmut unternehmen. Sinnvoll wären in jedem Fall, sog. Armutschecks auf kommunaler, Länder- und Bundesebene einzuführen, sodass alle Maßnahmen aller föderaler Ebenen auf ihre Wirkungen auf Arme (Kinder und Familien) hin untersucht werden. Ein diesbezügliches differenziertes Controlling müsste zumindest für alle neuen Gesetze in Bezug auf ihre (Kinder-)Armutswirkung eingeführt werden.

EIN BEISPIEL:

Ein Kind bringt mehrfach altes Brot zum Frühstück mit. Folgende Reaktionen sind denkbar:
Variante 1: Die Erzieherin streicht dem Kind über den Kopf und sagt „Du Arme, hast nur ein trockenes Brot von der Mama mitbekommen, – mag jemand aus der Gruppe vielleicht sein Frühstück mit ihr teilen?"
Variante 2: Sie sieht es, geht schnell in die Küche und holt etwas Frisches, das sie dem Kind anbietet.
Variante 3: Sie bespricht mit dem Team das Thema und es wird entschieden, ein gemeinsames Frühstücksbuffet in der Kita anzubieten, an dessen Vorbereitung alle Kinder mitwirken dürfen.

Bei der ersten Variante mag die Zuwendung der Erzieherin dem Kind guttun, auch wird vielleicht die soziale Seite der anderen Kinder angesprochen. Für das Kind kann es dennoch beschämend sein, dass die Mutter als wenig fürsorglich dasteht. Dies wird bei Variante zwei für den Augenblick vermieden. Bei der dritten Variante werden alle Kinder dazu befähigt, selbst Einfluss auf ihr Frühstück zu nehmen – sie erleben Selbstwirksamkeit, eine wichtige Voraussetzung für Resilienz“ (Iglesias/Wolter-Buhlmann 2019, S. 9).

Auf der kommunalen Ebene können Kitas und Fachkräfte die gesellschaftspolitische Entstehung von Kinderarmut zwar nicht verhindern. Sie können jedoch die Folgen und Bewältigungsstrategien von Kinderarmut unterschiedlich mit Kindern bearbeiten. Sie können durch ihre Haltung und Anerkennung gegenüber Kindern und Eltern zur Stärkung oder zur Schwächung der Betroffenen beitragen. Sie können vorhandene Risiken verstärken oder Resilienz-Ressourcen fördern. Sie können helfen durch unbürokratische Maßnahmen (Obstteller, Frühstück), und sie können helfen, Hilfe anzunehmen und Hilfe zu suchen. Und sie können jenseits aller makro- und mikrosozialen Anstrengungen mithilfe eines kinderrechtsbasierten Ansatzes Kinder stärken, Solidarität und Respekt unter Kindern unterstützen und Familien helfen.

Der Paritätische Wohlfahrtsverband fordert daher zu Recht in seinen Eckpunkten zur Qualitätsentwicklung in der Kindertagesbetreuung (2022, S. 5): „Inklusion muss auch die Situation von Kindern, die in Armut aufwachsen, berücksichtigen. Jedes fünfte Kind in Deutschland ist von Armut betroffen. Ein Aufwachsen in Armut geht mit negativen Auswirkungen auf das Wohlbefinden, die Teilhabemöglichkeiten, auf die Gesundheit und die Bildungschancen von Kindern einher. Daher ist es aus Sicht des Paritätischen notwendig, Kindertageseinrichtungen in benachteiligten Sozialräumen personell besser auszustatten und gezielt mit Fachberatung zu unterstützen. Der Kita-Bericht 2022 des Paritätischen Gesamtverbandes macht sehr deutlich, dass Kindertageseinrichtungen in benachteiligten Sozialräumen vor multiplen Herausforderungen stehen: So gibt es dort einen erheblich höheren Anteil von Kindern mit Unterstützungsbedarf in der sprachlichen Bildung – gleichzeitig gibt es weniger Kinder mit einem Anspruch auf Vollzeitbetreuung, was die personelle Ausstattung verringert. Einige Länder haben im Rahmen des KiQuTG (KiTa-Qualitäts- und Teilhabeverbesserungsgesetz – auch sog. Gute-Kita-Gesetz seit 2019 in Kraft; Anm. M.K.) bereits Ansätze dazu verfolgt, z. B. Bremen, Saarland, Rheinland-Pfalz und Thüringen. Diese Ansätze sind weiterzuführen und auszubauen. Die verpflichtende Berücksichtigung des Sozialraums bei der Verbesserung des Personalschlüssels ist eine notwendige Maßnahme bei der weiteren Qualitätsentwicklung. Gleichzeitig ist insbesondere in sozial benachteiligten Quartieren die Anbindung von Kindertageseinrichtungen an Familienzentren besonders wertvoll und sollte gezielt gefördert werden.“

5.4 Gegenmaßnahmen im Allgemeinen

Sinnvolle Maßnahmen basierten überdies zunächst einmal darauf, eine ehrliche Bestandsaufnahme dessen vorzunehmen, wie sich Deutschland in der Corona-Krise entwickelt hat. Viele Millionen Menschen wurden in Kurzarbeit geschickt. Durch das wegfallende Einkommen entstehen tendenziell Armutslagen und soziale Polarisierung. Durch Corona-Maßnahmen werden die Bildungsungleichheiten noch zunehmen. Hinzu kommt, dass die in der Regel etwa 20 Prozent höheren Einkommen der Männer wieder deutlicher an Bedeutung gewinnen und die Re-Traditionalisierung geschlechtlicher Arbeitsteilung begünstigen; gerade wenn die Kinder zu Hause bleiben müssen (vgl. Neuhaus 2020). Eine Re-Privatisierung sozialer Risiken wird befördert, wonach jeder seines eigenen gesundheitlichen, familiären und gesellschaftlichen Glückes Schmied sei. Dies sind eindeutige Hinweise auf einen gesellschaftlichen Rückschritt im neoliberalen Zeitalter.

Zudem wäre für die Kinderarmutsforschung festzuhalten, dass auch Kinderarmut als eine politisch (mit) zu verantwortende (tendenzielle bzw. strukturelle) Kindeswohlgefährdung und Kinderrechtsverletzung zu bezeichnen ist (vgl. Klundt 2017, S. 22). Darum sind die dafür Hauptverantwortlichen aus Regierung, Politik und Wirtschaft moralisch nicht wirklich legitimiert, am lautesten für Kinderschutz, Kindeswohl und Eltern-Misstrauen zu trommeln, während sie Kinder- und Familienarmut in diesem Kontext oft ausblenden. Vertrauenswürdiger wären sozial- und familienpolitische Maßnahmen zur Entprekarisierung familiärer Bedingungen und Verhältnisse (z.B. durch soziale Absicherung sowie Förderung sicherer und armutsfester Beschäftigungs- und Betreuungsverhältnisse). Die Regierungsbeschlüsse für Familienhilfen seit Ende April 2020 kamen z.B. viel zu spät, waren viel zu gering und wurden zudem noch häufig viel zu bürokratisch strukturiert (vgl. Holz/Richter-Kornweitz 2020, S. 4ff.).

Bei den jeweiligen Forderungen zur Revitalisierung der Kinderrechte und des Kindeswohlvorrangs sind vor allem diejenigen der Jugendverbände und der Schüler(innen)organisationen hervorzuheben. Sie betonen besonders die (mangelnde) Partizipation und fordern zu Recht, dass künftig wenigstens die betreffenden Jugendringe oder Schüler/innen-Vertretungen der Länder eingebunden werden. Ferner sind gerade die Forderungen aus den Kinderrechtsorganisationen, aus dem Bereich der Fachkräfte und ihrer Gewerkschaften und der Kinderarmutsforschung bemerkenswert.

Für die Jugendverbände mahnte bspw. berechtigterweise auch der Deutsche Bundesjugendring (DBJR) am 6. Mai 2020, dass endlich Kinder und Jugendliche an den sie betreffenden Entscheidungen auch partizipieren. „Positionen und Sichtweisen von Kindern und Jugendlichen spielten und spielen in der Debatte um Maßnahmen gegen die Pandemie kaum eine Rolle. Auch beim Nachdenken über Exit-Strategien sind junge Menschen nicht beteiligt. Das muss sich dringend ändern! Wir haben in den letzten Wochen wiederholt kritisiert, dass Kinder und Jugendliche mit ihren Bedarfen und Sorgen in den Debatten kaum eine Rolle spielen. Mindestens ebenso ein Problem ist: Sie bekommen keine Möglichkeit, beim Überlegen und Entscheiden über Lockerungen und Regeln des

Zusammenlebens mitzuwirken. Junge Menschen und ihre Interessenvertretungen werden in Kommunen, Ländern und im Bund kaum als Expert*innen beteiligt. Wir fordern deswegen, die demokratischen Prozesse zu stärken. Konkret müssen zum Beispiel Stadt- und Kreisjugendringe oder andere Formen der Beteiligung junger Menschen vor Ort eingebunden werden, um die vielfältigen Bedarfe junger Menschen in den kommenden Wochen besser im Blick zu behalten. Denn engagierte junge Menschen wie Jugendgruppenleiter*innen in den Jugendverbänden stehen im guten und teils engen digitalen Kontakt mit Gruppenmitgliedern. Sie kennen ihre Bedarfe und geben Fragen und Forderungen an verantwortliche Mandatsträger*innen in den Organisationen weiter. Das können und müssen diejenigen nutzen, die aktuell Entscheidungen treffen: Bürgermeister*innen mit ihren Verwaltungen, Landesregierungen und die Bundesregierung." Neben dem Kinderschutz müssten gleichermaßen Förderung und Beteiligung als Teil der Kinderrechte gesehen werden, da nur beide zusammen zum Kindeswohl gehörten. Deswegen müssten Kinder und Jugendliche mehr als bisher beteiligt werden und bei der Überlegung mitwirken können, unter welchen Regeln das Miteinander in Zeiten der Pandemie sinnvoll sei (vgl. DBJR v. 6.5.2020).

Genauso nachvollziehbar ist es, dass die Bundesschülerkonferenz in ihrer Pressemitteilung vom 14. April 2020 verlangte, dass die letztendliche Entscheidung über die Öffnung der Schulen „nach Ansicht der Mitgliedsländer der Bundesschülerkonferenz nur durch einen Expertenrat geschehen sollte, der unter anderem aus den Verantwortlichen des Robert-Koch-Instituts sowie denen der Gesundheits- und Bildungsbehörden, im Dialog mit den Schüler-, Lehrer-, und Elternvertretern, getroffen werden. Besonders bei einer solch wichtigen Entscheidung sollten die Meinungen der Schülerinnen und Schüler ausreichend berücksichtigt werden, wie in einigen Bundesländern bereits geschehen" (Die ständige Konferenz der Landesschülervertretungen der Länder in der Bundesrepublik Deutschland: Pressemitteilung zur Öffnung der Schulen in Deutschland v. 14.4.2020).

Paritätischer Armutsbericht 2020 (v. 20.11.2020, S. 5)

„Corona hat jahrelang verharmloste und verdrängte Probleme, von der Wohnraumversorgung einkommensschwacher Haushalte bis hin zur Bildungssegregation armer Kinder, ans Licht gezerrt. Der Lockdown im Frühjahr 2020 mit der Schließung von Kindergärten, Obdachloseneinrichtungen, Beratungsstellen, Jugendclubs und vielem anderen ließ allen bewusst werden, wie wichtig soziale Infrastruktur für ein funktionierendes Gemeinwesen und insbesondere für unterprivilegierte Bevölkerungsgruppen ist. Doch sollte auch jedem politisch Verantwortlichen bewusst sein, dass der Schullaptop, der Jugend- oder der Altenclub, die Hausaufgabenhilfe oder die Vereinsmitgliedschaft keine ausreichenden Transferleistungen ersetzen können. Die politische Übung, Geldleistungen gegen Sachleistungen auszuspielen, ist angesichts der Struktur der Armut in der Sache verfehlt. Es klingt banal und wird bei vielen nicht gern gehört: Aber gegen Einkommensarmut, Existenzängste und mangelnde Teilhabe hilft Geld. Es geht letztlich um die Umverteilung vorhandener Finanzmittel. Die Antworten der Bundesregierung auf die wirtschaftlichen Auswirkungen der Corona-Krise haben gezeigt, wozu wir finanz- und haushaltspolitisch in der Lage sind, wenn die Notwendigkeit gesehen wird und der Wille vorhanden ist. Die Bundesregierung hätte es in der Hand, Regelsätze in Hartz IV und der Altersgrundsicherung so zu erhöhen, dass keiner in Einkommensarmut leben muss. Sie hätte es in der Hand, eine Kindergrundsicherung einzuführen, die keine Familie in Armut belässt. Sie könnte das Arbeitslosengeld I und auch die Rentenversicherung mit geeigneten Reformen armutsfest machen. Unsere konkreten Vorschläge legen wir mit diesem Bericht vor. Deutschland hätte es in der Hand, seine Einkommensarmut abzuschaffen und parallel für eine gute soziale Infrastruktur zu sorgen."

Wie die Kinderarmutsforscherin Gerda Holz es auch formuliert, muss bei der Bekämpfung von Kinderarmut in Corona-Zeiten besonders die Kinderperspektive betont werden. Demnach sind verschiedene Maßnahmen nötig, die aus der Perspektive und den spezifischen Entwicklungsbedingungen von jungen Menschen heraus betrachtet und entwickelt werden müssten, da Kinder keine kleinen Erwachsenen seien. So wäre laut Holz eine erste Maßnahme, den Eltern einen Zuschuss zu überweisen, um die Kosten, die durch den Wegfall von Einrichtungen entstehen, aufzufangen, da sie sicherlich nicht auf ein üppiges Sparbuch zurückgreifen könnten, um in der Krise ihre Kinder zu versorgen. „Zweitens muss seitens der Schulen und Kitas, deren Träger und den Fachkräften vor Ort überlegt werden, wie sie neben Alternativen für das Lernen, Spielen und soziale Miteinander auch die Essensversorgung ersetzen. Hier gibt es keine Patentlösung, weil jede Schule oder Einrichtung anders ist. Aber dafür müssen umsetzbare Konzepte erstellt werden, das muss Thema im Kollegium einer Schule oder Kita sein, das muss Aufgabe der Träger sein – und zwar zusammen mit der kommunalen Kinder- und Jugendhilfe oder mit offenen Jugendzentren im Quartier. (…) Drittens muss überlegt werden, welche Vernetzung und welche verbindlichen Kooperationen es innerhalb einer Kommune geben kann. Zum Beispiel zwischen einer Schule und einem Wohlfahrtsverband, die dann gemeinsam ein verlässliches Versorgungsangebot schaffen" (zit. nach: Houben 2020).

Der Erfolg dieser Maßnahmen hänge davon ab, ob die existenziellen Notlagen und der immense Bedarf der betreffenden Familien gesehen würden und ob staatliche Mehrleistung auch auf armutsbetroffene Gruppen ausgeweitet würden. „Und schließlich hängt es davon ab, ob den Belangen von Kindern und Jugendlichen mehr Gewicht in der Krisenbewältigung eingeräumt wird. Je schneller solche Einsichten in politische Entscheidung und Verwaltungsumsetzung einfließen, desto rascher kommt es zu Soforthilfen" (vgl. ebd.). Entscheidend für die Zukunft werde es nach Holz sein, nicht zu vergessen, was diese Krise für Familien in Armut heute bedeute, und dass sie für sie andere Folgen habe als für Kinder, die nicht in

Armut aufwüchsen. „Es ist wichtig, dass wir für Kinderarmut sensibilisieren, über Stigmatisierung und Diskriminierung aufklären. Das Bild von Armut in Deutschland ist häufig: Armut ist Folge von persönlichem Fehlverhalten. Tatsächlich ist Armut aber ein Abbild gesellschaftlicher Verhältnisse und nicht gleichzusetzen mit Inkompetenz. Wissenschaftliche Erkenntnisse sprechen seit langem gegen diese vorherrschenden Vorurteile. Arme Eltern sind nicht inkompetent, sie versuchen, jeden Tag eine Mangelsituation zu bewältigen. Was ihnen fehlt, sind die Möglichkeiten und Ressourcen zur Teilhabe an allem in unserer Gesellschaft“ (ebd.). In den Diskussionen um Corona-Lockerungen komme das Kindeswohl deutlich zu kurz. Oberste Priorität habe natürlich unser aller Gesundheit, „aber in allen weiteren Überlegungen haben die Belange von Kindern und Jugendlichen genauso einzufließen wie die des Arbeitsmarktes und der Wirtschaft, die der Vereinbarkeit von Familie und Beruf oder die von älteren Menschen. Und bei der Öffnung der Schulen und Kindergärten müssen sozial benachteiligte Kinder vor allem in den Blick genommen werden“ (ebd.). In Deutschland bestehe eine deutliche Bildungsungleichheit und eine soziale Ungleichheit. „Hier sind Kinder aus finanziell schwächeren Familien in den vergangenen Wochen am stärksten in den Nachteil geraten. Es gilt zum einen aufzufangen, was noch aufzufangen ist und zum anderen, ihnen darüber hinaus mehr Unterstützung und Förderung zukommen zu lassen“ (Houben 2020).

Darüber hinaus fordern Kinderrechtsorganisationen wie das Deutsche Kinderhilfswerk oder der Deutsche Kinderschutzbund, dass soziale Infrastrukturen zur Kinderrechtsumsetzung z.B. für Partizipation, Armutsbekämpfung und Persönlichkeitsentwicklung ausgebaut, statt abgebaut werden müssen. Hinsichtlich Kinderarmut ist somit ein Gesamtkonzept bzw. ein wirkliches Maßnahmenpaket weiterhin dringend nötig. Wie auch die Nationale Armutskonferenz angemahnt hat (s.o.), lassen sich Kinder- und Familienarmut am besten durch drei Maßnahmen vermeiden. Neben einem armutsfesten Mindestlohn, wirklich aufgaben- und nicht ausgaben-orientierter Kinder- und Jugendhilfe und einer vollständigen Gebührenfreiheit für frühkindliche Bildung sowie einem kostenlosen gesunden Mittagessen, braucht es als Erstes eine Neuberechnung des Existenzminimums, da die momentane Ermittlung nachweislich nicht bedarfsgerecht ist (vgl. Parität 2018). Zum Zweiten wird ein Abbau von Ungerechtigkeiten in der Familienförderung verlangt, da derzeit am meisten bekommt, wer am reichsten ist (vgl. Stichnoth/ZEW 2016). Drittens muss der Zugang zu Sozialleistungen durch Bündelung an einer Stelle einfacher gestaltet werden, um Bürokratie, Stigmatisierung, Demütigung und Unkenntnis zu vermeiden (vgl. Klundt 2019, S. 166f.). Wichtig ist bei allen Überlegungen zum sozialen Zusammenhalt – auch in Richtung Kindergrundsicherung –, dass Kinder und ihre Familien nach den anvisierten Maßnahmen auch wirklich aus Armut und Hilfsbedürftigkeit befreit werden.

- „Wie lange soll die Unterfinanzierung und die personelle Unterbesetzung von Kitas, Schulen und Kinder-/Jugendhilfe noch akzeptiert werden?

- Wann erhalten Kommunen die Finanzmittel, die sie für den kontinuierlichen Auf- und Ausbau von Präventionsketten zur Förderung eines Aufwachsens in Wohlergehen brauchen?
- Was macht es so schwer, im Alltag professionell und präventionsorientiert auf Armut zu reagieren, d. h. armutssensibel in Wissen, Haltung und Handlung?" (zit. nach: Holz/Richter-Kornweitz 2020, S. 12)

In der Tat scheint die Zahl sozial benachteiligter und in dieser Konkurrenzgesellschaft schlicht überforderter Eltern und Familien zu steigen. Die Ursachen dafür bleiben jedoch oft unterbelichtet. Deshalb ließe sich auf die Empörung vieler Journalist(inn)en, Politiker/innen und (sozial-)pädagogisch Tätiger über die angeblich steigende erzieherische Gleichgültigkeit vieler Eltern mit dem Hinweis auf Veränderungen in der Arbeitswelt reagieren. Deren Auswirkungen auf das Familienleben kann man sich laut der Sozialwissenschaftlerin Angela Naujoks an fünf Fingern abzählen. „Wie sollen denn Kompetenzen wie Pünktlichkeit (wenn nach dem Ableisten von Überstunden gerade mal Zeit für einen Gute-Nacht-Kuss bleibt), Verlässlichkeit (wenn die ‚Flexibilität', die am Arbeitsplatz verlangt wird, gemeinsame Unternehmungen am Wochenende unmöglich macht) und soziale Verantwortung (wenn die Möglichkeit einer kommunalen Kinderbetreuung vielerorts zum ‚Glückstreffer' wird) vermittelt werden, wenn sie nicht selbst erfahren und somit vorgelebt werden können?" (Naujoks 2013). Somit besteht eine staatliche Verantwortung für die Rahmenbedingungen des Aufwachsens. Außerdem können gesellschaftliche Diskurse über Familien- und Kinderarmut als zentrale Angelpunkte für die Verwehrung oder Verwirklichung von Kinderrechten in Deutschland angesehen werden.

Was wären noch weitere notwendige wirksame Maßnahmen, um die Not zu wenden? Im Bereich des Arbeitsmarktes müssten wirkliche Reformen eine deutliche Arbeitszeitverkürzung, einen (alters-)armutsfesten gesetzlichen Mindestlohn und einen öffentlichen Beschäftigungssektor im Rahmen einer familienfreundlichen Arbeitswelt beinhalten. Mit einer paritätischen Arbeits- und einer Erwerbstätigenversicherung bezogen auf alle Einkommen könnte wirksam bei Arbeitslosigkeit und im Alter der Lebensstandard armutsfest gesichert werden. Durch eine solidarische Bürgerversicherung für alle und bezüglich aller Einkünfte wären Gesundheit und Pflege für die gesamte Bevölkerung auskömmlich zu finanzieren. Der Hartz-IV-Regelsatz müsste bedarfsorientiert angehoben und umgewandelt werden zu einer armuts- und sanktionsfreien Grundsicherung, während Minderjährige eine Kindergrundsicherung erhalten sollten. Ferner müsste im Bildungsbereich statt des Drei-Klassen-Systems eine inklusive Ganztagsschule für alle Kinder entwickelt und der gebührenfreie Ganztags-Rechtsanspruch auf Kita-Betreuung für Unter-Dreijährige qualitativ hochwertig und mit beitragsfreiem, gesundem Mittagessen realisiert werden. Zu deren Finanzierung und zur Reduktion der Spaltungsprozesse in der Gesellschaft zwischen Arm und Reich sollte eine Vermögensteuer, eine gerechte Erbschaftsteuer, eine Finanzmarktsteuer und ein angehobener Spitzensteuersatz in Angriff genommen werden.

Dass es nicht an fehlenden Finanzen mangelt und verschiedenste Finanzierungen leicht möglich wären, zeigt auch die Entwicklungshilfe-NGO „Oxfam" in ihrem Bericht zum „Ungleichheits-Virus" vom 25.1.2021. Darin erläutert sie erneut, wie stark die soziale Spaltung weltweit von der Corona-Krise vorangetrieben wurde: „Das Vermögen der (im Dezember 2020) zehn reichsten Männer der Welt ist seit Februar 2019 – trotz der Pandemie – um fast eine halbe Billion US-Dollar auf 1,12 Billionen US-Dollar gestiegen. Dieser Gewinn wäre mehr als ausreichend, um die ganze Weltbevölkerung gegen Covid-19 zu impfen und sicherzustellen, dass niemand durch die Pandemie in die Armut gestürzt wird" (Oxfam 2021, S. 4). Zugleich weist Oxfam darauf hin, dass auch in Deutschland veritable Krisen-Gewinnler zu verzeichnen sind. „Einige der größten Konzerne der Welt schütteten auch in Zeiten der Krise Milliardengewinne an die Aktionär*innen aus. Dazu gehören auch deutsche Konzerne. So wurden 2020 an Aktionär*innen von BMW, darunter einige der reichsten Menschen Deutschlands, über 1,6 Milliarden Euro an Dividenden ausgezahlt. Davon kam rund die Hälfte den Hauptaktionär*innen Susanne Klatten und Stefan Quandt zugute, während im Frühjahr 2020 20.000 Mitarbeiter*innen Kurzarbeitergeld bezogen. Die Hauptlast der Krise tragen vor allem kleine und mittlere Unternehmen (KMU) sowie Arbeiter*innen – und hierbei überproportional Frauen mit niedrigen Löhnen" (Oxfam 2021, S. 4f.; vgl. Kohlrausch/Hövermann 2020, S. 485ff.).

Zum weiteren Nachweis der Tatsache, dass Geld genug vorhanden ist, kann man sich auch anschauen, was das Deutsche Institut für Wirtschaftsforschung zur sozialen (Vermögens-)Ungleichheit in seinem Wochenbericht vom 3. Februar 2021 anhand der Erbschaften in Deutschland verdeutlicht hat. Demnach hat sich in den vergangenen 20 Jahren „das Nettovermögen der privaten Haushalte in Deutschland auf 13,8 Billionen Euro mehr als verdoppelt. Davon könnten nach Schätzungen des DIW Berlin jedes Jahr bis zu 400 Milliarden Euro vererbt oder verschenkt werden" (Baresel u.a. 2021, S. 64). Diese intergenerationale Vermögensweitergabe ohne marktwirtschaftlichen Leistungsanspruch verteilt sich nur sehr schicht- bzw. klassenspezifisch auf die Erb(inn)engeneration. „Gegenüber dem Jahr 2001 haben sich die Erbschaften und Schenkungen im Durchschnitt real um etwa 20 Prozent erhöht. Intergenerationale Transfers sind ungleich verteilt: So fließt die Hälfte aller Erbschafts- und Schenkungssummen an die reichsten zehn Prozent der Begünstigten. Erbschaften und Schenkungen erhöhen damit die absolute Ungleichheit" (ebd.).

Wie auch immer also die nationalen und internationalen Probleme der Gegenwart und Zukunft von Kinderpolitik aussehen, an fehlendem Geld für die notwendigen Mittel und Maßnahmen gegen (Kinder-)Armut und für die Revitalisierung der Kinderrechte scheitern sie nicht – höchstens an dessen ungerechter Verteilung. Aber das lässt sich und das muss sich ändern, wenn der demokratische und soziale Rechtsstaat der Bundesrepublik Deutschland nicht durch vielfältige Spaltungstendenzen zerstört werden soll.

6

Fazit

Was lässt sich nun aus all den Erkenntnissen zum Umfang und den Erscheinungsformen, zu den Folgen, Diskursen, Ursachenanalysen und Alternativkonzepten hinsichtlich Kinderarmut abschließend schlussfolgern und welcher Ausblick kann angesichts dessen gewagt werden? Zumindest wurde klar, dass Benachteiligung, Diffamierung und Stigmatisierung von Kindern in Armutslagen mit bundes-, landes- und kommunalpolitischen Maßnahmen, durch sensible mediale und wissenschaftliche Wahrnehmung und durch (sozial-)pädagogisches Handeln begegnet werden kann und begegnet werden muss.

Wie dieser Band nachzeichnen konnte, sind die unmittelbaren und mittelbaren Auswirkungen von Kinderarmut auf das Kindeswohl im Einzelnen überprüfbar. Dabei kann gezeigt werden, dass Kinderarmut im reichen Deutschland buchstäblich als Kinderrechtsverletzung und – politisch mit-herbeigeführte – Kindeswohlgefährdung grundsätzlich das Recht junger Menschen auf Förderung ihrer Entwicklung und Erziehung zu einer eigenverantwortlichen und gemeinschaftsfähigen Persönlichkeit beeinträchtigt (vgl. §1 SGB VIII). Aufgrund politisch zu verantwortender, nachgewiesener Gesundheits- und Bildungsbenachteiligungen wird die individuelle und soziale Entwicklung junger Menschen behindert. Das schließt einen geringeren Schutz vor der Gefährdung des Kindeswohls ein. Schließlich lässt sich anhand einer gesellschaftspolitischen Kontextanalyse nachweisen, dass auch Politik, Wissenschaft und Medien zu einer negativen Stimmungsmache, ja sogar Stigmatisierung der Armen mit ihren Kindern und Familien beitragen, was deren Lebensbedingungen weiter verschlechtert und das Kindeswohl gefährdet. Von einer kinder- und familienfreundlichen Umwelt, in der das Wohl des Kindes ein vorrangig zu berücksichtigender Gesichtspunkt ist (vgl. Art. 3 UN-Kinderrechtskonvention), kann für Heranwachsende in (chronischer) Armut daher nicht die Rede sein.

Zwar kann von frühkindlichen Bildungs- und Betreuungseinrichtungen nicht erwartet werden, dass sie die maßgeblich auf Bundesebene von der Politik zu verantwortenden Ursachen von Kinderarmut bekämpfen können. Doch sie sind dennoch in der Lage, die Folgen von sozialer Benachteiligung und Ausgrenzung in der Kita zu lindern und zu vermindern oder zu verstärken und zu verschärfen. Insofern spielen sie keine allzu geringe Rolle bei der Frage, wie mit sozialer Ungleichheit und (Kinder-)Armut umgegangen wird. Armut und soziale Ungleichheit machen vor Kindern und Jugendlichen ebenso wenig halt wie Vorurteile über und Diskriminierung von Betroffenen. Die Wahrnehmung und der vorurteilssensible Umgang mit Armut(sgefährdung) ist deshalb eine wichtige Aufgabe einer menschenrechtsbasierten Bildung und Sozialwissenschaft. Dazu gehört erstens, sich mit der Existenz und Entwicklung von Armut und Reichtum in Deutschland, von der Kinder direkt und indirekt betroffen sind, vertraut zu machen. Zweitens gilt es, sich eigene Vorurteile bewusst zu machen und bestimmte Äußerungen gemeinsam mit Kindern und Kolleg(inn)en auf ihre Bedeutungen und Auswirkungen v.a. für die damit Markierten und bisweilen Abgewerteten zu untersuchen. Drittens steht die Sensibilisierung der Fachkräfte für die von Armut betroffenen Kinder und Familien auf der Tagesordnung.

Armutsgefährdete Kinder und ihre Familien dürfen nicht aufgrund ihrer Armut stigmatisiert werden, sondern es sollte auf ihre besonderen sozialen, kognitiven, emotionalen etc. Bedürfnisse sensibel eingegangen werden. Ihre Ressourcen müssen gestärkt und wertgeschätzt werden, indem sie nicht so sehr als „Problemkinder“ oder „Problemeltern“ behandelt werden, sondern höchstens als „Kinder oder Eltern mit Problemen“ oder unter problematischen Bedingungen lebend, die dann gemeinsam (und das heißt: mit ihnen und nicht gegen sie) angegangen werden können. Viertens sind die Fachkräfte aufgerufen, die Kinder für die Existenz sozialer Ungleichheit und ihrer Auswirkungen zu sensibilisieren und einen solidarischen Umgang miteinander zu fördern. Leitlinien für die Art und Weise der proaktiven Auseinandersetzung mit Armut sind u.a., sensibel für die Folgen von Armut (z.B. Ängste, Scham) zu sein, klarzumachen, dass Armut und nicht die Armen das Problem sind, betroffenen Kindern und Eltern nicht mit einer Defizit-, sondern Ressourcenorientierung zu begegnen und über Schwierigkeiten, eine angemessene Sprache für den Umgang mit Armut zu finden, offen mit allen Beteiligten zu sprechen.

Nicht nur die Kinder- und Jugendhilfe ist laut Gesetz verpflichtet, gegen die systematische Benachteiligung und für positive Lebensbedingungen Stellung zu beziehen. Für diejenigen, die sich für die Veränderung politischer wie öffentlicher Diskurse und Verhältnisse einsetzen wollen, bedeutet das eine große Anstrengung mit einem sehr langen Atem. Wenn sie sich dabei gemeinsam mit Kindern und Jugendlichen für solidarische Alternativen stark machen oder sich an die Seite der Benachteiligten und Unterdrückten stellen, um sich an der Beseitigung der Ursachen gesellschaftlicher Nöte zu beteiligen, so ist das genauso notwendig wie anstrengend. Die Herausforderung besteht auch darin, sich mit anderen zusammenzutun, sich täglich kundig zu machen über gesellschaftliche Zusammenhänge, gemeinsam für Alternativen zu werben und eine Gegen-Macht aufzubauen gegen diejenigen, die von Benachteiligung und Unterdrückung nicht nur profitieren, sondern Benachteiligte und Unterdrückte auch noch ihrer Menschenwürde berauben. Die Organisierung und Mobilisierung solidarischer Öffentlichkeit muss sich parlamentarisch und außerparlamentarisch mit einflussreichen und mächtigen Interessensgruppen anlegen. Das wird schon bald sichtbar, wenn die Fragen der Finanzierung der verschiedensten Corona- und Krisen-Hilfen für alle möglichen Lobby-Gruppen ansteht. Denn Letztere sind interessensbedingt davon überzeugt, dass sie den größten Teil des von allen erwirtschafteten gesellschaftlichen Reichtums zu Recht für sich alleine beanspruchen und (auch qua Erbe) buchstäblich verewigen dürfen, während sich die große Mehrheit der Bevölkerung um den kleineren Rest des gesellschaftlichen Reichtums und dessen Aufteilung z.B. zur Armutsbekämpfung streiten darf (nach dem Motto: Divide et impera, wenn es sein muss, auch auf Kosten von Sündenböcken, wie z.B. ethnische oder religiöse Minderheiten). Die extrem ungleiche Primärverteilung des gesellschaftlichen Reichtums darf deshalb bei allen sinnvollen Forderungen von Maßnahmen gegen Kinderarmut vor, während und nach der Corona-Krise nicht aus dem Blick geraten (vgl. Klundt 2021, S. 13ff.). Denn diese Gesellschaft ist ihren Kindern und Jugendlichen noch etwas schuldig.

Was schuldet diese Gesellschaft ihren Kindern und Jugendlichen?

Ein „Aufholpaket" für die versäumte Bildungs-, Sozial- und Familienpolitik wäre somit nötig, denn die Regierenden haben ihre Lücken aufzuarbeiten und ihren „Stoff" aufzuholen – die Kinder- und Jugendlichen tragen dabei keine Schuld bzw. Verantwortung. Nachhilfebedarf ist somit zunächst einmal ein Armutszeugnis des Bildungssystems und nicht der Schüler/innen.
Ein „Aufholpaket" in Sachen Kindeswohlvorrang und Umsetzung der UN-Kinderrechtskonvention steht immer noch aus. Schutz, Förderung und v.a. Beteiligung von Kindern, Jugendlichen, Kinderrechtsorganisationen, Schüler-Vertretungen, Jugendverbänden.
Ein „Aufholpaket" in der Bildungspolitik: In einem der reichsten Länder dieser Erde fehlen ca. 35 Mrd. EUR jährlich und seit Jahren als Investitionslücke nur für Schulgebäude (inkl. benutzbarer Hygienebereich und Schulräume mit Waschbecken inkl. Seife). Die digitale Infrastruktur ist da noch nicht einmal mitgerechnet.
Ein „Aufholpaket" für mehr Personal in kleineren Klassen; digitale Hard- und Software für Lehrer/innen und für alle Schüler/innen fehlt (eigentlich verpflichtend nach Art. 7 GG plus Lernmittelfreiheit in den Länderverfassungen)
In der „Neuen Presse" vom 26. Mai 2021 heißt es dazu: „Die Gesellschaft mute den Jüngeren in der Krise zu, ‚was wir für Erwachsene als nicht umsetzbar bezeichnen', kritisiert auch Sina Denecke, Sprecherin der Initiative Familie, einem Verbund von Eltern aus elf Bundesländern, die seit März 2020 auf die Nöte der Kinder hinweisen. Eine Testpflicht für Erwachsene etwa habe lange als unzumutbarer Eingriff in die körperliche Unversehrtheit gegolten – bei Kindern aber war das kein Problem. ‚Und eine Pflicht zum Homeoffice? Da hieß es dann, es drohe Vereinsamung und es mangele an Technik. Für Schüler aber galt das nicht.' Nur 0,6 Prozent der Summe, die der Bund bis Januar in die freie Wirtschaft investiert habe, floss in der Coronakrise bis dahin in den Bildungsbereich, kritisiert der Verein." (Neue Presse v. 27.5.2021) Selbst wenn nur ein Bruchteil dieser Angaben stimmen sollte, wäre dies in jedem zivilisierten demokratischen und sozialen Rechtsstaat ein handfester gesellschaftspolitischer Skandal erster Ordnung.
Ein „Aufholpaket" für die Kinder- und Jugendhilfe, für Kitas, Jugendarbeit und den außerschulischen Bildungsbereich wird gebraucht, denn letzterer wurde in den letzten Jahren besonders ignorant behandelt.
Angesichts dessen, was seit dem 15. März 2020 (aber zum größten Teil auch schon seit Jahren) in Deutschland etwa 14 Millionen Kindern und Jugendlichen (plus ein paar Millionen jungen Erwachsenen) zugemutet – um nicht zu sagen – angetan wurde und wird, sind Bundesregierung und Landesregierungen dringend verpflichtet ein Bildungs-, Kinder-/Jugend-, Familien- und Sozial-Programm von mind. 100 Mrd. EUR auf den Weg zu bringen, um wenigstens die gröbsten, von der Politik (mit-)verursachten Bildungs(System-)Mängel und Schäden halbwegs zu kompensieren, die sie – die Regierungspolitik – hinterlassen bzw. angerichtet hat.

Ein „Aufholpaket“ für die bislang mangelhafte Familien-, Bildungs- und Sozialpolitik gegen Kinderarmut ist schon lange überfällig (vgl. Holz/Richter-Kornweitz 2020: Corona-Chronik). Schon der Koalitionsvertrag von CDU/CSU und SPD von 2018 stellte unmissverständlich fest: „Wir werden ein Maßnahmenpaket zur Bekämpfung der Kinderarmut schnüren“ (CDU/CSU/SPD: Koalitionsvertrag 2018, S. 19). Auch der Koalitionsvertrag machte deutlich, dass es dabei nicht nur um Kinderzuschlag und Bildungs- und Teilhabepaket gehe, sondern erwähnt Kita-Ausbau, Ganztagsschul-Programme, Vereinbarkeitspolitik für Familie und Beruf, familienfreundliche Arbeitswelt, Arbeitsmarktpolitik, Kinderrechte, Kinderschutz usw. Mit dem sog. Starke-Familien-Gesetz, dem sog. Gute-Kitas-Gesetz, ein paar Kinderboni und dem sog. Aufholpaket wurde dieses selbst gesteckte Ziel von der früheren Bundesregierung allenfalls mangelhaft erreicht. Die von der aktuellen Ampelkoalition im Koalitionsvertrag von SPD, Grünen und FDP von 2021 beschlossene und von der Bundesfamilienministerin für das Jahr 2025 versprochene Einführung einer Kindergrundsicherung wird daran gemessen werden müssen (vgl. Huber 2022).

Neuere Ansätze der Kinderarmutsforschung nehmen darüber hinaus Kinder auf Basis der UN-Kinderrechtskonvention als eigenständige Subjekte wahr, als von Armut Betroffene und Armut Bewältigende, anstatt sie lediglich als Angehörige armer Haushalte und als Auslöser von familiären Armutslagen zu betrachten (vgl. Klundt u.a. 2013b, S. 327ff.). Zunehmend rekurriert die Kinderarmutsforschung auf ressourcen- und potenzialorientierte Konzepte, insbesondere auf Salutogenese (was hält gesund?) und Resilienzförderung (Stärkung der Widerstandskräfte; vgl. Geene/Höppner/Lehmann 2013). Möglichkeiten der Armutsprävention werden aber weiterhin auch in gesellschaftspolitischer Verantwortung verortet; Staat und Gesellschaft können nicht aus der Pflicht entlassen werden, gerechte Lebensbedingungen für alle Kinder zu schaffen.

Dazu gehören auf kommunaler Ebene vor allem die Herausforderungen, alle monetären und sonstigen Zugangsschwellen für die Teilhabe von Kindern und Familien abzubauen. Kommunen können z.B. beitragsfreie Mobilität im Rahmen des ÖPNV, Jugendhilfe-Infrastruktur und Kita- sowie Schul-Verpflegung gebührenfrei zur Verfügung stellen.

Auf der Ebene der Bundesländer stellen sich vor allem die Aufgaben, die Finanzierung der kommunalen Leistungen zu bewerkstelligen sowie für Lernmittelfreiheit in allen Bildungseinrichtungen von der Kita bis zur Hochschule zu sorgen.

Die Bundesebene wiederum muss die jeweiligen finanziellen Grundlagen schaffen und für adäquate Rahmenbedingungen sorgen. Arbeit, Infrastrukturen, Transfers bzw. Existenzminimum, Familienförderung und Anlaufstellen. Dafür ist es notwendig, Austeritätspolitik in Deutschland, d.h. die Schuldenbremse, zurückzunehmen und statt des Kooperationsverbotes endlich ein Kooperationsgebot im Föderalismus-Bereich von Bildung und Jugendhilfe zu schaffen. Alle Maßnahmen und Alternativen stehen und fallen mit der Frage der Primärverteilung des gesellschaftlichen Reichtums. Allein die Hoffnung auf die Sekundärverteilung und auch viele verständliche, doch zumeist illusionäre

Grundeinkommensträume übersehen zu sehr die realen Kräfteverhältnisse, unter denen für Bündnisse und Mehrheiten in der lohnabhängigen Bevölkerung geworben werden muss.

Manche mögen mutmaßen, dass Ressourcenorientierung und Resilienzansatz (vgl. Zander 2015) in der Kinderarmutsforschung zu sehr gesellschaftspolitische Rahmenbedingungen aus dem Auge zu verlieren drohen, zugunsten einer Individualisierung sozialer Probleme (durch individuelle Stärkung der Abwehrkräfte). Ähnliche Befürchtungen teilen auch Petra Böhnke, Jörg Dittmann und Jan Goebel, wenn sie vermuten, dass die Ersetzung des politischen Ziels der Verteilungsgerechtigkeit durch Chancengerechtigkeit und die Hervorhebung von Investitionen in Armutsvermeidung die Diskussion um Ressourcenumverteilung in den Hintergrund treten lassen, denn dadurch würden ihres Erachtens die strukturellen Ursachen von Armut leicht aus dem Blick verloren. „Mit der Zuspitzung auf Bildungsinvestitionen und die damit häufig individualisierten Armutsvermeidungsanstrengungen geht eine Perspektiv-Verengung einher. Gesellschaftliche, strukturelle und systembedingte Ursachen, wie sie beispielsweise an der marktbasierten Wohnraumversorgung, an flexibilisierten Arbeitsmärkten oder an Vereinbarkeitsproblemen, die bei Alleinerziehenden durch fehlende Kinderbetreuung etc. deutlich werden, geraten dagegen aus dem Blick“ (Böhnke/Dittmann/Goebel 2018, S. 17). Dem kann durch eine Repolitisierung der Kinderarmutsforschung abgeholfen werden. Sie geht davon aus, dass auch das politische, wissenschaftliche und publizistische Reden über Arme (Kinder und Familien) einen Teil der gesellschaftspolitischen Polarisierungs-Problematik ausmacht und auf Ressourcen und Resilienz wirken. Außerdem besteht – entgegen der Individualisierungsprämisse – gerade ein wichtiger Resilienzfaktor darin, sich den eigenen Hilfebedarf einzugestehen, Hilfe zu holen und/oder Hilfe von anderen annehmen zu können. Genau entgegen der weit verbreiteten Ellenbogen-Ideologie sogenannter Eigenverantwortung besteht das Ressourcen- und das Resilienzkonzept in diesem Sinne gerade nicht darin, das individuelle Ertragen unerträglicher Zustände zu propagieren. Vielmehr geht es darum, subjektive Stärken zu ermitteln sowie individuelle und kollektive Bewältigungspraxen zu analysieren, die zur Veränderung widriger Handlungsbedingungen beitragen können. Emanzipatorische Politik kann dies unterstützen durch Organisierung und Mobilisierung kollektiver Resilienz gegenüber den neoliberalen Zumutungen und für solidarische Alternativen.

Somit wurden in diesem Buch zu den (kinder-)armuts- und reichtumsspezifischen sowie familienpolitischen Zielen, Wirkungen und Zusammenhängen politisch, publizistisch und wissenschaftlich verantwortliche Vertreter/innen mit ihren entsprechenden Interessensbestimmungen vorgestellt und mit empirischen Regierungsberichten, -Studien sowie Statements verglichen. Damit konnte gezeigt werden, dass die Beweise für das gravierende Ausmaß von Kinderarmut und sozialer Polarisierung, für deren dramatische Auswirkungen, für die Ursachen und Zusammenhänge, als auch für die sich daraus zwingend ergebenden Gegenmaßnahmen und Alternativen die Regierenden und ihre Unterstützer/innen in Medien und Wissenschaft weitgehend von ganz alleine erbringen. Man muss ihre Aussagen mitunter nicht einmal gegen den Strich bürsten, um zu wesentlich kritischeren Einsichten zu gelangen, als es die Verantwortlichen und ihre politischen, publizistischen und wissenschaftlichen Fürsprecher/innen eigentlich beabsichtigten.

Abseits der fruchtlosen Debatten mit den notorischen Armutsleugnern und -verharmlosern, die sich ständig im Zwiespalt zwischen der Forderung bzw. Förderung und der Vertuschung bzw. Verleugnung extremer sozialer Ungleichheit befinden, erweist sich das Armuts-Problem womöglich eher als eine Frage der Taten als eine solche der Daten (vgl. Butterwegge 2017, S. 19ff.). Die häufig vorkommende verbale Fortschrittlichkeit durch hübsche Begriffe (vgl. „Bürgergeld" statt „Hartz IV") bei gleichzeitiger real-praktischer Beibehaltung rückschrittlicher Verhältnisse sollte kritisch aufhorchen lassen. Offensichtlich besteht trotz Datenkenntnis doch so etwas wie systembedingte Erkenntnisverweigerung und Praxisbeibehaltung, die sich auch nach beinahe zwei Jahrzehnten nicht einmal darüber wundert, dass die eigenen Maßnahmen (selbst nach den eigenen Kriterien und Berichten) nicht zum versprochenen Erfolg geführt haben bzw. die eigene Verantwortung für die real existierenden Auswirkungen fast vollständig ausblenden.

Mit dem 16. Kinder- und Jugendbericht der Bundesregierung von November 2020 lässt sich darüber hinaus zur Umsetzung der UN-Kinderrechtskonvention von der frühen Kindheit an eine besondere Betonung von Bildung, Kindeswohl und Partizipation hervorheben: „Für Kindertageseinrichtungen und die Kindertagespflege sind kinderrechtsbasierte Qualitätsstandards mit bundesweiter Geltung zu entwickeln und umzusetzen. Der Begriff ‚Kindeswohl' muss dafür unmittelbar an das Recht des Kindes auf Gehör und Beteiligung als Ausdruck der Subjektstellung des Kindes geknüpft sein und vorrangig berücksichtigt werden. Die Kommission des 16. Kinder- und Jugendberichts empfiehlt daher, ein bundesweites Kinderrechte-Monitoring mit umfassendem Bezug zur Bildung in der Kindertagesbetreuung zu gewährleisten und unabhängige Beschwerdestellen auf Bundes-, Landes- und kommunaler Ebene zu etablieren, die für Kinder und Familien sowie Fachkräfte niedrigschwellig zugänglich sind. Zudem müssen die Landesjugendämter in ihren Kompetenzen gestärkt und mit ausreichend Ressourcen ausgestattet werden, um Trägern der Jugendhilfe und insbesondere auch Trägern von Kindertagesbetreuungseinrichtungen proaktiv Beratung nach § 8b SGB VIII bieten zu können" (BMFSJ 2020, S. 176).

Außerdem weist der 16. Kinder- und Jugendbericht der Bundesregierung sinnvollerweise darauf hin, wie wichtig die Verankerung von Kinderrechten in der Verfassung einzuschätzen ist.

„Die Kinderrechte stärken und im Grundgesetz verankern.

Über die Rechte auf Beteiligung und Teilhabe hinaus verpflichten die *UN-Kinderrechte* die unterzeichnenden Staaten auch auf besondere Förderungs- und Schutzrechte. Dazu gehören auch das Recht auf Bildung und abgeleitet davon das Recht auf politische Bildung. Die Kommission spricht sich dafür aus, die Kinderrechte entsprechend der Koalitionsvereinbarung noch in dieser Legislaturperiode im Grundgesetz zu verankern. Denn die Kinderrechte bilden eine der wesentlichen rechtlichen Grundlagen für eine politische Bildung, die sich der Herausbildung eigenständiger und freier politischer Persönlichkeiten verschreibt und politische Teilhabe und Betätigung bereits im Kinder- und Jugendalter unterstützt und zu ermöglichen hilft. Begleitend dazu ist über den derzeitigen Status quo hinaus dafür Sorge zu tragen, eine dauerhafte, mit finanziellen Mitteln und entsprechenden Möglichkeiten angemessen ausgestattete Monitoringstelle vorzusehen, die die Umsetzung der *UN-Kinderrechtskonvention* kritisch begleitet. Mit einem umfassenden und inklusiven Blick auf die Alltags- und Lebenswelten von Kindern hat die Monitoringstelle unter Einbeziehung zivilgesellschaftlicher Akteure Kinderrechte-Indikatoren zu entwickeln. Dabei sind spezielle Herausforderungen kindlicher Lebenswelten durch ‚Schattenberichte' abzubilden. Der Monitoringstelle kommt hierbei die Aufgabe zu, ein umfassendes und die gesamten Lebenswelten von Kindern einbeziehendes Datenerhebungssystem (Kinderrechte-Index) für alle Bundesländer vorzuhalten und damit eine verlässliche Grundlage für eine vollumfängliche Kinder- und Jugendhilfeplanung für Politik und Verwaltung zu schaffen. Die Monitoringstelle erstattet dem Deutschen Bundestag einen regelmäßig vorzulegenden und öffentlich zu diskutierenden Bericht. Begleitend werden unabhängige Unterstützungs- und Beschwerdestellen vorgeschlagen, die für Kinder und Familien sowie für Berufsgruppen mit professionellem Kontakt zu Heranwachsenden niedrigschwellig zugänglich sind und vorhandene Strukturen stärken und vernetzen" (BMFSJ 2020, S. 568).

Wer Menschen- und Kinderrechte (auf Bildung) stärken und (Kinder-)Armut bekämpfen will, muss auch über den exorbitant gestiegenen Reichtum in unserer Gesellschaft sprechen. Wer die sozialräumliche Segregation in unseren Städten bemängelt, darf nicht vergessen, dass die armen Stadtteile oft so aussehen, wie sie aussehen, weil die reichen Stadtteile so aussehen, wie sie aussehen. Wer den Sozialstaat stärken will, muss die Privatisierung von Sozialversicherungen, von Energieversorgern, von städtischen Wohnungen, Krankenhäusern und Pflegeheimen zurücknehmen und dem Profitprinzip entziehen sowie bessere Bedingungen in Schulen, Kitas und Jugendhilfe bzw. Jugendclubs schaffen. Dass dafür genug Geld da ist, zeigen die bereits oben vorgestellten Forschungsergebnisse (vgl. Baresel u. a. 2021, 64ff.).

Wenn jedoch laut Angaben der Bundesregierung ab 2023 die „schwarze Null" und die Schuldenbremse wieder eingehalten werden sollen, stellt sich nicht nur zur Umsetzung von

Menschen- und Kinderrechten (auf Bildung) und zur Bekämpfung von (Kinder-)Armut die Frage, wie notwendige Investitionen in Brücken, Bildung und Bürgergeld adäquat und nachhaltig finanziert werden sollen. Die nächsten Spar- bzw. Kürzungsrunden scheinen dagegen dann bereits vor der Tür zu stehen. Sofern keine Vermögensteuer eingeführt wird, keine Bürgerversicherung die Zwei-Klassenversorgung im Gesundheits- und Pflegesystem beendet, wenn mit der gesetzlichen Rente an der Börse spekuliert werden und der Rüstungsetat wie geplant steigen soll, stehen der gewagte Fortschritt der Bundesregierung und die Nachhaltigkeitsziele „UN-SDG 2030" auf ziemlich wackeligen Beinen – und der Kampf für Kinderrechte sowie die Bekämpfung von Kinderarmut wären ebenfalls zumindest geschwächt. Doch dies muss ja nicht das letzte Wort sein, denn es gibt glücklicherweise solidarische Alternativen. Sie müssen – unter Einbezug von Kindern und Jugendlichen – miteinander erarbeitet, entwickelt und gemeinsam erkämpft werden.

Literatur

Allmendinger, Jutta (1999): Bildungsarmut – zur Verschränkung von Bildungs- und Sozialpolitik. In: Soziale Welt, Jg. 50, H. 1, S. 35–50.

Allmendinger, Jutta (2020): Allmendinger, Jutta (2020): „Kassiererinnen haben einen erbärmlichen Schutz". Das Interview mit Jutta Allmendinger, Soziologin. In: hr-inforadio. Das Interview v. 23.04.2020.

Allmendinger, Jutta/Leibfried, Stephan (2003): Bildungsarmut. In: Aus Politik und Zeitgeschichte (B 21-22/2003), S. 12–18.

Autorengruppe Bildungsberichterstattung (Hg.) (2016): Bildung in Deutschland 2016. Ein indikatorengestützter Bericht mit einer Analyse zu Bildung und Migration, Bielefeld.

Autorengruppe Bildungsberichterstattung (Hg.) (2018): Bildung in Deutschland 2018. Ein indikatorengestützter Bericht mit einer Analyse zu Wirkungen und Erträgen von Bildung, Bielefeld.

Autorengruppe Bildungsberichterstattung (Hg.) (2020): Bildung in Deutschland 2020. Ein indikatorengestützter Bericht mit einer Analyse zu Bildung in einer digitalisierten Welt, Bielefeld.

Autorengruppe Bildungsberichterstattung (Hg.) (2022): Bildung in Deutschland 2022. Ein indikatorengestützter Bericht mit einer Analyse zum Bildungspersonal, Bielefeld.

AWO Bundesverband (Hg.) (2000): AWO-Sozialbericht 2000. Gute Kindheit – schlechte Kindheit. Armut und Zukunftschancen von Kindern und Jugendlichen in Deutschland, Oktober 2000, Bonn.

Bär, Dorothee (2010): Instrumente einer erfolgreichen Familienpolitik. In: Politische Studien (Hanns-Seidel-Stiftung) März/April 2010, H. 430, S. 21–29.

Bäcker, Gerhard/Nägele, Gerhard/Bispink, Rainer (2007): Sozialpolitik und soziale Lage in Deutschland, 2 Bde., 5. Aufl., Wiesbaden.

BAG Landesjugendämter (2020): 5 Thesen zu den Auswirkungen der Coronakrise auf Kinder und junge Menschen, Oktober 2020, Köln.

BAG Landesjugendämter (2020): Häusliche Isolation und familiäre Absonderung von Kindern in Quarantäne sind keine Lösung. Kindeswohl hat auch in Krisenzeiten Priorität / Ziel muss sein: Grund- und Kinderrechte wahren / Verhältnismäßigkeit von Corona-Schutzmaßnahmen muss gegeben sein, 12.8.2020, Köln.

Baresel, Kira/Eulitz, Heike/Fachinger, Uwe/Grabka, Markus M./Halbmeier, Christoph/Künemund, Harald/Lozano Alcántara, Alberto & Vogel, Claudia (2021): Hälfte aller Erbschaften und Schenkungen geht an die reichsten zehn Prozent aller Begünstigten. In: DIW-Wochenbericht Nr. 5, S. 64–71.

BDA-Kommission (2020): Zukunft der Sozialversicherungen: Beitragsbelastung dauerhaft begrenzen – Bericht der Kommission v. 29.07.2020, Berlin. Verfügbar unter: https://www.arbeitgeber.de/www/arbeitgeber.nsf/res/Brosch%C3%BCre_BDA-Kommission%20-%20Zukunft%20der%20Sozialversicherungen.pdf/$file/Brosch%C3%BCre_BDA-Kommission%20-%20Zukunft%20der%20Sozialversicherungen.pdf

Becker, Irene/Hauser, Richard (2005): Dunkelziffer der Armut. Ausmaß und Ursachen der Nicht-Inanspruchnahme zustehender Sozialhilfeleistungen, Berlin.

Becker, Irene/Schmidt, Tanja/Tobsch, Verena (2022): Wohlstand, Armut und Reichtum neu ermittelt. Materielle Teilhabe aus mehrdimensionaler Perspektive – Bericht zum ersten Modul des Projekts „Materielle Teilhabe im Lebensverlauf", HBS-Study 472, Juli 2022, Düsseldorf.

Benedict, Daniel (2022): TV-Talk: Lauterbach bei „hart aber fair“: Probleme der Kinder liegen nicht am Lockdown. In: Schweriner Volkszeitung v. 11. Januar 2022.

Berliner Zeitung (2022): Lockdown: Bis zu 500 Kinder nach Selbsttötungsversuchen auf Intensivstationen. Uniklinik Essen: Fallzahl ist im zweiten Lockdown um rund 400 Prozent im Vergleich mit der Zeit vor Corona gestiegen. In: Berliner Zeitung v. 07.01.2022.

Bertelsmann Stiftung (Hg.) (2020): Factsheet Kinderarmut in Deutschland (verantwortlich: Antje Funcke/Sarah Menne), Gütersloh. Verfügbar unter: https://www.bertelsmann-stiftung.de/fileadmin/files/BSt/Publikationen/GrauePublikationen/291_2020_BST_Facsheet_Kinderarmut_SGB-II_Daten__ID967.pdf

Bertz, Melanie/Rössel, Dominique/Siebert, Tina (1998): Armut und Schule. In: Iben, Gerd (Hg.): Kindheit und Armut, Münster 1998, S. 76–100.

Beznoska, Martin/Hentze, Tobias (2017) : Die Verteilung der Steuerlast in Deutschland. IW-Trends - Vierteljahresschrift zur empirischen Wirtschaftsforschung. Institut der deutschen Wirtschaft (IW), Köln, Vol. 44, Iss. 1, S. 99–116.

Birkelbach, Klaus/Dobischat, Rolf/Dobischat, Birte (2017): Außerschulische Nachhilfe. Ein prosperierender Bildungsmarkt im Spannungsfeld zwischen kommerziellen und öffentlichen Interessen (Study Nr. 348, Februar 2017), Düsseldorf. Verfügbar unter: http://www.boeckler.de/pdf/p_study_hbs_348.pdf

BMAS Bundesministerium für Arbeit und Soziales (2016): Lebenslagen in Deutschland. Der fünfte Armuts- und Reichtumsbericht der Bundesregierung – Entwurf (November 2016), Berlin.

BMAS Bundesministerium für Arbeit und Soziales (2017): Lebenslagen in Deutschland. Der fünfte Armuts- und Reichtumsbericht der Bundesregierung, Berlin.

BMAS Bundesministerium für Arbeit und Soziales (2021): Sozialbericht 2021, Berlin.

Böhnke, Petra/Dittmann, Jörg/Goebel, Jan (Hg.) (2018): Handbuch Armut. Ursachen, Trends, Maßnahmen, Opladen/Toronto.

Borchard, Michael/Henry-Huthmacher, Christiane/Merkle, Tanja & Wippermann, Carsten (2008): Eltern unter Druck. Selbstverständnisse, Befindlichkeiten und Bedürfnisse von Eltern in verschiedenen Lebenswelten, hg. von der Konrad-Adenauer-Stiftung e.V., Berlin.

Bourdieu, Pierre (1998): Gegenfeuer. Wortmeldungen im Dienste des Widerstands gegen die neoliberale Invasion, Konstanz.

Bourdieu, Pierre (2001): Wie die Kultur zum Bauern kommt. Über Bildung, Schule und Politik, hg. v. Margareta Steinrücke, Hamburg.

Bourdieu, Pierre/Passeron, Jean-Claude (1971): Die Illusion der Chancengleichheit. Untersuchungen zur Soziologie des Bildungswesens am Beispiel Frankreichs, 1. Aufl., Stuttgart.

Bradshaw, Jonathan (2001): Armut und Benachteiligung von Kindern im Vereinigten Königreich und im internationalen Vergleich. In: Klocke, Andreas/Hurrelmann, Klaus (Hg.): Kinder und Jugendliche in Armut. Umfang, Auswirkungen und Konsequenzen, 2. Aufl., Wiesbaden, S. 140–166.

Bujard, Martin/von den Driesch, Ellen/Ruckdeschel, Kerstin/Laß, Inga/Thönnissen, Carolin/Schumann, Almut & Schneider, Norbert F. (2021): Belastungen von Kindern, Jugendlichen und Eltern in der Corona-Pandemie. Bundesinstitut für Bevölkerungsforschung, Wiesbaden.

Bundesgesetzblatt (1992): Gesetz zu dem Übereinkommen vom 20. November 1989 über die Rechte des Kindes, Bundesgesetzblatt Teil II, Nr. 6/1992, S. 121–144.

Bundesministerium der Justiz und für Verbraucherschutz (BMJV) (2021): Gesetzentwurf Verankerung von Kinderrechten im Grundgesetz, Berlin, 19.01.2021.

Bundesministerium für Familie, Senioren, Frauen und Jugend (BMFSFJ) (2013): Bericht über die Lebenssituation junger Menschen und die Leistungen der Kinder- und Jugendhilfe in Deutschland – 14. Kinder- und Jugendbericht – und Stellungnahme der Bundesregierung, Drucksache 17/12200 v. 30.01.2013, Berlin.

Bundesministerium für Familie, Senioren, Frauen und Jugend (BMFSFJ) (2019): Fünfter und Sechster Staatenbericht der Bundesrepublik Deutschland zu dem Übereinkommen der Vereinten Nationen über die Rechte des Kindes (UN-Kinderrechtskonvention), Berlin. Verfügbar unter: https://www.bmfsfj.de/resource/blob/141860/d91e63e3200a0174e64f1dd9ffd95ee9/5-und-6-staatenbericht-der-brd-zum-uebereinkommen-ueber-die-rechte-des-kindes-data.pdf

Bundesministerium für Familie, Senioren, Frauen und Jugend (BMFSFJ) (2019a): Sofahopper.de 2.0. Hilfe für junge Wohnungs-und Obdachlose, Meldung v. 20.02.2019.

Bundesministerium für Familie, Senioren, Frauen und Jugend/Bundesministerium für Gesundheit BMFSFJ/BMG (2021): Bericht der interministeriellen Arbeitsgruppe (IMA) „Gesundheitliche Auswirkungen auf Kinder und Jugendliche durch Corona", Kabinettsitzung am 15. September 2021, TOP Verschiedenes, Berlin, S. 1–21. Verfügbar unter: https://www.bmfsfj.de/resource/blob/185696/3faa66643619baed5639665c1777b41e/ima-bericht-gesundheitliche-auswir-kungen-auf-kinder-und-jugendliche-durch-corona-data.pdf

Bundesministerium für Familie, Senioren, Frauen und Jugend/Bundesministerium für Gesundheit BMFSFJ/BMG (2021a): Schule, Sport, Prävention: Die Jüngsten während und nach der Pandemie besser unterstützen. Arbeitsgruppe von Bundesfamilien- und Bundesgesundheitsministerium legt Empfehlungen vor, Pressemitteilung v. 15.9.2021. Verfügbar unter: https://www.bmfsfj.de/bmfsfj/aktuelles/presse/pressemitteilungen/neuer-inhaltschule-sport-praevention-die-juengsten-waehrend-und-nach-der-pandemie-besser-unterstuetzen-185700

Bundesregierung (2020): Im Wortlaut. Regierungspressekonferenz vom 11. November 2020, Berlin. Verfügbar unter: https://www.bundesregierung.de/breg-de/suche/regierungspressekonferenz-vom-11-november-2020-1810426

Bundesregierung (2021): Sechster Armuts- und Reichtumsbericht – Lebenslagen in Deutschland. Unterrichtung durch die Bundesregierung, Drucksache 19/29815 v. 14.05.2021, Berlin.

Bundesverfassungsgericht (BVerfG) (2010): Urteil des Ersten Senats vom 09. Februar 2010, 1 BvL 1/09, Rn. 1–220, Karlsruhe.

Bundesverfassungsgericht (BVerfG) (2010): Regelleistungen nach SGB II („Hartz IV-Gesetz") nicht verfassungsgemäß, Pressemitteilung Nr. 5/2010 v. 09. Februar 2010.

Butterwegge, Christoph (2012): Krise und Zukunft des Sozialstaates, 4., überarbeitete und erweiterte Auflage, Wiesbaden.

Butterwegge, Christoph (2020): Arme sterben früher. In: junge Welt v. 2./3.5.2020.

Butterwegge, Christoph (2020a): Die zerrissene Republik. Wirtschaftliche, soziale und politische Ungleichheit in Deutschland, Weinheim/Basel.

Butterwegge, Christoph (2020b): Ungleichheit in der Klassengesellschaft, Köln.

Butterwegge, Christoph (2020c): Die Corona-Pandemie als Herausforderung für den Sozialstaat. In: Politeknik Nr. 27. Verfügbar unter: http://politeknik.de/p11686/

Butterwegge, Christoph (2021): Das neuartige Virus trifft auf die alten Verteilungsmechanismen: Warum die COVID-19-Pandemie zu mehr sozialer Ungleichheit führt. In: ZBW – Leibniz-Informationszentrum Wirtschaft. Wirtschaftsdienst Nr. 101, S. 11–14.

Butterwegge, Christoph (2022): Die Armut der Mitte. In: Telepolis.de v. 5.9.2022.

Butterwegge, Christoph/Klundt, Michael/Belke-Zeng, Matthias (2008): Kinderarmut in Ost- und Westdeutschland, 2. Aufl., Wiesbaden.

Butterwegge, Carolin/Butterwegge, Christoph (2021): Kinder der Ungleichheit. Wie sich die Gesellschaft ihrer Zukunft beraubt, Frankfurt a.M./New York.

Charrel, Marie (2020): La crise liée au coronavirus, accélérateur des inégalités hommes-femmes. Télétravail, préparation des repas, école à la maison … Loin de contribuer à une répartition plus égalitaire des tâches, la crise liée à la pandémie exacerbe les inégalités de genre à la maison et face à l'emploi. In: Le Monde.fr v. 11.5.2020.

Chassé, Karl August/Zander, Margherita/Rasch, Konstanze (2010): Meine Familie ist arm. Wie Kinder im Grundschulalter Armut erleben und bewältigen, Wiesbaden.

Child Fund Deutschland/Plan International/Save the Children/SOS-Kinderdörfer weltweit/terre des hommes/World Vision (2020): Corona-Krise trifft arme und benachteiligte Kinder weltweit besonders hart und gefährdet ihre Zukunft, Mai 2020. Verfügbar unter: https://www.tdh.de/fileadmin/user_upload/inhalte/04_Was_wir_tun/Lobbyarbeit/Positionspapier_JoiningForces__Coronakrise_Kinder.pdf

Dehm, Diether/Petry, Christian (2020): „Altersrassismus" – Kann man die Isolation von Risikogruppen wirklich so bewerten? In: Nachdenkseiten.de v. 1.4.2020.

Demirović, Alex (2015): Wissenschaft oder Dummheit? Über die Zerstörung der Rationalität in den Bildungsinstitutionen, Hamburg.

Deussing, Christian (2020): Fünfseenland: Polizei sprengt mehrere Corona-Partys. Beamte schicken auch Restaurantgäste und Geschäftsinhaber heim – und Eltern mit Kindern, die auf gesperrten Spielplätzen waren. In: Süddeutsche.de v. 19.3.2020.

Deutsche Gesellschaft für Pädiatrische Infektiologie (DGPI)/Deutsche Gesellschaft für Krankenhaushygiene (DGKH) (2021): „Hospitalisierung und Sterblichkeit von COVID-19 bei Kindern in Deutschland"; Stellungnahme vom 21. April 2021. Verfügbar unter: https://dgpi.de/stellungnahme-dgpi-dgkh-hospitalisierung-und-sterblichkeit-von-covid-19-bei-kindern-in-deutschland-18-04-2021/

Deutscher Bundesjugendring (DBJR) (2020): Junge Menschen müssen an Entscheidungen und Regeln zur Lockerung mitwirken, Pressemitteilung v. 6.5.2020. Verfügbar unter: https://www.dbjr.de/artikel/junge-menschen-muessen-an-entscheidungen-und-regeln-zur-lockerung-mitwirken/

Deutscher Bundesjugendring (DBJR) (2021): Stellungnahme zum 16. Kinder- und Jugendbericht, 25.1.2021. Verfügbar unter: https://www.dbjr.de/fileadmin/Stellungnahmen/2021/2021-DBJR-STELLUNGNAHME-16kjb.pdf

Deutscher Kinderschutzbund (DKSB) (2020): Kinderschutzbund: Kinderrechte auch in Quarantäne schützen. In: epd v. 20.8.2020.

Deutsches Institut für Menschenrechte (2020): Kindertag am 1. Juni 2020, Pressemitteilung v. 29.05.2020. Verfügbar unter: https://www.institut-fuer-menschenrechte.de/aktuelles/detail/

pressemitteilung-zur-corona-pandemie-kinder-muessen-bei-der-entwicklung-staatlicher-massnahmen-gehoert-werden

Deutsches Institut für Menschenrechte (2020a): Corona-Pandemie: Rückschritte bei der Verwirklichung der Kinderrechte in Deutschland, Meldung v. 02.11.2020. Verfügbar unter: https://www.institut-fuer-menschenrechte.de/aktuelles/detail/corona-pandemie-rueckschritte-bei-der-verwirklichung-der-kinderrechte-in-deutschland

Deutsches Institut für Menschenrechte (2020b): Kinderrechte sind auch in Zeiten von Corona vollumfänglich gültig. Jahrestag UN-Kinderrechtskonvention, Pressemitteilung v. 05.04.2020. Verfügbar unter: https://www.institut-fuer-menschenrechte.de/aktuelles/detail/kinderrechte-sind-auch-in-zeiten-von-corona-vollumfaenglich-gueltig

Deutsches Institut für Menschenrechte/Monitoring-Stelle UN-Kinderrechtskonvention (2020): Stellungnahme. Kinderrechte in Zeiten der Corona-Pandemie. Kinderrechtsbasierte Maßnahmen stützen und schützen. Kinder und Jugendliche in Krisenzeiten. Mai 2020. Verfügbar unter: https://www.institut-fuer-menschenrechte.de/fileadmin/Redaktion/Publikationen/Stellungnahme__Kinderrechte_in_der_Corona-Pandemie.pdf

Deutsches Kinderhilfswerk (DKHW) (Hg.) (2019): Kinderrechte-Index. Die Umsetzung von Kinderrechten in den deutschen Bundesländern – eine Bestandsanalyse 2019, Berlin.

Dohna-Schwake, Christian/Bruns, Nora/Willemsen Lea/Stang Andreas u. a. (2022): Pediatric ICU Admissions After Adolescent Suicide Attempts During the Pandemic. In : Pediatrics. 2/2022 (150), S. 1–8.

Dulger, Rainer (2022): „Der Staat muss jetzt alles tun, um die Krise abzumildern". Arbeitgeberpräsident Rainer Dulger über schwierige Einmalzahlungen, drohende Wohlstandsverluste und Fairness gegenüber arbeitenden Menschen. Interview mit Andreas Niesmann/Tobias Peter. In: Frankfurter Rundschau v. 23.09.2022, S. 12–13.

Ehrenstein, Claudia/Geiger, Klaus (2021): Frankreich stellt Schulen und Kitas über alles. In: Welt.de v. 26.04.2021.

Esping-Andersen, Gösta (2006): Kinder und Rente: Welchen Wohlfahrtsstaat brauchen wir? In: Blätter für deutsche und internationale Politik 1, S. 52–64.

Europäische Kommission (2009): Mitteilung an das Europäische Parlament, den Rat, den Europäischen Wirtschafts- und Sozialausschuss und den Ausschuss der Regionen: Eine EU-Strategie für die Jugend – Investitionen und Empowerment, Ratsdokument 9008/09 v. 28.04.2009.

FAZ.net (2020): Feiern bis der Arzt kommt. In: FAZ.net v. 19.3.2020.

Focus.de (2020): Börsencrash als günstigen Einstieg nutzen. Finanzprofi glaubt: „Dax wird noch tiefer fallen – aber das ist egal". In: Focus.de v. 15.03.2020.

Focus.de (2020a): Arbeitgeber warnen. Rentensystem bald unbezahlbar: Bürger sollen länger arbeiten. In: Focus.de v. 14.08.2020.

Frankfurter Rundschau (2018): Das Bildungssystem bleibt ungerecht. In: Frankfurter Rundschau v. 24.10.2018, S. 29.

Frankfurter Rundschau (2020): Psychische Folgen für Kinder. In: Frankfurter Rundschau v. 11./12.7.2020, S. 3.

Frankfurter Rundschau (2020a): Hilfswerke schlagen Alarm. Zahl der Hungernden könnte auf über eine Milliarde steigen. In: Frankfurter Rundschau v. 8.7.2020, S. 13.

Frankfurter Rundschau (2020b): Psychische Folgen für Kinder. In: Frankfurter Rundschau v. 11./12.7.2020, S. 3.

Frankfurter Rundschau (2020c): Gemeinwohl statt Aktionär. Oxfam nimmt Unternehmen in die Pflicht. In: Frankfurter Rundschau v. 11.9.2020, S. 14.

Freundl, Vera/Stiegler, Clara/Zierow, Larissa (2021): Europas Schulen in der Corona-Pandemie – ein Ländervergleich. In: ifo-Schnelldienst 12/2021 (v. 08.12.2021), S. 41–50.

Frühauf, Hans-Peter/Zeng, Matthias (2001): Arm oder auffällig – Wahrnehmung und Deutung von Unterversorgung und Armut in Kindertagesstätten. In: Soziale Arbeit 10/2001, S. 374–382.

Geene, Raimund/Höppner, Claudia/Lehmann, Frank (Hg.) (2013): Kinder stark machen: Ressourcen, Resilienz, Respekt. Ein multidisziplinäres Arbeitsbuch zur Kindergesundheit, Bad Gandersheim.

Geisslinger, Esther (2018): Warnung vor Dunkelziffer. Kinderarmut höher als befürchtet. In: taz v. 23.8.2018.

Gerster, Livia (2020): Generation Y: Wir Corona-Streber. In: Frankfurter Allgemeine Sonntagszeitung (FAS) v. 18.5.2020.

Giffey, Franziska (2020): Brief an die Unterzeichnerinnen und Unterzeichner des Appells aus der Wissenschaft „Mehr Kinderschutz in der Corona-Pandemie v. 29.3.2020", Berlin (29.4.2020).

Grabka, Markus M./Goebel, Jan (2017): Realeinkommen sind von 1991 bis 2014 im Durchschnitt gestiegen – erste Anzeichen für wieder zunehmende Einkommensungleichheit. In: DIW-Wochenbericht 4/2017, S. 71–82.

Hahn, Thomas/Pantel, Nadia/Strittmatter, Kai & Zick, Tobias (2021): Menschenrechte. Hat Deutschland ein Problem mit Kindern? In: Süddeutsche Zeitung v. 29.12.2021.

Hanack, Peter (2022): Leitartikel. Kritische Struktur. In: Frankfurter Rundschau v. 6.1.2022, S. 11.

Hanesch, Walter (Hg.) (1993): Lebenslageforschung und Sozialberichterstattung in den neuen Bundesländern, Düsseldorf.

Hanesch, Walter u.a. (Hg.) (1994): Armut in Deutschland. Der Armutsbericht des DGB und des Paritätischen Wohlfahrtsverbandes, Reinbek bei Hamburg.

Hanesch, Walter (1995): Sozialpolitische Strategien gegen Armut, Opladen.

Hanesch, Walter u.a. (2000): Armut und Ungleichheit in Deutschland. Der neue Armutsbericht der Hans-Böckler-Stiftung, des DGB und des Paritätischen Wohlfahrtsverbandes, Reinbek bei Hamburg.

Hartmann, Michael (2010): Es geht um mehr als nur um Gier. Die sozialen Ursachen der Finanzkrise. In: Südwestrundfunk SWR 2 v. 24.5.2010.

Hartmann, Michael (2022): Dreiteiliges Gespräch mit Michael Hartmann über die Einkommens- und Vermögensverteilung. In: Nachdenkseiten.de v. 14./16./19.09.2022. Verfügbar unter: https://www.nachdenkseiten.de/?p=88247

Hauser, Richard/Cremer-Schäfer, Helga/Nouvertné, Udo (1981): Armut, Niedrigeinkommen und Unterversorgung in der Bundesrepublik Deutschland, Frankfurt a. M./New York.

Hauser, Richard/Hübinger, Werner (1993): Arme unter uns. Ergebnisse und Konsequenzen der Caritas-Armutsuntersuchung, Freiburg im Breisgau.

Heitmeyer, Wilhelm (2010): Wutgetränkte Apathie. Der Soziologe Wilhelm Heitmeyer über den Bewusstseinswandel der Deutschen in der Krise und ihr neues Feindbild: den Langzeitarbeitslosen. In: Der Spiegel 14/2010 v. 3.4., S. 70–71.

Heitmeyer, Wilhelm (2020): „In der Krise wächst das Autoritäre". Verändert die Corona-Krise die Gesellschaft zum Guten? Der Soziologe Wilhelm Heitmeyer zweifelt. Interview mit Christian Bangel. In: Zeit.de v. 13.4.2020. Verfügbar unter: https://www.zeit.de/gesellschaft/zeitgeschehen/2020-04/wilhelm-heitmeyer-coronavirus-verschwoerungstheorien-finanzmarkt-rechtsradikalismus

Helbig, Marcel/Nikolai, Rita (2019): Bekommen die sozial benachteiligsten Schüler*innen die „besten" Schulen? Eine explorative Studie über den Zusammenhang von Schulqualität und sozialer Zusammensetzung von Schulen am Beispiel Berlins. In: Discussion Paper P-2019-002 des Wissenschaftszentrums Berlin (WZB), März 2019, S. 1–37.

Helbig, Marcel/Edelstein, Benjamin/Fickermann, Detlef & Zink, Carolin (2022): Aufholen nach Corona? Maßnahmen der Länder im Kontext des Aktionsprogramms von Bund und Ländern. In: Die Deutsche Schule. Zeitschrift für Erziehungswissenschaft, Bildungspolitik und pädagogische Praxis, hrsg. von der Gewerkschaft Erziehung und Wissenschaft, 19. Beiheft, S. 5–355.

Hilgers, Heinz (2020): „Für die Kinder in unserem Land wird gute Bildung zum Lotteriespiel". Heinz Hilgers, Präsident des Deutschen Kinderschutzbundes, Interview von Silke Fokken. In: Spiegel.de v. 24.08.2020.

Hilgers, Heinz (2021): Stellungnahme Deutscher Kinderschutzbund Bundesverband e.V. Anhörung des Ausschusses für Familie, Senioren, Frauen und Jugend zum Entwurf eines Gesetzes zur Änderung des Gesetzes über Finanzhilfen des Bundes zum Ausbau der Tagesbetreuung für Kinder und zur Änderung weiterer Gesetze, Drucksache 19/29765, Montag, den 31. Mai 2021. Verfügbar unter: https://www.bundestag.de/resource/blob/844576/cb114335913b3ebdf2576809a042fd59/19-13-148d-data.pdf

Höland, Christoph (2020): Corona und Einschränkungen gefährden Errungenschaften der Gleichberechtigung. In: Frankfurter Rundschau v. 8.5.2020. Verfügbar unter: https://www.fr.de/politik/angst-rolle-rueckwaerts-13754150.html

Holz, Gerda (2019): Praktische Hinweise zum Umgang mit von Armut betroffenen Familien für Kitas. In: Vielfalt – das Bildungsmagazin der AWO Mittelrhein e.V., S. 11.

Holz, Gerda/Richter-Kornweitz, Antje (2020): Corona-Chronik. Gruppenbild ohne (arme) Kinder. Eine Streitschrift, Frankfurt a.M./Hannover.

Holz, Gerda (2022): Kinderarmut und Coronakrise – Wissen wir genug, um präventiv wirken zu können?, Frankfurt a. M. Verfügbar unter: https://www.lvr.de/media/wwwlvrde/jugend/jugendmter/koordinationsstellekinderarmut/dokumente_80/Kinderarmut_und_Coronakrise_-_Gerda_Holz.pdf

Holzkamp, Klaus (1995): Lernen. Subjektwissenschaftliche Grundlegung, Frankfurt a. M.

Hontschik, Bernd (2021): Ware Fürsorge. Kein Herz für Kinder. In: Frankfurter Rundschau v. 27./28.2.2021, S. 47.

Hontschik, Bernd (2022): Patente töten. Was Corona alles verändert. In: Frankfurter Rundschau v. 22./23.01.2022, S. 48.

Horneber, Sophie/Weinhardt, Felix (2018): GynasiastInnen aus Elternhäusern mit niedrigem Bildungsniveau verlieren im Laufe der Schulzeit deutlich an Boden. In: DIW-Wochenbericht 23/2018, S. 477–484.

Houben, Louisa (2020): Sorge um wachsende Kinderarmut. Wenn das Geld zum Essen nicht reicht. ZDF.de v. 3.5.2020.

Huber, Patricia (2022): Kindergrundsicherung: Ab wann es das Geld gibt. In: FR-online.de v. 27.09.2022.

Huster, Ernst-Ulrich (1990): Armut. In: Sandkühler, Hans Jörg (Hg.): Europäische Enzyklopädie zu Philosophie und Wissenschaften Bd. 1, Hamburg, S. 255–260.

Huster, Ernst-Ulrich (1993): Reichtum in Deutschland. Der diskrete Charme der sozialen Distanz, Frankfurt a. M./New York.

Huster, Ernst-Ulrich (1993a): Neuer Reichtum und alte Armut, Düsseldorf.

Huster, Ernst-Ulrich (Hg.) (1997): Reichtum in Deutschland. Die Gewinner der sozialen Polarisierung, Frankfurt a. M./New York.

Iglesias, Mercedes Pascual/Wolter-Buhlmann, Dorothee (2019): Wie Armut behindert und pädagogische Fachkräfte herausfordert. Perspektiven aus dem Kitaalltag. In: Vielfalt – das Bildungsmagazin der AWO Mittelrhein e.V., S. 2–10.

Institut für Sozialarbeit und Sozialpädagogik e.V. (Hg.) (2021): Armutssensibles Handeln in Kindertageseinrichtungen. Zwischenergebnisse und Impulse aus dem Modellprojekt „Zukunft früh sichern!", Frankfurt a.M.

Jaspert, Robin (2021): Dividenden und Kurzarbeit in Deutschland. In: Facing Finance Report 2/2021, S. 1–5. Verfügbar unter: https://www.facing-finance.org/files/2021/02/Report_Dividenden_und_Kurzarbeit_in_Deutschland_202102.pdf

Jörges, Hans-Ulrich (2002): Zerschlagt das System! Auch Hartz bringt keine Rettung. In: Stern v. 14.11.2002.

Jörges, Hans-Ulrich (2003): Wenn es 13 schlägt. In: Stern v. 11.9.2003.

Kalthoff, Herbert (1996): Das Zensurenpanoptikum. Eine ethnografische Studie zur schulischen Bewertungspraxis. In: Zeitschrift für Soziologie, 25 Jg., H. 2, S. 106–124.

Kinderkommission des Deutschen Bundestages (2020): Bedürfnisse und Rechte von Kindern in der Corona-Pandemie nicht aus dem Blick verlieren. Pressemitteilung v. 7.5.2020.

Klemm, Klaus (2021): Alle Jahre wieder - Zur Konstanz sozialer Ungleichheit in und durch Deutschlands Schulen, Essen.

Klundt, Michael (2008): Von der sozialen zur Generationengerechtigkeit? Polarisierte Lebenslagen und ihre Deutung in Wissenschaft, Politik und Medien. Mit einem Vorwort von Christoph Butterwegge, Wiesbaden.

Klundt, Michael (2017): Kinderpolitik. Eine Einführung in Praxisfelder und Probleme, Weinheim/Basel.

Klundt, Michael (2017a): In reicher Gesellschaft: Politisch verantwortete Kindeswohlgefährdung. In: Sozial extra 4/2017, S. 22–26.

Klundt, Michael (2017b): Kinderarmut und Reichtum in Deutschland, Berlin. Verfügbar unter: https://www.rosalux.de/fileadmin/rls_uploads/pdfs/Studien/Kinderarmut_Studie.pdf

Klundt, Michael (2018): Überlegungen zu Kinderarbeit bei und seit Marx – Eine wichtige Thematik für Kindheitswissenschaften und Kritische Psychologie. In: Reimer-Gordinskaya, Katrin/Zander Michael (Hg.): Krise und Kritik (in) der Psychologie. Festschrift für Wolfgang Maiers, Hamburg, S. 94–107.

Klundt, Michael (2019): Gestohlenes Leben. Kinderarmut in Deutschland, Köln.

Klundt, Michael (2019a): Stellungnahme für die öffentliche Anhörung des Ausschusses für Familie, Senioren, Frauen und Jugend des Deutschen Bundestages zu den Anträgen Gesetzentwurf der Bundesregierung „Entwurf eines Gesetzes zur zielgenauen Stärkung von Familien und ihren Kindern durch die Neugestaltung des Kinderzuschlags und die Verbesserung der Leistungen für Bildung und Teilhabe (Starke-Familien-Gesetz – StaFamG)" (Drs. 19/7504 v. 01.02.2019) und „Kinderzuschlag automatisch auszahlen – Verdeckte Armut überwinden" (Bündnis 90/Die Grünen; Drs. 19/1854 v. 25.04.2018) und „Teilhabe für alle Kinder sicherstellen, Bürokratie abbauen" (Bündnis 90/Die Grünen; Drs. 19/7451 v. 30.01.2019) am 11.3.2019. BMFSFJ-Ausschussdrucksache 19(13)36h, S. 1–12; Verfügbar unter: https://www.bundestag.de/resource/blob/627816/e52bd1307ede1582c1e9717903e89976/19-13-36h_Klundt-data.pdf

Klundt, Michael (2020a): Krisengerechte Kinder statt kindergerechtem Krisenmanagement? Eine Studie zu Auswirkungen der Corona-Krise auf die Lebensbedingungen junger Menschen, Berlin. Verfügbar unter: https://www.linksfraktion.de/fileadmin/user_upload/200608_Studie_Corona_Kinderland.pdf

Klundt, Michael (2020b): Sozial polarisierte Kindheiten und (Bildungs-)Armut. In: Müller, Gundi/Sloot, Annegret (Hg.): Kinder stärken! Anders Lernen! Anders Lehren! Anders Leben!, Buxtehude, S. 63–90.

Klundt, Michael (2021): Soziale Spaltung und Corona-Kapitalismus als Kontexte für Kinderrechte und (Kinder-)Armut. In: Sozial extra. Zeitschrift für Soziale Arbeit 1/2021, S. 13–18.

Klundt, Michael (2022): Vergleichende Kinderpolitik-Wissenschaft. Kinderrechte und Kinderarmut in Corona-Zeiten, Weinheim/Basel.

Klundt, Michael (2022a): Viele Arten, (Kinder-)Armut zu betrachten. Zwei Handbücher bieten einen Überblick zum deutschsprachigen Forschungsstand. In: Soziologische Revue 1/2022 (45. Jg.), S. 91–100. Verfügbar unter: https://doi.org/10.1515/srsr-2022-0009

Klundt, Michael (2022b): Kinderpolitik(wissenschaft) – Eine Einführung. In: Aus Politik und Zeitgeschichte (APuZ) 13-14/2022, S. 26–32. Verfügbar unter: https://www.bpb.de/shop/zeitschriften/apuz/kinder-und-politik-2022/506633/kinderpolitik-wissenschaft-eine-einfuehrung/

Koalitionsvertrag zwischen CDU, CSU und SPD (2018): Ein neuer Aufbruch für Europa, eine neue Dynamik für Deutschland, ein neuer Zusammenhalt für unser Land. 19. Legislaturperiode, Berlin.

Koalitionsvertrag zwischen SPD, Bündnis 90/Die Grünen und FDP (2021): Mehr Fortschritt wagen. Ein Bündnis für Freiheit, Gerechtigkeit und Nachhaltigkeit, Berlin.

Koch, Angelika (2017): Kinderarmut in Deutschland. Was leistet die Familienpolitik zur Armutsvermeidung. In: Maier-Höfer, Claudia (Hg.): Kinderrechte und Kinderpolitik. Fragestellungen der Angewandten Kindheitswissenschaften, Wiesbaden, S. 115–141.

Kohlrausch, Bettina/Hövermann, Andreas (2020): Soziale Ungleichheit und Einkommenseinbußen in der Corona-Krise – Befunde einer Erwerbstätigenbefragung. In: WSI Mitteilungen 6/2020, S. 485–492.

Kohlstadt, Michael (2022): Armutsbericht 2022. Warum München so arm wie Dortmund ist. In: Westdeutsche Allgemeine Zeitung v. 15.07.2022.

Kordes, Herbert/Rumler, Lena/Seemann, Lisa (2021): Bildungs- und Teilhabepaket. Hilfe kommt bei vielen Kindern nicht an. Durch die Corona-Krise werden viele Kinder sozial benachteiligter Familien weiter abgehängt. WDR Monitor-Recherchen zeigen: Hilfe aus dem Bildungs- und Teilhabepaket kommt bei vielen Familien nicht an, Tagesschau.de v. 26.5.2021.

Krämer, Walter (2015): Armut in Deutschland. 15 Prozent Arme? – „Reiner Unfug!" Walter Krämer im Gespräch mit Nana Brink, Deutschlandradio Kultur v. 20.2.2015.

Kramme, Annette (2022): Antwort der Parlamentarischen Staatsekretärin auf die Schriftliche Frage des Bundestagsabgeordneten Dr. Dietmar Bartsch im März 2022 zum Ausmaß der Kinderarmut in Deutschland. Arbeitsnummer 039. Berlin.

Lambrecht, Christine (2021): Antwort-Brief der deutschen Justiz- und Familienministerin Christine Lambrecht vom 24. August 2021 an die Kommissarin für Menschenrechte des Europarats, Dunja Mijatović. Verfügbar unter: https://rm.coe.int/reply-of-ms-christine-lambrecht-federal-minister-for-family-affairs-of/1680a39fb0

Langmeyer, Alexandra (2021): Mehr Kinder aus finanziell schlechter gestellten Familien fühlen sich einsam. In : DJI-Heft Impulse 1/2021, S. 41–43.

Laubstein, Claudia/Holz, Gerda/Seddig, Nadine (2016): Armutsfolgen für Kinder und Jugendliche. Erkenntnisse aus empirischen Studien in Deutschland, Gütersloh.

Lindhoff, Alicia (2020): Migrantische Arbeitskräfte. Systemrelevant und unsichtbar: Corona-Krise zeigt die Doppelmoral gegenüber Migrantinnen und Migranten. In: Frankfurter Rundschau v. 6.5.2020.

Mackroth, Petra (2022): „Es herrscht breiter politischer Konsens, dass Kinderarmut bekämpft werden muss." Interview. In: DJI-Impulse 1/2022, S. 16–17.

Maywald, Jörg (2018): Kinderrechte – Der Kinderrechts-Ansatz in der Kinder- und Jugendhilfe. In: Böllert, Karin (Hg.): Kompendium Kinder- und Jugendhilfe, Wiesbaden, S. 967–990.

Menkens, Sabine (2017): Macht der Senioren. Rentnerrepublik Deutschland. Alte entscheiden die Wahlen. Welt.de v. 9.2.2017.

Merkel, Wolfgang (2010): Falsche Pfade? Probleme sozialdemokratischer Reformpolitik. In: Neue Gesellschaft/Frankfurter Hefte 7-8/2010, S. 72–75.

Merkel, Wolfgang (2016): Ungleichheit als Krankheit der Demokratie. In: Neue Gesellschaft/Frankfurter Hefte 6/2016, S. 14–19.

Metzger, Nils (2022): Faktencheck. Bei Kindern und Jugendlichen – Verursacht ein Lockdown psychische Probleme? ZDF.de v. 11.01.2022. Verfügbar unter: https://www.zdf.de/nachrichten/politik/corona-lauterbach-kinder-jugendliche-lockdown-psyche-100.html

Mijatović, Dunja (2021): Brief der Kommissarin für Menschenrechte des Europarats vom 13. Juli 2021 an die deutsche Justiz- und Familienministerin Christine Lambrecht. Verfügbar unter: https://rm.coe.int/letter-to-ms-christine-lambrecht-federal-minister-for-family-affairs-o/1680a33500

Monitoringstelle UN-Kinderrechtskonvention beim Deutschen Institut für Menschenrechte (2020): Corona-Pandemie: Rückschritte bei der Verwirklichung der Kinderrechte in Deutschland, Meldung v. 2.11.2020. Verfügbar unter: https://www.institut-fuer-menschenrechte.de/aktuelles/detail/corona-pandemie-rueckschritte-bei-der-verwirklichung-der-kinderrechte-in-deutschland

Morris-Lange, Simon (2016): Ungleiches ungleich behandeln! Wege zu einer bedarfsorientierten Schulfinanzierung. Policy-Brief des SVR-Forschungsbereichs 2016-1, Berlin, S. 1–32.

Nationale Armutskonferenz (2017): Keine Ausreden mehr: Armut von Kindern und Jugendlichen endlich bekämpfen! Verfügbar unter: https://www.nationale-armutskonferenz.de/wp-content/uploads/2017/06/Verb%C3%A4ndeerkl%C3%A4rung-Kinderarmut_final.pdf

Nationale Armutskonferenz (NAK) (2018): Armut stört. Schattenbericht der Nationalen Armutskonferenz, Berlin.

National Coalition Deutschland (Hg.) (2019): Der zweite Kinderrechtereport. Kinder und Jugendliche bewerten die Umsetzung der UN-Kinderrechtskonvention in Deutschland 2019, Berlin.

National Coalition Deutschland (Hg.) (2019a): Erweiterter Bericht der National Coalition Deutschland, Netzwerk zur Umsetzung der UN-Kinderrechtskonvention: Die Umsetzung der UN-Kinderrechtskonvention in Deutschland. 5./6. Ergänzender Bericht an die Vereinten Nationen, Berlin.

National Coalition Deutschland/Netzwerk Kinderrechte (Hg.) (2020): Die Umsetzung der UN-Kinderrechtskonvention in Deutschland. Nachtrag zum 5./6. ergänzenden Bericht an die Vereinten Nationen, Berlin.

Naujoks, Angela (2013): Unmöglich gemacht. In: junge Welt v. 25.2.2013.

Neuhaus, Carla (2020): „Die Risiken sind ungleich verteilt". Warum die Coronakrise Ungleichheit verstärkt. Die Krise trifft Geringverdiener hart, von denen viele ihren Job verlieren. Auch die Ungleichheit zwischen den Geschlechtern nimmt zu. In: Tagesspiegel.de v. 10.5.2020.

OECD (2015): Bildung auf einen Blick 2015, Bielefeld.

OECD (2018): Bildung auf einen Blick 2018, Bielefeld.

OECD (2018a): Equity in Education. Breaking down Barriers in social Mobility. Paris.

OECD (2021): Bildung auf einen Blick 2021, Bielefeld.

OECD (2021a): The State of Global Education. 18 Months into the Pandemic. Paris.

Onken, Henning (2008): Hartz-IV-Menü. Sarrazin: So sollten Arbeitslose einkaufen. In: Tagesspielgel v. 11.2.2008.

Oxfam (2020): Power, Profits and the Pandemic. From corporate extraction for the few to an economy that works for all, London. Verfügbar unter: https://www.oxfam.de/system/files/documents/bp-power-profits-pandemic-100920-en-embargoed.pdf

Oxfam (2021): Das Ungleichheits-Virus. Wie die Corona-Pandemie soziale Ungleichheit verschärft und warum wir unsere Wirtschaft gerechter gestalten müssen, Berlin. Verfügbar unter: https://www.oxfam.de/system/files/documents/oxfam_factsheet_ungleichheitsvirus_deutsch.pdf

Paritätischer Wohlfahrtsverband Gesamtverband (2015): Gewinner und Verlierer. Paritätisches Jahresgutachten, Berlin.

Paritätischer Wohlfahrtsverband Gesamtverband (2018): Wer die Armen sind. Der Paritätische Armutsbericht 2018, Berlin.

Paritätischer Wohlfahrtsverband Gesamtverband (2022): Zwischen Pandemie und Inflation. Paritätischer Armutsbericht 2022, Berlin.

Peter, Tobias (2022): Die zu wenig beachtete Perspektive. In: Frankfurter Rundschau v. 6.1.2022, S. 27.

Plünnecke, Axel (2022): Dem Armutsrisiko entgegenwirken. In: DJI-Heft Impulse Nr. 1/2022, S. 25–28.

Poppe, Sabine (2019): Armut und armutssensibles Handeln in der Kita. Niedersächsisches Institut für frühkindliche Bildung und Entwicklung (nifbe), Themenheft Nr. 32, Osnabrück.

Preuß, Roland (2022): Wer wirklich arm ist – 13,8 Millionen Arme in Deutschland – diese Zahl hat kürzlich das Land aufgeschreckt. Doch stimmt sie überhaupt? In: Süddeutsche Zeitung v. 15.7.2022.

Rahn, Peter/Chassé, Karl August (Hg.) (2020): Handbuch Kinderarmut, Opladen/Toronto.

Rast, Oliver (2021): Globale Gesundheitspolitik. Rette sich, wer kann. In: junge Welt v. 08.04.2021.

Ravens-Sieberer, Ulrike u.a. (2020a): Auswirkungen der COVID-19-Pandemie und der Eindämmungsmaßnahmen auf die psychische Gesundheit von Kindern und Jugendlichen. In: Journal of Health Monitoring 5(4), S. 23–34.

Ravens-Sieberer, Ulrike u.a. (2020b): Psychische Gesundheit und Lebensqualität von Kindern und Jugendlichen während der COVID-19-Pandemie – Ergebnisse der COPSY-Studie. In: Deutsches Ärzteblatt Nr. 48 (v. 27.11.2020), S. 828–829. Verfügbar unter: https://www.aerzteblatt.de/pdf.asp?id=216647

Reimer-Gordinskaya, Katrin/Schulze, Romy (2017): Das Recht auf Bildung für geflüchtete Kinder und Jugendliche in Sachsen-Anhalt umsetzen: Gangbare Wege, Sackgassen und Baustellen. Eine Handreichung für Politik, Verwaltung und Bildungseinrichtungen, Stendal.

Reiss, Kristina u.a. (2019): PISA 2018. Grundbildung im internationalen Vergleich, Münster/New York.

Richter-Kornweitz, Antje (2000): Wie erleben und bewältigen Kinder Armut? Eine qualitative Studie über die Belastungen aus Unterversorgungslagen und ihre Bewältigung aus subjektiver Sicht von Grundschulkindern einer ländlichen Region, Aachen.

Rürup, Bert (2020): Rentner müssen an den wirtschaftlichen Kosten der Coronakrise beteiligt werden. In: Handelsblatt v. 1.5.2020.

Sandvoss, Uwe/Kramer, Kathrin (2010): Kommunale Armutsprävention: das Dormagener Modell. In: Lutz, Ronald/Hammer, Veronica (Hg.): Wege aus der Kinderarmut. Gesellschaftspolitische Rahmenbedingungen und sozialpädagogische Handlungsansätze, Wiesbaden, S. 185–204.

Sarrazin, Thilo (2010): Deutschland schafft sich ab. Wie wir unser Land aufs Spiel setzen, 17., durchges. Aufl., München.

Sarrazin, Thilo (2014): Der neue Tugendterror. Über die Grenzen der Meinungsfreiheit in Deutschland, 2. Aufl., München.

Sauga, Michael (2019): Rentenkrise. Wie die GroKo den Generationenkrieg anheizt. In: Spiegel.de v. 14.11.2019.

Schmidt, Lucia (2022): Lockdown-Folgen für Kinder: „Es gibt mehr Ängste“. Psychiaterin Christine M. Freitag im Gespräch. In: FAZ.net v. 15.01.2022.

Schreiner, Patrick (2016): Wenn Armut nur Ungleichheit sein soll. In: Forum Wissenschaft 2/2016, S. 36–39.

Schröder, Carsten/Spieß, C. Katharina/Storck, Johanna (2015): Private Bildungsausgaben für Kinder. Einkommensschwache Familien sind relativ stärker belastet. In: DIW-Wochenbericht 8/2015, S. 158–169.

Schröder, Richard (1995): Kinder reden mit! Beteiligung an Politik, Stadtplanung und Stadtgestaltung, Weinheim.

Schuler-Harms, Margarete/Schildmann, Christina (2010): „Verfassungsrechtlich prekär". Expertise zur Einführung eines Betreuungsgeldes, Berlin: Friedrich-Ebert-Stiftung Forum Politik und Gesellschaft. Verfügbar unter: http://library.fes.de/pdf-files/do/07492.pdf.

Siems, Dorothea (2020): Rentner sind die Gewinner – für den Rest bleibt nur große Ungerechtigkeit. In: Die Welt v. 23.5.2020.

Siems, Dorothea (2020a): Die einzige Lösung für diesen Sozialstaat lautet – alle müssen länger arbeiten, in: Die Welt v. 14.8.2020.

Simon, Stephanie/Lochner, Barbara/Prigge, Jessica (2019): Wie(so) über Armut sprechen? Zur Notwendigkeit einer armuts-bewussten Praxis in Kindertagesstätten. In: Zeitschrift frühe Kindheit 3/2019, S. 36–41.

SINUS Jugendstudie (2012). So ticken Deutschlands Teenager. In: Frankfurter Rundschau v. 28.3.2012.

Spieß, C. Katharina (2020): Zum Schaden einer ganzen Generation. Es gibt auch Geld für die Kinder im Konjunkturpaket der Regierung. Aber Kita und Schule kommen zu kurz. In: Frankfurter Rundschau v. 6./7.6.2020.

StäwiKo – Ständige wissenschaftliche Kommission der KMK (2021): Pandemiebedingte Lernrückstände aufholen – Unterstützungsmaßnahmen fokussieren, verknüpfen und evaluieren. Verfügbar unter: https://www.kmk.org/fileadmin/Dateien/pdf/KMK/SWK/2021/2021_06_11-Pandemiebedingte-Lernruckstaende-aufholen.pdf

Stanat, Petra/Schipolowski, Stefan/Schneider, Rebecca/Sachse, Karoline A./Weirich, Sebastian/Henschel, Sofie (Hg.) (2022): IQB-Bildungstrend 2021. Kompetenzen in den Fächern Deutsch und Mathematik am Ende der 4. Jahrgangsstufe: Erste Ergebnisse nach über einem Jahr Schulbetrieb unter Pandemiebedingungen, Berlin.

Steffen, Johanna (2019): Auswirkungen auf Hartz-IV-Abhängigkeit und Haushalts-Einkommen. Die Reform des Kinderzuschlags im Rahmen des StaFamG. Verfügbar unter: http://portal-sozialpolitik.de/uploads/sopo/pdf/2019/2019-01-29_Hintergrund_Kinderzuschlag_PS.pdf

Stichnoth, Holger/Zentrum für Europäische Wirtschaftsforschung (ZEW) (2016): Verteilungswirkungen ehe- und familienbezogener Leistungen und Maßnahmen. Kurzexpertise im Auftrag der Familienpolitischen Kommission der Heinrich-Böll-Stiftung. E-Paper der Heinrich-Böll-Stiftung vom 17.6.2016, Berlin, S. 1–43.

Straubhaar, Thomas (2014): Deutschland verkommt zur Diktatur der Rentner. In: Welt.de v. 28.2.2014.

Supp, Barbara (2012): Unbarmherzige Samariter. Wie Margaret Thatcher und ihre deutschen Schüler die marktkonforme Demokratie erschaffen haben. In: Der Spiegel v. 6.2.2012, S. 56–57.

Szent-Ivanyi, Tim (2020): Pension top, Rente flop. Jede zweite Rente liegt unter 1000 Euro. In: Frankfurter Rundschau v. 22./23.8.2020, S. 17.

Tophoven, Silke/Wenzig, Claudia/Lietzmann, Torsten (2016): Kinder in Armutslagen. Konzepte, aktuelle Zahlen und Forschungsstand (Institut für Arbeitsmarkt- und Berufsforschung/ Bertelsmann Stiftung). IAB-Forschungsbericht 11, Gütersloh.

Tophoven, Silke/Lietzmann, Torsten/Reiter, Sabrina & Wenzig, Claudia (2018): Aufwachsen in Armutslagen. Zentrale Einflussfaktoren und Folgen für die soziale Teilhabe. Studie vom Institut für Arbeitsmarkt- und Berufsforschung (IAB) im Auftrag der Bertelsmann Stiftung, Gütersloh.

UN-Ausschuss für die Rechte der Kinder (2020): Stellungnahme des UN-Ausschusses für die Rechte des Kindes zu COVID-19 v. 8. April 2020, Genf (übersetzt von der Monitoringstelle UN-Kinderrechtskonvention beim Deutschen Institut für Menschenrechte, Berlin), S. 1–4.

UNESCO (2020): Weltbildungsbericht 2020. Inklusion. Kurzfassung, Paris.

UNESCO/UNICEF/World Bank (2020): What have we learnt? Overview of findings from a survey of ministries of education on national responses to COVID-19, New York/Paris.

UNICEF (2020): COVID-19: 370 Millionen Kinder haben keine Schulspeisung mehr, Pressemitteilung v. 29.4.2020, Rom/New York/Köln.

UNICEF (2020a): COVID-19: Bildungskrise durch Covid-19 bedingte Schulschließungen. Jedes dritte Schulkind hatte keinen Zugang zu Fernunterricht, Pressemitteilung v. 27.8.2020, New York/Köln.

UNICEF (2020b): Covid-19: Kinder in den ärmsten Ländern haben rund vier Monate Unterricht verpasst, Pressemitteilung v. 29.10.2020, New York/Köln.

UNICEF (2020c): Eine globale Katastrophe für Kinder verhindern, Pressemitteilung v. 5.5.2020, Berlin/Köln.

UNICEF/Save the Children (2020): COVID-19: Bis zu 86 Millionen Kinder zusätzlich könnten in Folge der Pandemie bis Jahresende in Armut abrutschen, Pressemitteilung v. 28.5.2020, Köln/ Berlin.

UNICEF/WHO (2021): Schulen offen halten und sicherer machen, Meldung vom v. 30.8.2021. Zugänglich unter: https://www.unicef.de/informieren/aktuelles/presse/2021/schulen-offen-halten/247356

Vorgrimler, Sophie (2021): Endlosschleife aus Langeweile und Einsamkeit. Wer mit Kindern und Jugendlichen arbeitet, sieht klare Zeichen für eine gestiegene psychische Belastung der jungen Menschen. In: Frankfurter Rundschau v. 13./14.2.2021, S. 2.

Weidenfeld, Ursula (2020): Generationenkonflikt in der Corona-Krise. Ältere sollten Jungen den Vortritt bei Lockerungen lassen, In: Tagesspiegel v. 26.4.2020.

Wernicke, Jens (2009): Hochschule im historischen Prozess. Zum Verhältnis von Universitätsentwicklung, Klassengesellschaft und Macht, Berlin.

Wernicke, Jens/Bultmann, Torsten (2010): Netzwerk der Macht – Bertelsmann. Der medial-politische Komplex aus Gütersloh, 2. erw. Aufl., Marburg.

Zander, Margherita (2015): Laut gegen Armut – leise für Resilienz. Was gegen Kinderarmut hilft, Weinheim/Basel.

Zimmer, Gisela (2016): Runder Tisch gegen Kinderarmut, in: Clara Nr. 41, S. 12–13.

Danksagung

Der Verfasser dankt seinen Kolleginnen und Kollegen sowie den Studierenden am Fachbereich Angewandte Humanwissenschaften der Hochschule Magdeburg-Stendal für die spannenden Diskussionen und Auseinandersetzungen, die mit zur Entstehung dieses Bandes beigetragen haben. Größter Dank gebührt meiner Frau Aurélia Berger, die mit Feedback, Unterstützung, Kritik und überhaupt allem dazu beigetragen hat, dass dieses Buch geschrieben werden konnte. Unserer gemeinsamen Tochter Clara widme ich diesen Band mit dem Wunsch, dass sie sich – gemeinsam mit deutsch-französischen, ukrainisch-russischen, kurdisch-türkischen, israelisch-palästinensischen Kindern und vielen anderen – für gerechtere, friedlichere und aufgeklärtere Verhältnisse einsetzen kann.

Alle Fehler und Ungereimtheiten des Textes fallen in die alleinige Verantwortung des Verfassers, der sich über Kritik und Verbesserungsvorschläge freuen würde.

Michael Klundt, Frankfurt a.M./Stendal im Herbst 2022